세계일주

역사의
세계 역사·문화·풍물 배낭기행
숨결을 찾아서

최영하 지음

軍人·外交官 최영하 여행이야기 35선

에스토니아 딸린 (Courtesy Wikipedia)

PROLOGUE

여행은 인생을 장식해준다.
새로운 풍물을 보고 접하는 것은
즐거움이다.
역사의 현장에 서면
늘 공부해야 한다.

여행은 배움의 연속이다. 그리고
나를 늘 깨어있게 해주고
의식 속에 살게 해준다.

여행에서 돌아오면
다음 여행을 생각하고
새로운 마음을 북돋게 한다.
또 다른 역사와 문화 예술을 찾아
문헌을 뒤지면서
다시 가슴은 설렌다.

저자 최영하

CONTENTS

PART 2 동양 편

삶을 장식하는 여행, 배움은 즐겁다

젊어서는 세상 구경하는 호기심에 이곳저곳 다녔지만 나이 들어가니 호기심보다는 궁금한 게 많아 훌쩍 떠나는 여행이 많아졌다. 여행 전후 문헌을 뒤져 공부한 것들, 그리고 현장에서 보고 들은 것들을 정리하여 기록으로 남기는 게 습관이 되었다. 그러다 보니 여행은 곧 공부가 되었다.

유럽을 흔들었던 나폴레옹의 고향이 작은 섬이라는데 어떤 곳일까. 코르시카까지 가보고야 궁금증이 풀렸다. 그를 몰락의 길로 밀어 넣은 러시아 침공의 결전장 보로지노 전장은 어떤 곳인지, 한동안 그림이 그리고 싶어 팔레트와 물감들을 열심히 사서 유명한 미술가들의 명작들을 모사하면서 이 그림을 그린 모네는 어디서 어떻게 살았는지, 인상주의는 무엇인지 궁금했었다.

근세 아시아를 삼켰던 일본은 어떻게 강한 나라가 되었으며 그 근간은 무엇이었는지, 조선을 삼킨 일본조정은 어떤 인물들이 주모했는지 도쿄 시내 메이지유신 사적을 찾아다닌 동기였다. 호기심도 있다. 언젠가 한번은 유럽으로 가서 콜럼버스의 뱃길을 따라 대서양을 건너 미국으로 가보겠다는 생각을 실행해 보기도 했다.

친구들과 등산이나 여행을 함께할 때면 역사 이야기를 꺼낼 경우가 있고, 저마다 아는 지식으로 이렇다 저렇다 토론을 할 때가 있다. 줄거리는 대강들 알지만 자세히 들어가면 목소리들이 커진다. 전공 학자가 아니니 깊은 지식을 가질 수는 없겠지만 일상의 평범한 지식인으로 두루 갖추어야 할 교양 지식이 필요함을 느낀다.

요즘은 배낭 메고 곳곳을 누비는 사람들이 많지만 대부분의 사람들은 부담 없이 떠난다며 '가 보는 여행'을 많이 한다. 해외여행을 떠날 때면 시중 여행책자의 내용을 상회하는 수준의 여행국 지식은 알고 가는 게 좋다. 아는 만큼 보인다고 그 나라의 역사와 문화 예술을 알고 떠나면 그 여행은 더 풍요로워진다.

외교직에 재직하면서 장기간 살았던 나라들이 다행히 역사 문화유산들이 풍부한 나라들이어서 여러 각도로 조명해 보았다. 한반도를 둘러싼 주변국들의 근대사는 우리의 미래와도 관련되어 몇 개 테마로 들여다 보았다.

3년 전 세계일주 '역사의 맥박을 찾아서'를 출간할 때 남겨둔 이야기들과 또 그간 새로 여행한 몇 나라들의 이야기를 정리하여 새 책을 다시 한 권 쓰게 되어 흐뭇하다. 학자도 여행전문가도 아닌 평범한 한 지식인의 글이 관심 있는 분들의 교양 지식을 높이는 참고서가 되었으면 한다.

옥수동 최영하

삶을 깨워주는 여행

배움의 길, 여행..

가도 가도 끝없는 넓은 세상

인생은 짧고 여행은 길다.

PART 1

서양 편

-1-

맥박이 뛰는 땅 고도(孤島) 아이슬란드

북극권 아래 유럽 아메리카 대륙판이 만나는 섬

불과 얼음의 섬나라
외계 행성을 여행한 듯
레이건과 고르바초프가 만난 곳
노르만족 켈트족의 자손들
물개모습 랜드마크 할그림샤 성당

불과 얼음의 섬나라

  핀란드 헬싱키에서 스칸디나비아반도를 가로질러 3시간 남짓 날아가니 눈 덮인 화산 고원지대 아이슬란드(Iceland)가 시야에 들어온다. 공항에 접근하면서 내려다보니 황갈색 들판에는 땅에서 뿜어내는 뜨거운 증기들이 산업공단의 연기처럼 여기저기 피어오른다.

  공항은 의외로 북적였다. 가을철 관광객으로 항공기들도 만원이다. 공항에서 1시간 정도 화산석 조각돌들로 덮인 황량한 들판(Lava Field)을 달려 인구 11만의 수도 레이캬비크(Reykjavik)에 들어섰다. 늦가을 단

아이슬란드 위성사진 (Courtsey Jeff Schmaltz Wikipedia)

풍에 곱게 물든 가로수들 사이로 원색의 가옥들이 이국의 정취를 풍긴다.

아이슬란드는 캄차카반도 하와이섬 등과 같이 지구상에서 가장 젊은 땅이다. 영국과 그린란드 중간쯤 북대서양 북극권에 가까이 있는 이 섬은 아직도 그 생성 과정이 계속되고 있다. 대서양 중앙 해령 한가운데 있는 섬이라 지질 활동이 활발하여 1년에 1cm 정도 땅이 자라고 있다고 한다. 아메리카 대륙판과 유라시아 대륙판이 만나는 곳이어서 땅이 깊게 갈라진 곳이 많고 협곡과 기이한 절벽들이 많다.

외계 행성을 여행한 듯

이 섬에서 촬영되어 2012년 개봉된 공상 영화 '프로메테우스(Prometheus)'

의 시작 장면 데티포스(Detifoss) 폭포도 두 대륙판 사이 갈라진 지층에 있다. 지구인지 외계행성인지 구분할 수 없는 영화의 장면들이 대부분 여기서 많이 촬영되었다. 섬 전체가 화산암으로 지열이 높아 땅만 파면 온천수가 나오고 동네마다 온수 수영장이 있다. 얼음 땅(Iceland)이라는 게 무색하다.

미국 옐로스톤, 뉴질랜드 로토루아처럼 여기에도 간헐천(가이저, Geyser) 이 많다. 영어의 가이저는 이 나라 말 게이시르(Geysir)가 어원이다. 지 열은 에너지원으로 전력 생산과 온실 농업에 활용된다. 지열발전 전력 생산 세계 1위로 전기는 풍족하게 쓴다. 요즘은 지열을 이용하는 온실 재배가 많이 늘어 24%에 불과한 녹지의 제한을 보완해 주고 있다.

아이슬란드는 무척 추운 나라 같지만 해양성 기후라 여름에는 평균 10도 정도로 서늘하고, 1~2월 평균 영하 5도에서 10도 사이다. 섬나라 답게 기후의 변화가 무쌍하여 하루에도 여러 번 개었다 흐렸다를 반복 한다.

내륙에는 화산과 빙하가 공존하는 곳이 많은데 화산이 폭발하면 빙 하가 녹아내려 홍수를 이루기도 한다. 4~5년 주기로 화산이 폭발한다 는데 불안해 살 수 있겠나 싶지만 주민들은 태연하다. 경험도 많은데다 위기관리에 대한 대처가 잘 되어 있다는 설명이다.

우리의 기억에도 아직 남아 있는 2010년 4월 에이야프야틀라이외쿠 틀(Eyjafjallajokull) 화산 폭발은 화산재가 11㎞ 상공까지 치솟아 두 달 가 까이 10만여 편의 항공기가 운항에 차질을 빚었고, 8백만 명의 승객이

지열 발전소(Geothermal Power Station)

발이 묶여 유럽 전역에서 항공대란을 겪었다. 화산 이름이 좀 생소한데 '섬(에이야, eyja)', '작은 산(프야틀라, fjalla)', '빙하(이외쿠틀, jokull)'의 합성어이다. 수도 레이캬비크 동남쪽 120㎞ 떨어진 화산 지대는 여러 번의 폭발로 분출된 용암이 겹겹이 쌓여 원추형을 이루고 100㎢ 빙하로 덮여 있다.

레이건과 고르바초프가 만난 곳

아이슬란드는 귀에 익은 섬나라이긴 하지만 우리에게 익숙해지기는 아마도 냉전시대였던 1986년 10월 레이캬비크 미소 정상회담이 열린 뒤가 아닌가 싶다. 그때 각인된 아이슬란드의 수도 이름 레이캬비크가 쉽지 않은 발음임에도 오랜 시간 기억에 남아 있는 것 같다. 레이건 미국 대통령과 고르바초프 소련 대통령은 두 나라의 수도 워싱턴과 모스

회프디 하우스(Hofdi House)   미소 정상회담(Courtsey CTBTO Photostream)

크바에서 중간 거리에 있는 이 섬에서 만나 전략무기 제한협정을 의논했고, 비록 성과는 거두지 못했으나 동서 냉전을 종식하는 데탕트의 시초가 되었으며 소련이 붕괴하는 계기가 되었다.

당시 두 정상은 시설 좋은 시내 호텔을 놔두고 경호 목적상 교외 바닷가 허허벌판의 외딴집 회프디 하우스(Hofdi House)에서 만났다. 방이 여섯 개인 2층 건물이었다. 이 집은 아이슬란드 어장으로 진출한 프랑스 어부들을 보호하기 위해 프랑스 정부 관리들이 쓰던 관사였는데 2차 세계대전 중에는 영국 대사관 직원들이 살았다.

아이슬란드는 냉전시대 두 초강대국의 정상들이 만난 곳으로 세계인의 주목을 받았다. 회담 당시에는 빈집으로 시 당국이 가끔 행사장으로 쓰던 집이었다. 아이들은 이 집을 유령의 집이라 불렀다. 3천여 명의 취재진들은 숙소를 잡지 못해 시 당국이 주선해준 민박집에서 머물기도 했다.

노르만족 켈트족의 자손들

아이슬란드는 남한 땅 크기에 인구 33만 정도가 사는 섬나라다. 강원도 원주시 정도다. 이 섬에 처음 정착한 이들은 9세기 말 노르웨이에서 건너 온 바이킹 노르만족들이었다. 이후 스코틀랜드와 아일랜드에서 켈트족이 건너왔다. 오늘날 아이슬란드인들은 이들의 후예이다. 모두 게르만 민족들이다.

북방인이라는 뜻의 노르만(Norman)족은 덴마크 스칸디나비아 지방(노르웨이, 스웨덴)에 살았던 게르만 민족으로 바이킹이라고도 불렀다. 8세기경 통일 왕국이 수립되자 설 자리를 잃은 일부 노르만 수장들이 토지를 소유하지 못한 주민들을 이끌고 이동을 시작했다. 항해술에 능했던 이들은 남으로 약탈적 이동을 하였다.

아이슬란드에 정착하는 첫 이주자들

덴마크계 노르만족은 프랑스, 잉글랜드로 이동하여 프랑스에 노르망디 공국, 잉글랜드에 노르만 왕조를 세웠다. 노르웨이계는 아이슬란드, 그린란드로, 그리고 스웨덴계는 러시아로 상륙하여 862년 노브고로드 왕국 키예프공국을 세웠다. 러시아에서는 이들을 '루스인'이라 불렀는데 오늘날 '러시아'의 어원이다. 이들은 처음에는 약탈적이었으나 정착하면서 현지인과 동화되어 중세 유럽 형성에 큰 영향을 끼쳤다.

아이슬란드 주민들은 대부분 화산과 빙하로 덮인 추운 고원 내륙지방보다 농경과 어업이 가능한 해안지방에 산다. 1262년 노르웨이와 한때 연합하였으나 1387년부터 1944년 독립할 때까지 덴마크의 식민지였다. 2차 세계대전 중인 1940년 전략적 요충지로 영국군이 점령했었으며 1941년에는 독일 잠수함 활동을 견제하기 위해 미군이 일시 점령하기도 했다. 1949년 나토에 가입했고, 1951년 미국과 방위조약을 체결하여 지금도 군인 하나 없이 국방을 담보하고 있다.

관광 산업이 주요 수입 중 하나인 이 나라의 물가는 매우 비싸다. 평범한 호텔방 1박에 30만 원을 지불했다. 2007년 1인당 GDP 65,641불이었으나 2008년 경제 위기 이후 39,025불(2011년)로 떨어졌지만 역시 잘사는 나라다. 나라가 웬만큼 벌어들이면 30만 인구로 나누니 개인당 소득은 높을 수밖에 없다.

아이슬란드에는 자연 경관이 수려해 볼거리가 많다. 시간과 장소에 맞춰야 하는 오로라 관측은 노력과 행운이 따라야 한다. 섬을 일주하며 해안 단애절벽, 유빙이 떠있는 호수, 기암절벽에서 내려 쏟는 폭포수, 그리고 내륙 고원으로 들어가면 빙원을 걸을 수 있고 화산구를 가

할크림샤 성당이 보이는 레이캬비크 야경 (Courtesy O Palsson Wikipedia)

까이서 볼 수 있다.

물개모습 랜드마크 할그림샤 성당

물개가 앉아 있는 모양의 할그림샤(Hallgrimskirkja) 성당은 레이캬비크의 랜드마크다. 아름다운 성당 안에서 듣는 파이프 오르간 연주도 좋지만 전망대에 올라 내려다보는 레이캬비크 일원의 풍경은 아름답기 짝이 없다. 부두 산책 중 고래 구경 배가 떠난다기에 두 시간 투어를 했지만 가이드의 애타는 염원에도 고래는 나타나지 않았다. 하선해서 찾아간 맛집에서 고래 고기 스테이크로 아쉬움을 달랬다.

큰마음 먹어야 떠나는 아이슬란드 여행. 때가 10월 초인지라 곱게 물든 단풍잎들의 정취를 한껏 즐겼다. 황금빛 초원 여기저기서 피어올라 새파란 하늘로 증발해 사라지는 지열 증기들이 오랫동안 뇌리에서 사라지지 않았다.

Color of Iceland (Courtesy Bjorn Giesenbauer Wikipedia)

- 2 -

유럽 심장 파고든 바이킹 노르만

항해술 모험심 강한 장신 금발 게르만족

바이킹의 후예들
약탈자 바이킹 롤로의 프랑스 노르망디 정착
바이킹 후손 윌리엄 공의 잉글랜드 노르만 왕국
용병 노르만이 건설한 시칠리아 왕국
러시아 선조 류리크 왕조와 키예프 루시

바이킹의 후예들

핀란드 헬싱키와 스웨덴 스톡홀름을 여행해본 사람들은 두 나라 수도 항구에 정박해 있는 대형 여객선 Viking을 보았거나 탑승해본 일이 있을 것이다. 붉은 띠에 대형 글자로 쓴 Viking 로고를 바라보노라면 '아, 우리가 바이킹 나라에 왔구나' 하고 실감나게 한다. 헬싱키-스톡홀름 간을 매일 운항하는 정기 여객선으로 Viking은 스웨덴 선적이고, 핀란드 선적 여객선은 같은 크기의 실리야(Silja)선이 따로 있어 사이좋게 함께 운항된다.

노르웨이 스타방거 박물관 랑스킵(롱쉽)과 밀랍 바이킹 (Courtesy Wikipedia)

북유럽 나라들의 국기를 보면 원색 바탕에 열십자가 그려져 있다. 덴마크, 노르웨이, 스웨덴, 핀란드, 아이슬란드 나라들이 그러하다. 모두 기독교 나라들임을 표시하는 이들 나라의 국기를 볼 때면 마음이 평화로워지지만 사실 이들은 핀란드를 제외하고 모두 용맹한 약탈자 바이킹의 후예들이다. 스웨덴은 인구 천만이지만 나머지 세 나라는 5백만 남짓 되는 고도 복지국가들이다.

바이킹은 게르만 민족 혈통의 노르드(Norde)인들인데 8세기 말에서 11세기 말까지 북유럽과 중부 유럽 나라들에 활거하며 약탈과 무역을 하던 뱃사람들이다. 이들은 상업적으로 세력이 커지고 랑스킵(Langskip, 롱십)의 항해술이 발전하면서 스칸디나비아를 벗어나 브리튼 섬들, 아일랜드, 프랑스 등 북대서양 섬들과 발트해 남안강을 따라 내려가 키예프 루시, 지중해, 이탈리아, 시칠리아까지 활동하였으며 멀리는 북아메리카 북동 해안까지 정착하였다.

바이킹은 작은 만(灣)이라는 뜻이 있는데 덴마크와 스웨덴 사이 발틱만의 작은 마을 비켄(Viken) 사람들이란 뜻으로 믿어진다. 용감하고 호전적 해양 용사라는 이미지는 1809년 스웨덴이 6백 년간 다스리던 동쪽 영토를 러시아에게 빼앗기고 이를 회복하기 위해 스웨덴 문인들이 작품을 통해 만들어낸 이미지다. 과거 용맹스러웠던 역사를 돌이키려는 시도였다. 빼앗긴 동쪽 영토는 핀란드 공국으로 독립하여 러시아령이 되었다.

약탈자 바이킹 롤로의 프랑스 노르망디 정착

노르웨이 출신 롤로(Rollo, 854~933년경)는 잉글랜드 북부와 프랑스 일대를 무대로 약탈하던 바이킹 수장이었다. 센(Seine)강 하구 지대로 활동 무대를 옮긴 그는 885년 경 파리를 공격하고 약탈한 바이킹 함대의 우두머리 중 하나였다. 911년 서프랑크의 샤를(Charles) 3세는 생클레르(Sanit Clair) 조약을 맺고 딸까지 주어 충성을 맹세케 하고 더 이상 약탈하지 않는다는 조건으로 롤로가 점령한 서북부 네우스트리아(Neustria) 영토 일부를 내주었고, 롤로를 노르망디 공작으로 봉하였다. 이 지방은 그 후로 오늘날까지 노르망디(Normandy)라 부르게 되었다.

롤로가 노르망디에 정착한 후 많은 바이킹들이 프랑스 서북 지방으로 유입하였으며 프랑크 왕국의 언어, 관습, 종교를 받아들이고 약탈을 자제하였다.

롤로의 후계자들은 가톨릭교도로 성장하였으며 전쟁을 통해 주변 영토를 확장하고 강해져서 프랑스 국왕에 복속하지 않고 지배권을 행사했다. 프랑스 사람들은 이들 금발 벽안의 거인들을 노르만족이라 불렀다.

그의 5대손 기욤 2세는 잉글랜드가 혼란한 틈에 왕위를 주장하여 전쟁을 일으켜 윌리엄 1세(1028~1087년)로 잉글랜드의 왕이 되었다. 프랑스어 기욤(Guillaume)이나 독일어 빌헬름(Wilhelm), 영어 윌리엄(William)은 모두 같은 이름이다. 노르망디 공국은 1134년 윌리엄 클리토 사망 후 직계가 단절되어 1259년 파리조약이 체결되어 영

프랑스에 정착한 롤로

토 문제가 해결될 때까지 영국 노르만 왕조 국왕들이 세습하였다. 그의 직계는 6대 만에 단절되었지만 영국과 프랑스의 여러 귀족 가문의 선조가 되었다.

바이킹 후손 윌리엄 공의 잉글랜드 노르만 왕국
프랑스 노르망디에 정착한 롤로의 5대 후손 기욤(Guillaume) 2세는 잉

글랜드가 왕위 계승으로 혼란한 틈에 1066년 헤이스팅스(Hastings) 전투에서 앵글로 색슨계 왕을 격파하고 윌리엄 1세로 즉위하여 노르만 왕조를 세웠다. 많은 노르만족 기사들이 그를 따라 잉글랜드에 정착하여 영지를 받고 선착 영주민 앵글로 색슨족과 대립했다.

앵글로 색슨족은 로마제국이 브리튼에서 물러간 5세기경에 북유럽에서 건너온 게르만 민족의 일파인데 10~11세기 잉글랜드를 통합하고 독자적 왕조를 이루고 있었다. 그러나 이 무렵부터 스칸디나비아의 바이킹이 남하해 오면서 덴마크의 간섭을 받는 속령이 되었으며, 앵글로 색슨의 에드워드가 후계 없이 사망하자 혼란에 빠지게 되었고, 이 틈에 프랑스 윌리엄(기욤 2세)의 노르만족이 침공하여 왕조를 세웠던 것이다.

윌리엄 1세(William, 재위 1066~1087년)는 정복 왕으로 전 잉글랜드를 통일하고 스코틀랜드 왕의 충성맹세를 받았으며, 그의 두 아들 윌리엄 2세(1087~1100년), 헨리 1세(재위, 1100~1135년) 3부자 치세에서 국가재정의 조직화, 사법제도의 개혁 등 중

영국 동전 윌리엄 1세

앙 정부의 토대를 마련했다. 그러나 뒤를 이은 스티븐(윌리엄 1세의 외손자, 재위 1135~1141년)이 왕위 다툼을 벌인 고종사촌 마틸다(헨리 1세의 딸)의 아들에게 후계를 넘겨줌으로써 노르만 왕조는 맥이 끊기었다.

외손으로 이어지니 왕조 이름도 플랜태저넷(Plantagenet)으로 바뀌었으며 그 뒤 무능한 존왕(1166~1216년)은 프랑스 영지를 대폭 잃어 프랑

스-영국 노르만 왕조의 연계가 약화되었다. 영국 노르만 왕조는 점차 앵글로 색슨족에 동화되었다. 잉글랜드에서 노르만 왕통은 1066년부터 1154년까지 잉글랜드 지배기간이다. 대륙 문화가 잉글랜드로 유입되는 계기가 되었다.

현재의 영국인들은 고대 브리튼족, 켈트족, 로마인(라틴인), 앵글로 색슨족, 데인족(덴마크, 노르웨이), 노르만 계열 등의 광범위한 혼혈인들이다. 왕조는 바뀌어도 민족은 바뀌지 않고 남아 있다.

용병 노르만이 건설한 시칠리아 왕국

이탈리아 시칠리아섬의 수도 팔레르모(Palermo)에서 노르만 왕궁을 둘러보며 어찌 스칸디나비아의 바이킹들이 여기까지 내려왔었단 말인가 의아해 했었다. 문헌을 들여다보니 서로마가 망하고 남부 이탈리아와 시칠리아가 아랍권과 동로마제국의 세력권에 들어가자 종종 반란을 일으켰으며, 교황은 이를 막기 위해 용맹스러운 노르만족을 고용하여 동로마 제국 비잔티움에 대항하였다. 용병 노르만인들은 남부 이탈리아에 정착하여 두각을 나타내며 지역의 가장 강력한 세력으로 성장하였다.

노르만 장군 출신 로베르토 기스카르(Robert Guiscard, 1015~1085)와 그의 동생 루지에로(Ruggeru) 1세는 교황에 의해 남부 이탈리아에서 작위를 인정받고 남부 이탈리아와 시칠리아가 사실상 노르만족의 영토가 되었다. 바이킹 후예들의 땅이 된 것이다. 이 형제들은 남부 이탈리아를 평정하여 지배권을 장악하였다.

로베르토 기스카르가 1084년 비잔틴 제국을 원정하던 중 병사하자 아들 루이지에로 부르사에게 영지가 상속되었으나 숙부 루지에로 1세의 아들에게 밀렸다. 루지에로 1세의 아들 루지에로 2세(1095~1154, 재위 1130~1154)는 1130년 교황의 칙령으로 시칠리아 왕으로 임명되어 중앙집권적 시칠리아 왕국(1130~1816)을 건국했다.

로베르토 기스카르

그는 1139년 교황들의 세력 다툼으로 혼미해진 남부 이탈리아를 재평정하고 유럽에서 가장 강력한 군주가 되었다. 이탈리아반도를 아들에게 맡기고 시칠리아로 돌아온 루이지에로는 모든 민족을 편견 없이 중용하고, 마지막 15년은 팔레르모 궁정에서 당대의 이름난 석학들과 함께 보냈다. 그는 1154년 팔레르모에서 58세로 죽어 팔레르모 대성당에 묻혔다. 시칠리아는 이슬람, 비잔티움, 그리스와 라틴, 북유럽, 노르만 문화가 섞여서 격조 높은 문화를 만들었다.

시칠리아 왕국은 1186년 루지에로 2세의 유복녀가 이탈리아를 다스리던 신성로마제국(독일)의 2대 황제 하인리히 6세와 정략결혼함으로써 1194년부터 독일 호엔스타우펜 왕가의 지배를 받아 프리드리히 2세(1215~1250년) 때 최전성기를 맞았다. 이후 시칠리아 왕국은 프랑스(앙주 왕조), 스페인(아라곤 왕조)의 지배를 받으며 1816년까지 존속하였다.

왕궁 팔레틴 교회 노르만 비잔틴 모자이크

노르만족이 세운 시칠리아 왕국의 흔적으로 노르만 왕궁이 남아 있다. 원래 9세기에 이슬람 수장이 짓기 시작했으나 루이지에로 1세가 들어오면서 개축 보수하여 122년간 노르만 왕조의 소유로 남게 되었다. 1140년대에 지어진 노르만 왕조의 왕실 예배당인 이 매혹적인 건물은 노르만 건축양식과 아랍의 아치와 문자, 그리고 비잔틴 돔과 모자이크가 조화를 이룬다.

러시아 선조 류리크 왕조와 키예프 루시

오늘의 러시아 선조는 스칸디나비아 바이킹 출신의 노르만인 류리크(Ryurik)라고 한다. 그는 862년부터 879년까지 러시아, 핀란드 국경 근처 라도가(Ladoga) 호수와 노브고로드(Novgorod)를 지배한 공(公)이었다. 노브고로드는 오늘날 상트페테르부르크와 라도가호 남쪽 평원에 자리잡은 러시아에서 가장 오래된 고도로 발트해와 카스피해를 연결하는 요지에 자리잡고 있다.

　노르만인들은 발트해와 북해의 교역에 종사하며 항해술이 발달하여 강을 타고 흑해로 내려가서 경제적으로 번영한 비잔틴 제국, 이슬람 제국과 교역하였는데 이 루트 주변의 동슬라브족들은 몇 개의 국가를 형성하기 시작했다. 이들은 부족 간 싸움이 잦아 질서를 잡기 위해 노르만인들을 불러들였다는 전설이 있다.

　라도가호에는 9세기의 거대한 무덤이 있는데 사람들은 류리크의 무덤이라고 말한다. 노브고로드에서 시작된 류리크 왕조는 러시아의 지배 가문으로 자리매김하고 류리크의 후계자(친족) 올레그(Oleg)는 비잔틴 제국으로 내려가는 요지에 키예프 루시(Kiev Rus)를 건설하였다. 키예프 루시는 기독교를 받아들여 동방정교를 국교로 삼았으며 통치의 중심을 모스크바로 옮겨 1613년 로마노프 왕조로 이어질 때까지 7백 년간 러시아 대공들과 차르들을 배출하였다.

- 3 -

닮고 싶은 복지 평화의 나라 스웨덴

북유럽 중립 정책 선도

30년 전쟁, 구스타브 2세의 스웨덴 제국

러시아에 밀린 발트해 패권

프랑스 장군의 후손 왕실

고도의 복지국가 건설

정책과 강령 보고 당에 투표

국회의원, 공짜 특실 기차 상상도 못해

모스크바에 살 때 가깝게 지내던 스웨덴 국방무관 내외가 내게 준 첫인상은 어딘지 귀하고 우아한 풍모를 풍겨 그의 나라에 대한 관심을 가지게 되었다. 금발의 그 부부는 스웨덴 중부 순드발(Sundval)이라는 지방 도시 출신인데 외교단 모임에서 만날 때는 늘 미소와 조용조용한 낮은 목소리로 대화를 나누는 사람들이었다. 가까이 지내면서 서로 관저를 방문하며 우정을 나누었다. 첫 휴가로 북유럽을 여행할 때 마음먹고 스웨덴 그의 고향을 지났는데 자연에 싸인 아름다운 중소 도시로 그들의 인성을 길러낸 곳이구나 싶었다. 그 후 여러 번 방문할 때마다 스웨덴은 고도의 복지국가이며 북구의 강국이라는 점을 실감하였다.

30년 전쟁, 구스타브 2세의 스웨덴 제국

스웨덴은 800년대에 소규모 귀족들의 연합체 스베아(Svea) 왕국으로 시작되었다. 10세기 12세기에는 주변 스칸디나비아 나라들과 함께 거센 바이킹 해양 세력으로 유럽 나라들에 파고들었으며 발트해 남안 내륙 강을 타고 내려가 오늘날 러시아의 기원 키예프 루시를 열었다.

1387년 독일이 한자동맹으로 발트해 상권을 장악하자 위협을 느낀 스웨덴은 덴마크, 노르웨이와 함께 칼마르동맹(Kalmarunionen)을 맺고 3국이 연합체를 이루면서 130여 년간 덴마크의 속령이 되었다. 1523년 덴마크와 독립전쟁을 일으켜 구스타브 1세가 국왕으로 즉위하여 스웨덴 왕국으로 독립하였다. 구스타브 1세는 신교(루터교)를 채택하여 기존의 교회를 개혁함과 동시에 로마 가톨릭으로부터 독립하여 왕권을 강화 하였다. 그의 손자 구스타브 2세(재위 1611~1632년)는 30년 전쟁(1618~1648)에 참전하여 유럽 대륙의 중심으로 세를 뻗고 스웨덴 제국을 이루었다.

30년 전쟁은 독일 땅에서 일어난 세계 최초의 국제전이었다. 루터(1483~1546)의 종교개혁 이후 유럽 나라들은 가톨릭과 신교 간의 마찰로 여러 나라가 서로 대립 관계에 있었으며 독일, 프랑스, 합스부르크, 덴마크, 스웨덴, 스페인, 네덜란드 등 여러 세력 간에 패권을 다투게 되었다. 가톨릭 신성로마제국(독일 보헤미아 합스부르크) 내의 개신교 세력이 기댈 수 있는 나라는 같은 개신교인 영국과 스웨덴 그리고 가톨릭이기는 하지만 합스부르크와 숙적인 프랑스였다.

구스타브 2세의 전사(Lutzen 전투) (Courtsey Wikipedia)

구스타브 2세는 프랑스의 지원을 받아 1630년 독일을 침공했다. 프랑스는 같은 신교파의 일원이었으며 독일의 발트해 진출을 막으려 신성로마제국과 대립하던 터여서 스웨덴 측을 지원하였다. 2만 6천 명의 스웨덴군은 독일에 상륙하여 독일 신교파와 합세함으로써 전쟁은 확대되었으며 스웨덴군은 독일 전역을 휩쓸었다.

그러나 구스타브 2세가 전사하고 독일 황제군은 뇌르틀링겐 전투에서 신교군(新敎軍)을 제압하여 프라하 조약으로 종전되었다. 스웨덴은 30년 전쟁으로 핀란드, 에스토니아, 폴란드, 독일 북부 동프로이센 및 노르웨이 일부를 아우르는 넓은 지역을 얻음으로써 발트해 패권을 장악하게 되었다. 스웨덴은 17세기 중기 역사상 가장 전성기를 누렸다.

러시아에 밀린 발트해 패권

러시아 로마노프 왕조가 시작되면서 걸출한 표트르 대제(재위 1682~1725)는 유럽 진출에 장애가 되는 발트해의 스웨덴(칼 12세)과 전쟁을 일으켰다. 북방전쟁(Northern War, 1700~1721)으로 불리는 이 두 나라 전쟁은 발트해와 서부 러시아, 폴란드-리투아니아 연합국, 우크라이나 일원에서 벌어졌다.

초기에는 스웨덴이 우세했으나 전장이 확대되면서 러시아가 지구전으로 가고 표트르 대제의 해군력 건설이 성공하면서 전세는 역전되었다. 프로이센, 폴란드, 덴마크 등 반스웨덴 동맹이 재결성되고 우크라이나 남부 폴타바(Poltava)에서 러시아군이 완승함으로써 스웨덴은 점령지를 거의 모두 잃어 발트해 패권은 소멸되고 스웨덴 제국(1611~1721)은 사라졌다.

러시아 표트르 대제와의 폴타바 전쟁 (Courtesy Wikipedia)

스웨덴은 이후 몇 차례 러시아와 전쟁을 시도했으나(1741, 1788) 실패했다. 1808년 나폴레옹과 동맹을 맺은 러시아에 핀란드도 빼앗겼다. 공세로 일관했던 스웨덴은 이후 수세로 전환하였고, 신흥 러시아가 발트해의 강자로 부상했다. 스웨덴은 1812년 나폴레옹 전쟁의 와중에 덴마크를 공격하여 노르웨이를 차지하여 1905년까지 다스렸다. 이후 비동맹 무장중립을 선언하여 전쟁이 없는 나라가 되었다.

러시아 10월 혁명 이후 사회민주노동당이 장기 집권하면서 스웨덴식 복지 국가의 틀을 닦았다. 현대에 이르러서도 중립국 지위를 고수하여 북유럽 국가들의 중립 정책(Nordic Balance)을 선도하고 있다. 유럽연합(EU) 회원국이기는 하지만 NATO에도 가입하지 않고 유로화도 쓰지 않는다.

프랑스 장군의 후손 왕실

오늘날 유럽에 여러 왕실들이 있지만 스웨덴의 왕실은 좀 특이하다. 프랑스 장군의 후손들이기 때문이다. 그는 장 밥티스트 베르나도트(Jean Baptiste Bernadotte, 1763~1844) 장군이었는데 나폴레옹(1769~1821)의 최측근 장군이었다. 스웨덴은 후손이 없는 칼 13세(1748~1818)가 1810년 늦은 나이에 즉위하여 나폴레옹에게 스웨덴 왕을 이을 후보자를 청하였으며, 나폴레옹은 많은 전장에서 공을 세운 최측근 장군을 천거하여 칼 13세는 그를 양자로 삼고 후계자로 지명했다. 그 장군의 부인 데지레는 나폴레옹의 애인이었다.

왕위 계승자 시절, 그는 1813년 대프랑스 동맹에 가담하여 라이프찌히(Leipzig) 전투에 참전하여 나폴레옹과 싸웠으며, 나폴레옹 몰락 이후

스웨덴 왕이 된 프랑스 베르나도트 장군과 그 후손 칼 구스타브 왕가
(Courtesy Frankie Fouganthin Wikimedia)

스웨덴의 지위 향상과 이권을 획득하는데 기여했다. 1818년 그는 칼 14세 요한으로 스웨덴 왕위(재위 1818~1848)에 올랐다. 프랑스에겐 배반자로, 스웨덴에겐 영웅으로 그의 후손들은 오늘날까지 스웨덴 왕국의 왕실로 이어오고 있다. 현재까지 7명의 왕을 배출했다.

현 왕실은 2녀 1남의 자녀가 있지만 맏이상속 왕위계승 법에 따라 장녀 빅토리아 공주가 차기 여왕으로 오르게 되어있다. 그녀는 시골 출신의 평민 헬스 트레이너와 결혼하여 화제가 되었는데 호화로운 결혼식으로 구설수에 오르기도 했지만 워낙 평판이 좋아 사랑받고 있다. 구스타브왕 부부에 대한 여러 가지 스캔들에 대해서도 스웨덴 국민들은 왕실에 대한 인식을 바꾸지 않는다고 답변했으며, 왕실의 사생활을 들추는 것은 잘못이라는 인식이 지배적이어서 스웨덴 국민들의 왕실 사랑은 절대 불가침이다.

베르나도트 왕가는 항상 낮은 자세로 국민과의 거리를 좁히기 위해 노력해 왔으며 국민들의 70% 정도가 입헌 군주제를 지지하여 국민의 존경을 받는 국왕과 왕실의 위상을 유지하고 있다.

고도의 복지국가 건설

복지국가를 만들려면 복지정책을 추구하는 강력한 의회민주주의 정부가 있어야 하며 복지예산을 실현할 수 있는 재정이 필요하다. 재정은 국가산업이 융성하여 국민들이 돈을 많이 벌고 세금을 많이 내야 한다.

스웨덴의 경제지표를 보면 그들의 복지국가 면모를 가늠할 수 있다. GDP 대비 복지 교육예산 38.2%로 OECD 1위이며 세계 1위이다. 미국 19.4%, 일본 16.9%, 한국 8%에 비교된다. 안보위협이 적은 나라여서 국방예산 비중이 큰 나라들보다 교육 복지 예산을 늘릴 수 있는 것이다. 1인당 구매 기준 GDP는 50,319달러(2016년)로 유럽연합 평균 37,026불을 상회한다. GDP 대비 정부 부채비율은 41.3%로 미국 105.1%, 일본 245.5%, 독일 72.5%에 비교된다.

스웨덴은 본토에서 전쟁을 치른 적이 없는 나라다. 무장중립동맹(武裝中立同盟)을 체결하여 1·2차 세계대전에서도 전화를 피하고, 나치 독일에 철강 원자재를 수출하는 등 전쟁특수 호황을 누렸다. 1932년 이래 1976년까지 44년간 집권한 사회민주당이 정치세력화한 노조와 손잡고 복지정책을 추구했다. 노조는 우리와는 판이하여 국민적 상식 위에 건전한 노사관계를 바탕으로 국익을 생각한다. 건전한 노사관계는 산업을 발전시키고 국가재정을 튼튼히 했으며 정부는 복지예산을 늘려갈 수 있었다. 국민들은 소득이 늘고 높은 세금을 감당할 능력이 생겼다.

정책과 강령 보고 당에 투표

스웨덴 국민은 정당에 투표하고 각 정당은 득표율에 따라 당내에서 정해 놓은 후보 순위대로 국회의원이 된다. 당의 후보 순위는 당직자들이 결정하는 게 아니라 당원들의 투표로 정한다. 사이비 당원 동원이나 여론조작은 있을 수 없다. 의원이 유고이면 또 돈 쓰는 보궐 선거는 없고, 당이 정해 놓은 승계순위대로 이어 간다. 지역성을 가미하여 몇 개의 지역을 정해 위와 같은 방법으로 국회를 구성하니 의원들은 지역이권에 크게 연연하지 않는다. 형님 예산과는 거리가 멀다.

국민들은 정당의 강령과 정책에 투표한다. 100% 비례대표제다. 지방정부도 같다. 정당에 투표하여 지방 의회가 구성되고 의회에서 의원 중에 시장을 뽑는다. 보통 과반 정당의 의원

복지국가 스톡홀름 교외 전형적 민가

이 시장이 되지만 그렇지 못한 경우는 몇 개 정당이 연합한 연립정당이 과반수를 이루고 그 중에서 시장이 나온다. 이는 총선에서도 마찬가지다. 선거 때만 되면 인물 사진을 담은 현수막들이 어지럽게 거리를 메우는 돈 선거와는 다르다. 부정부패의 온상이 되는 정치자금을 걷을 필요가 없는 나라이다.

국회의원, 공짜 특실 기차 상상도 못해

국회의원은 국민 평균수입의 1.7배 정도 급여를 받는다. 국민들보다 일하는 시간이 더 많아 상대적 보수는 적은 편이다. 특실 기차를 공짜

로 타는 건 상상할 수 없다. 지방 출신 국회의원들은 국회에서 제공하는 숙소를 쓰지만 사용료를 내야 한다. 사무실은 방 한 칸 크기 정도로 비서가 없는 경우가 많다. 청렴도는 세계 제1의 수준으로 출근은 도보나 자전거로 하는 의원들도 있다. 스웨덴의 이러한 정치제도는 수준 높은 국민성과 청렴한 정치인들의 의식 수준에서만 가능하다. 꾼 정치인들의 바람몰이에 휩쓸리는 국민 수준에서는 불가능하다.

혼잡한 거리에서 행인들이 스쳐 지나는 평균 거리는 1미터란다. 서로에게 피해를 주지 않으려는 기본 에티켓의 국민 의식이다. 코앞을 스쳐 가는 나라와는 다르다. '먼저 하세요(After You)' 양보와 겸양 정신이 몸에 밴 나라다. 아무리 외진 건널목 신호등이라도 밤이건 낮이건 누가 보든 안 보든 잘 지키는 국민과, 백주에 신호등 무색하게 달리고 인도 차도 가리지 않는 오토바이가 있는 나라는 국민 수준이 다르다. 우리보다 국토는 다섯 배, 인구는 1/5인 나라 스웨덴은 가볼 때마다 자연적 쾌적함은 물론 국민의식 또한 우리가 닮고 싶은 나라로 느껴진다.

- 4 -

안데르센 '인어공주'의 왕국 덴마크

그린란드 차지한 바이킹의 나라

바위에 앉아 있는 인어공주
구두 가게 주인 아들 안데르센
중세 스칸디나비아의 맹주
그린란드와 페로 제도의 주인
햄릿의 무대 크론보르 고성
국민의 사랑 받는 덴마크 왕실

바위에 앉아 있는 인어공주

덴마크를 여행하다 보면 인어공주(The little Mermaid)를 만나거나 이야기를 듣게 된다. 코펜하겐 항 바닷가 조그마한 바위에 앉아 있는 인어상을 보지 않는 여행객은 없을 것이다. 그래서 덴마크 하면 인어공주의 나라로 각인된다. 인어공주를 인용한 모든 작품들은 안데르센이 쓴 동화 인어공주가 원조다. 연극도 영화도 그리고 인어공주 조각도 마찬가지다. 원작 내용과는 조금씩 다르게 각색되거나 변형되어도 그 내용은 모두 안데르센 동화의 이야기다.

한 번도 바다 위를 구경해 보지 못한 인어왕국의 인어공주는 열다섯 번째 생일에 물 밖을 구경해도 좋다는 왕의 허락을 받고 바다 위로 나선다. 마침 바다를 항해 중이던 왕자를 보고 첫눈에 사랑에 빠진다. 그때 갑자기 폭풍이 일어 왕자가 탄 배가 침몰하고 인어공주는 정신을 잃은 왕자를 구해준다.

인어공주는 왕자가 보고 싶어 마녀의 제의를 받아들여 아름다운 자신의 목소리를 마녀에게 주고 대신 사람의 몸을 얻어 왕궁에 들어가 왕자의 시녀가 된다. 그러나 왕자는 자기를 구해준 벙어리 인어공주를 알아보지 못하고 이웃 나라 공주와 결혼한다. 낙심한 인어공주는 바다로 몸을 던져 죽는다. 줄거리는 대강 이렇게 새드 엔딩(Sad Ending)이다. 바다 속 인어왕국의 세계와 인어공주, 그리고 마녀 이야기는 어린 이들을 환상의 세계로 끌어준다. 사랑했지만 끝내 사랑을 이루지 못했던 한 여인에 대한 안데르센 자신의 애틋한 사랑 이야기는 어른들에게까지 감동을 준다. 그는 평생 독신으로 살았다.

코펜하겐 시청 앞 대로변에 안데르센의 동상이 있다. 대로 이름도 안데르센가(街)이다. 70세까지 살았던 인자한 할아버지 모습의 동상 무릎은 관광객들의 손길에 반질반질하게 닳아서 윤이 난다. 그의 고향은 코펜하겐에서 멀지 않은 서쪽 작은 도시 오덴세(Odense)이다. 시내 중심에 그의 생가가 보존되어 있고 박물관이

안데르센

있다. 박물관 뜰에는 작은 공연 무대가 있어 늘 그의 작품들이 주제가 되는 짧은 공연들이 있다. 관객들은 자유롭게 잔디밭에 앉아서 발을 뻗고 구경한다.

구두 가게 주인 아들 안데르센

안데르센(Hans Christian Andersen, 1805~1875)은 오덴세에서 가난한 구두 가게 주인의 아들로 태어나 어려운 환경 속에서 자라며 갖은 고생 끝에 성공을 거둔 작가다. 그가 살았던 시기의 유럽은 나폴레옹전쟁, 보불전쟁(1870), 독일제국이 탄생(1871)하던 격랑의 시기였다. 15세에 배우가 되려고 코펜하겐으로 갔으나 뜻을 이루지 못하고 절망에 빠지기도 했다. 그는 한 정치가의 도움을 받아 대학에도 가고, 시작(詩作)에 뜻을 두어 글을 쓰기 시작했다.

1835년 이탈리아 여행 체험을 쓴 '즉흥시인'이 호평을 받으면서 유럽에서 이름을 알리게 되었다. 그의 '안데르센 동화집'은 매년 크리스마스에 각 가정에서 어린이들이 기다리는 선물로 등장하였다. 그는 아름다운 환상의 세계를 그리는 서정적 정서를 가진 작가였으며 평생 130여 편의 동화를 썼다. '인어공주', '미운 오리새끼', '벌거숭이 임금님', '그림 없는 그림책' 등 아동 문학의 최고봉으로 꼽히는 걸작들을 남겼다. 그가 한때 살며 방세 때문에 세 번이나 옮겨 다녔다는 코펜하겐 항구 선착장은 지금 니하운(Nyhavn)으로 변모하여 관광객으로 붐비는 레스토랑 거리가 되었다.

중세 스칸디나비아의 맹주

창업 100년이 넘은 칼스버그 맥주, 쿠키와 치즈, 버터를 잘 만드는

낙농의 나라 덴마크는 독일 북부 북해로 돌출한 유틀란드반도 나라로 발트해와 대서양을 잇는 관문의 나라다. 남한의 반에도 못 미치는 아주 작은 나라이지만 바이킹 조상들 덕분에 일찍이 여러 섬들을 선점하여 곳곳에 영토를 점유하고 있다. 본토보다 50배나 큰 섬, 그린란드(Green Land)를 가진 나라다.

13세기 이후 중세 시대에는 덴마크가 북유럽 스칸디나비아의 맹주였다. 1387년 독일의 한자동맹으로 위협을 느낀 덴마크는 노르웨이, 스웨덴과 칼마르 동맹(Kalmarunionen)을 맺어 3국 연합체를 이루면서 노르웨이와 스웨덴 모두 덴마크의 속령이 되었다. 1523년 스웨덴은 독립했으며 노르웨이는 계속 속령으로 남아 있었다.

1814년 노르웨이와 분리되면서 그린란드와 페로 제도를 속령으로 가

그린란드 동부 피오르드 (Coutyesy Hannes Grobe, Wikimedia)

지게 되었다. 스칸디나비아반도 나라들의 국기가 색깔은 다르지만 기독교 십자가를 바탕에 둔 것은 모두 이 시대적 연대감 때문이다. 덴마크는 인근의 해역뿐 아니라 항해술이 발달한 바이킹의 깃발을 달고 세계 여러 곳에 속령을 만들었다. 인도의 타랑감바디, 아프리카 가나, 서인도 제도의 버진군도 등을 식민지로 다스렸다.

그린란드와 페로 제도의 주인

한반도 열 배나 되는 그린란드는 덴마크의 자치령이었으나 2009년 독립을 선포하고 지하자원 사용권, 사법 경찰권은 독립적으로 행사할 수 있다. 외교 국방은 덴마크 정부의 권한이니 완전 독립국은 아니다. 덴마크 의회에 2명의 대표를 보내고 있으며 덴마크 집정관(High Commissioner)이 그린란드에 파견되어 있다. 덴마크와는 달리 유럽연합 회원국이 아니며 그린란드어(이누이트어)가 공식 언어다. 그린란드는 경제, 교육 등 덴마크의 지배적 위치에 반감을 가지고 1977년 좌파 민족주의 전진당이 결성되어 자치권을 확대하였다.

이 섬의 원주민은 에스키모 이누이트(Inuit)족이다. 유럽인과 혼혈된 그린란드인들이 5만 8천 인구의 90%를 차지한다. 지리 문화적으로는 북아메리카권이지만 정치적으로는 유럽에 가깝다. 섬의 85%가 얼음이나 지하자원 부존 가능성이 커서 덴마크의 간섭을 경계하는 분위기다. 1년 내내 기온은 영하권이다. 작물 재배 경작지는 2%에 불과하다.

또 다른 덴마크 영토로 작기는 하지만 본토 서북쪽 북양 1천㎞ 멀리 떨어진 곳에 인구 5만의 페로 제도(Faeroe Islands)가 있다. 제주도의 2/3 정도 되는 모두 18개의 작은 섬으로 고유의 페로어를 쓰며 자치권을 누리고 있다. 섬은 작지만 해양주권을 가진다. 덴마크는 이 세 개의 영토에 인구 567만을 아우르는 나라이다.

덴마크가 이런 넓은 섬들을 여러 개 가질 수 있었던 것은 그들이 해양 선진국이었기 때문이다. 덴마크인들은 8세기 초부터 11세기 바이킹 시대 노르만인들이 헤브리디스 제도, 셰틀랜드 제도, 오크니 제도 그리고 페로 제도, 아이슬란드, 그린란드를 발견하면서 정착한 사람들이다. 오늘날 이 섬들 중 아이슬란드는 완전 독립국이 되었고, 그린란드와 페로 제도를 제외한 섬들은 영국 근해에 있어 영국 땅이 되었다. 이들 노르만인들 중 일부는 잉글랜드, 아일랜드, 노르망디를 정복했고, 러시아의 원조 키예프 공국을 수립한 원조가 되었다.

햄릿의 무대 크론보르 고성

덴마크에서 빼놓을 수 없는 역사 명소가 하나 있다. 코펜하겐 북쪽 40㎞쯤 스웨덴을 마주보는 바닷가 헬싱괴르(Helsingor)에 있는 고성 크론보르(Kronborg)성이다. 셰익스피어의 비극 '햄릿'(1601)의 무대인 엘시노어(Elsinore)로 알려졌다. 덴마크의 왕자 햄릿은 부왕이 갑자기 죽자 왕위에 오른 삼촌을 의심한다. 어머니마저 왕위에 오른 삼촌에게 재가하자 아버지의 망령이 나타나 삼촌에게 독살되었으니 복수해 달라고 부탁했다.

복수를 결심한 햄릿은 왕의 음모와 모반에 쫓고 쫓긴다. 왕은 결국 햄릿의 칼에 찔려 죽고 햄릿도 부상으로 죽고 만다. 왕비인 어머니도 독을 마시고 그들의 뒤를 따른다. 셰익스피어 4대 비극 작품 중 하나인 햄릿의 줄거리이다. 이 작품의 배경이 바로 그 배경 무대답게 고풍스러운 크론보르성이다.

크론보르성은 1425년 발트해 연안에 자리한 덴마크 포메라니아의 에리크왕이 외레순드 해협(현 덴마크 스웨덴 사이 해협)을 통과하는 모든 선박에 관세를 징수하는 곳으로 시작되었다. 1574년 덴마크 국왕 프레데리크 2세가 그곳에 왕궁을 짓기 시작하였고 왕궁은 크론보르라고 불렸다.

뛰어난 르네상스 양식의 이 고성은 1629년 대화재로 소실되었으나 복원되었으며 1785년 성은 군사용으로 전환되었다. 왕의 거실과 아파트 대형 연회장이 있어 많은 관광객이 찾는 명소다.

외레순드(Oresund) 해협 크론보르성 (Courtesy Cucombrelibre Wikipedia)

이 성이 역사적 의미를 가지는 것은 외레순드 해협의 전략적 중요성을 일찍부터 깨달았다는 점이다. 이 해협은 발트해에서 북해 대서양으로 나가는 관문으로 예나 지금이나 세계에서 가장 붐비는 해협이다. 내해 흑해와 지중해를 연결하는 터키의 다다넬스-보스포루스 해협처럼 그 지정학적 가치가 큰 것이다.

국민의 사랑 받는 덴마크 왕실

덴마크의 공식 국가 명칭이 덴마크 왕국(The Kingdom of Denmark)이다. 스웨덴, 노르웨이와 마찬가지로 덴마크에도 전통 왕실을 이어가는 왕이 있다. 글릭스부르크 왕가의 크리스티안 9세(Christian, 1818~1906)는 여러 유럽 왕실들에 공주들을 시집보내 유럽의 할아버지로 불렸다. 그의 후손들이 지금도 왕위를 이어가고 있으며 현재 마르그레트 (Margarethe) 2세 여왕이 1972년 이래 재위하고 있다.

그녀는 1940년 독일이 덴마크를 점령한 1주일 후 코펜하겐 아말리엔 보르그 왕궁에서 태어났다. 1953년 남녀 구분을 없앤 왕위 계승법 개정에 의해 1972년 부왕에 이어 덴마크 사상 두 번째 여왕이 되었다. 그녀는 영국의 엘리자베스 여왕과 8촌 지간으로 국내외에서 후계자 수업을 받았다. 코펜하겐 대학에서 철학을, 캠브리지 대학에서 고고학을, 소르본느 대학에서 정치학을 공부하며 국제 감각을 익혔다. 불어, 영어, 스웨덴어, 독일어를 유창하게 구사한다.

국왕은 상징적 국가수반으로 외국수반 접견, 국빈 외국방문을 하며 외교사절의 신임장을 받고 대사를 임명한다. 헌법상 입법 행정권을 가지지만 의회와 내각이 이를 수행한다. 연말에 그녀가 전 국민에게 보내

마르그레트 2세 여왕의 덴마크 왕실 (Courtesy Bill Ebbesen Wikipedia)

는 메시지는 전국적 이벤트로 이민자 문제, 생명의 존엄성, 더불어 같이 사는 사회의 책임 등 이슈에 대해서 국민들에게 이정표를 제시한다. 메시지는 탈정치적인 성격이어서 경제, 문화, 종교 등 각 층의 세대를 아우르는 힘을 가져 시청률이 매우 높다. 마르그레트 2세 여왕과 왕실에 대한 지지는 점점 높아지고 있으며 90%를 넘는 국민적 사랑을 받고 있다.

그녀는 예술을 사랑하여 유화, 수채화, 도서 삽화, 자수 등 장르를 넘나드는 다양한 분야에서 작품 활동을 하고 있으며 덴마크 판 '번지의 제왕'은 그녀가 손수 번역한 것이다.

여왕은 2007년 한국을 방문하여 현대중공업을 시찰하기도 했는데 덴마크는 조선 강국임에도 73척의 선박을 현대조선에 주문한 최대 고객 중 하나였다. 덴마크는 6·25 참전국으로 병원선(유틀란디아)을 파견했으며 한국전쟁 후 서울 을지로에 있는 메디칼 센터를 건립하는 데 기여하였다.

- 5 -

스카치위스키 골프 원조 스코틀랜드

3백 년 독립의 꿈 접은 켈트인의 나라

켈트인들의 땅 스코틀랜드
독립의 꿈 깨고 대영제국 품으로
골프의 발상지 스코틀랜드 골프 투어
골퍼들의 아름다운 지옥, Royal Turnberry
저녁 6시 티오프, 오크니섬 백야 골프
킬트, 백파이프, 올드랭자인
디스틸러리, 어촌 민박, 사냥, 풍물투어

켈트인들의 땅 스코틀랜드

스코틀랜드(Scotland) 하면 여러 가지 이미지들이 떠오른다. 짧은 체크무늬 치마(킬트)에 백파이프 악기를 메고 연주하는 남자, 에든버러의 고풍스런 고성, 괴물이 출현했다는 네스 호수…. 뿐인가? 민요 '올드 랭자인', 스카치위스키 조니 워커, 그리고 해마다 열리는 브리티시 오픈 골프 등등. 스코틀랜드란 유랑인의 땅이란 뜻인데 목동들이 입는 짧은 치마 스커트도 여기에서 유래한다. 스코틀랜드는 남한보다 조금 작은 땅에 5백 40만이 사는 유럽 브리튼섬의 북부 끝, 맑고 조용한 나라다.

스코틀랜드는 고대에 브리튼(Britain)섬 북부 지방에 있던 몇 개의 켈트족 소왕국들이 11세기 아일랜드에서 건너온 스코트인의 지배하에 통일왕국을 수립하여 여러 주변 부족들을 복속 병합하였다. 스코트인들은 아일랜드에 정착한 게일(Gaels)인, 켈트(Celts)인들이다. 켈트인들은 독일 동남부의 라인강, 엘베강, 도나우강 유역에 원주하던 민족으로 BC 10~8세기 무렵부터 이동하기 시작하여 BC 6~4세기 무렵에 갈리아(Gallia, 프랑스 벨지움 북이탈리아) 지방, 브리타니어(Britania, 영국) 지방으로 진출하여 로마를 침공하고 소아시아(터키)까지 진출하였으며 라틴문화를 낳은 민족이다.

로마인들은 켈트족을 갈리아인이라 불렀다. 한때 유럽을 널리 지배하였으나 BC 1세기부터 로마 카이사르에 정복되어 자신들의 부족적 정체성은 상실되었다. 그들의 풍습과 언어는 오늘날 아일랜드, 웨일스, 브리타니에 그 흔적을 남겼다. 게일인들은 켈트어파의 일종인 게일어를 쓰는 사람들이며 아일랜드인, 스코틀랜드인, 게일인들은 동일한 사람들이다.

스코틀랜드의 켈트인들이 남쪽의 잉글랜드와 항쟁한 역사는 브리튼섬 한가운데 서해안의 칼라일(Carlisle)에서 동해안 뉴캐슬(Newcastle)까지 쌓은 하드리언 월(Hadrian Wall)로 대변된다. 이 성벽은 서기 136년 로마가 잉글랜드를 속주로 다스릴 때 북방의 켈트족 침략을 막기 위해 하드리아누스 황제의 명으로 잉글랜드에 있는 로마 총독이 평균 6m 높이에 3~4m 두께로 쌓은 118㎞의 성벽이다. 북방 오랑캐의 잦은 침

에든버러 Holyrood House Palace (Courtesy Stablenode Wikipedia)

략을 막으려는 영국판 만리장성이다. 오늘날까지 잘 보존되어 있어 많은 영국인들이 6일 일정 트레킹 코스로 찾는 명소이다.

스코틀랜드, 잉글랜드 두 나라의 국경은 13세기에 현재의 경계선으로 확정되었다. 1371년 스코틀랜드 왕가의 최고 집사인 피츠앨런 가문의 로버트 2세가 스코틀랜드의 왕이 되면서 스튜어트(Stuart) 왕조가 시작되었으며, 그의 후손 제임스 4세가 잉글랜드 왕 헨리 7세의 딸과 결혼함으로써 잉글랜드 왕실에까지 스튜어트 가문을 시작하게 하였다.

1603년 잉글랜드 엘리자베스 1세가 후손 없이 죽자 헨리 7세의 외후손 제임스 6세가 잉글랜드 왕위를 계승하여 양국 왕을 겸하면서 제임스 1세(1603~1625)로 등극하여 스코틀랜드, 잉글랜드 통합군주가 되었다. 이로써 영국에도 스튜어트 왕가가 들어서서 1714년 하노버 왕조 (1714, 조지 1세~1901, 빅토리아 여왕) 때까지 1백여 년간 지속되었다.

독립의 꿈 깨고 대영제국 품으로

통합군주 제임스 1세는 스코틀랜드와 잉글랜드의 통일을 추구하여 스스로를 그레이트 브리튼(Great Britain)왕이라고 칭했으며 양국 국기를 합하여 오늘날 영국 국기 유니언 잭(Union Jack)을 만들었다. 그러나 스코틀랜드와 잉글랜드는 각각의 의회와 정부를 가져 동군연합(同君聯合)의 관계에 놓였었다. 그는 가톨릭과 청교도들을 탄압하여 반감을 샀으며 의회와 충돌하기도 하였다.

그의 통치 기간에 아메리카 대륙 개척을 시작하였으며, 1607년 북아메리카 영국인 최초 정착지가 처음으로 만들어졌고, 그의 이름을 따

메이 영국 수상과 스터전 스코틀랜드 총리(2016)(Courtesy Wikipedia)

서 제임스타운(Jamestown, 버지니아주)이라고 불렀다. 1620년 Philgrim Fathers라 불리는 청교도들이 메이플라워(Mayflower)호를 타고 북아메리카로 집단 이주하기도 하였다.

1707년 스코틀랜드는 영국에 복속되면서 양국 의회가 통합되고 글라스고우(Glasgow) 등 도시가 크게 발전하여 경제적 번영을 이루었지만 잉글랜드에 대한 반감은 존속하여 별개의 자치법으로 통치되어 왔다. 최근 2011년 스코틀랜드 국민당이 집권하여 연합왕국으로부터 독립하는 국민투표를 실시한 결과 55:45로 부결되어 307년 만에 시도한 독립 노력은 무산되었다. 잉글랜드, 스코틀랜드, 웨일스, 북아일랜드 4개 지역으로 이루어진 영국연방(United Kingdom) 체제는 계속 유지되고 있다. 스코틀랜드의 수도는 에든버러(Edinburgh), 상업 중심은 글래스고우(Glasgow)이다.

스코틀랜드는 오늘날 우리들이 즐기는 골프의 발상지이다. 양치기 목동들이 지팡이로 돌을 쳐서 구멍에 넣던 것이 골프로 발전했다는 설이 유력한데, 현재와 같은 골프를 시작한 것은 15세기 중엽 스코틀랜드에서 시작되었다. 1754년 22명의 귀족들이 모여서 세인트 앤드류 골프 클럽(Saint Andrews Golf Club)을 만들었고 1834년 Royal and Ancient Golf Club이라는 명칭으로 영국 전역의 골프 클럽을 통합하고 13개 항목의 골프규칙이 처음 성문화되었다.

나는 골프의 본고장 스코틀랜드에서 골프를 칠 수 있는 귀한 기회를 가졌다. 돈 들여 골프하러 간 게 아니라 한 유명 스카치위스키 회사의 초청으로 칙사 대접을 받으면서 일주일간 여행을 곁들여 스코틀랜드 오크니(Okney)섬에서 열린 백야 골프 토너먼트(White Night Tournament)에 아마추어로 참가한 것이다. 한국에 나와 있는 스카치위스키 회사 발렌타인(Ballantine)이 주최하는 국내 골프 토너먼트 행사에 나갔다가 예상치 못한 입상을 하여 그 회사가 있는 스코틀랜드까지 초청받아 골프를 즐긴 것이다.

한국은 발렌타인 양주의 큰 시장이어서 주요 고객들을 대상으로 경기도의 한 골프장에서 발렌타인 초청 골프 토너먼트를 했는데 나는 주요 고객은 아니었지만 딸 친구가 그 회사 간부로 있어 특별 손님으로 초청을 받았다. 선배 한 분과 한 조로 출전하여 2등으로 입상했지만 우승자가 스코틀랜드 골프 여행상을 사정상 포기하는 바람에 대신 출전하는 행운을 얻었다.

일행은 여럿이었다. 회사 홍보를 위해 초청된 각 방송국, 신문사, 스포츠 담당 기자들과 프로골퍼 두 명, 회사 간부 2~3명 해서 모두 열두세 명의 일행이었다. 나는 30여 년 전 미국에 살 때 골프를 시작하여 한때는 핸디캡 7까지 내려갔으나 요즘은 많이 올라 12정도 되는 실력이다. 평생 홀인원 세 번, 이븐 파 두 번, 파 4홀 이글 세 번이 골프 30년 기록이다.

런던에 도착하여 하루 쉬고 이튿날 항공편으로 스코틀랜드 인버네스(Inverness)로 이동했다. 일행은 교외 숲속 아이비 담장으로 덮인 옛 영주의 3층 저택에 여장을 풀었다. 환영 만찬에 앞서 모두들 전통의상 킬트(Kilt)로 갈아입고 넓은 정원을 거닐며 스코틀랜드의 고풍스런 분위기를 만끽했다. 전통장식으로 가득한 넓은 홀에서 전통의상을 차려입고 전통 백파이프 연주로 스코틀랜드 민요를 들으며 발렌타인 양주를 곁들인 전통만찬을 즐겼다. 스코틀랜드의 대명사들을 모두 즐긴 그날의 만찬은 큰 추억으로 남아있다. 일행은 일련번호가 찍힌 30년산 발렌타인 양주를 한 병씩 선물로 받았다.

골퍼들의 아름다운 지옥, Royal Turnberry

스코틀랜드에서는 세 번 라운딩을 했다. 그중 한 곳은 에든버러에서 한 시간 남짓 거리 서해안 Turnberry에 있는 명문 Royal Turnberry 골프장이었다. St. Andrews Old Course와 함께 The Open(British Open)이 열렸던 곳이다. 세계 100대 골프장 중 하나인데 수림은 없고 바람이 많이 부는 해변 골프장이다. 무시무시한 바닷바람이 불어오면 진정한 지옥이 완성된다는 아름다운 골퍼들의 지옥…. 티 박스에서는 보이지도 않는 항아리 벙커에 볼이 빠지면 뒤로 쳐내기도 쉽지 않았다.

Turnberry 등대 코스 (Courtesy Ian Dick Wikipedia)

들어가면 1벌타라고 타이거 우즈도 고개를 저었단다.

스코틀랜드 골프장들은 링크(Link)라고 하여 바닷바람을 이겨내는 억센 초원을 자연그대로 살려놔서 숲과 나무로 둘러싸인 아늑한 미국이나 한국 골프장과는 달라 우리 눈에는 삭막해 보였다. 2014년 트럼프가 이 골프장을 리조트와 함께 6천만 불에 사들여 2억 불을 들여 보수공사를 하고 트럼프 턴베리(Trump Turnberry)로 개명했다. 그는 대통령에 취임하면서 아들에게 경영권을 맡겼다. 이 골프 코스의 명물은 백 나인에 있는 등대 코스인데 절벽 아래 하얗게 부서지는 파도를 보며 등대 옆에서 날리는 티샷은 환상적이었다.

저녁 6시 티오프, 오크니섬 백야 골프

브리튼섬의 북쪽 오크니섬(Orkney Island) Stromness 골프장에서 열린 백야 골프 토너먼트에는 갤러리들도 3~4백 명 정도 모였다. 인구 2만 마을에서 꽤 많이 모인 것이다. 스코틀랜드 출신 프로골퍼 Sandy Ryle, Dean Robertson 두 사람과 한국 프로 골퍼 김대섭과 박용진 두 사람이 한 조로 나가고 우리는 2개 조로 뒤를 이었다. Sandy는 50대 초반으로 미국 어거스타 마스터스(Masters) 우승 경력이 있고 30대 후반의 Dean은 날렵한 몸매에 아름다운 스윙을 구사했다.

나무 한 그루 없는 밋밋한 구릉에 업 다운이 심한 코스였지만 멀리 여객선들이 드나드는 항구와 수평선 바다를 보며 걷는 것은 즐거웠다. 지역에서 동원된 남자 캐디들의 열성적인 조언에도 불구하고 클럽에서 빌린 채를 쓰다

항아리 벙커

보니 그리 만족할 만한 기록을 내지는 못했다. 오크니섬의 위도가 북위 60도여서 저녁 6시에 시작된 경기는 밤 10시가 되어서야 끝났지만 백야 현상으로 아직 훤한 초저녁이었다.

킬트, 백파이프, 올드랭자인

평소 호기심을 가졌던 킬트는 스코틀랜드 사람들이 전통적으로 착용하는 스커트 형태의 남자용 하의이다. 타탄이라고 하는 양모 직물로 만든 색깔별 격자무늬 모직물인데 세로로 주름이 잡혀 있는 느슨한 형

태로 무릎 정도 길이다. 16세기부터 있었는데 치마뿐 아니라 몸에 걸치는 망토까지 포함된 형태였다.

원래는 작업복으로 만들어져 하층민들이 입었지만 점점 전통의상으로 되었다. 킬트의 체크무늬는 각 가문마다 다르고 서열도 알 수 있으며 집안이나 신분을 나타내기도 한다. 전통 있는 가문에서는 행사 때마다 이 옷을 입는다고 한다. 소지품을 넣기 위해 허리 앞에 주머니 스포란을 차도록 추가 고안되었고, 무릎 아래까지 오는 두터운 양말을 착용한다. 현재 스코틀랜드 군인의 군복으로 착용되고 있다.

스코틀랜드 민요 올드랭자인(Auld Lang Syne)은 아일랜드 민요 런던에어(London Air, 오 대니 보이)와 함께 영국의 대표적 민요이다. 1788년에 스코틀랜드의 시인 로버트 번스가 작곡했는데 그 곡명 Auld Lang Syne는 '그리운 옛날(Old Long Ago)'이란 뜻의 게일어이다. 오랫동안 헤어졌던 옛 친구를 다시 만났을 때 기쁨을 노래하고 있다.

스코틀랜드 백파이프

'어릴 때 함께 자란 친구를 잊어서는 안 돼. 어린 시절 데이지를 깎고 시냇물에서 놀았지. 그 후 오랫동안 잊었다 다시 만났네. 자 한잔하세…' 하면서 다시 만날 수 있기를 빌며 헤어질 때 부르고 있다. 한국에서는 '석별'이라고 부른다.

전통악기 백파이프는 스코틀랜드 민요를 연주하는데 제격이다. 가죽으로 만든 공기 주머니와 몇 개의 리드가 달린 관으로 된 이 악기는 입으로 공기 주머니에 공기를 불어 넣어 그것을 밀어내어 주머니에 달린 관을 울리게 해서 소리가 나도록 고안된 것인데 버킹엄 근위병들도 이 악기를 사용한다.

디스틸러리, 어촌 민박, 사냥, 풍물 투어

우리는 발렌타인 회사 스카치위스키 공장 두 군데를 구경하였다. 증류 제조 과정을 견학하고 직접 블랜딩(섞는 것)하는 실습도 했다. 3대를 이어 블랜딩 장인으로 일하는 회사 전문가가 음미하더니 내가 만든 게 가장 근사하다고 손을 들어주었다. 그리고 일행은 30년산 숙성 창고로 안내되어 오크통 안에 든 원액을 국자로 떠서 시음하고 언제라도 다시 와서 자유롭게 문 열고 들어가 마시라고 창고 열쇠를 하나씩 기념으로

스카치위스키 증유 공장

받았다. 나는 아직까지 그 열쇠를 잘 보관하고 있는데 언젠가는 다시 한 번 가보리라 생각 중이다.

회사 측에서는 따로 하루 시간을 내어 산악 레인저 체험, 사냥터 클레이 사격 등 특별 투어를 시켜주었다. 오크니섬 커크월(Kirkwall) 항구를 떠나 더 작은 섬으로 들어가 고성을 견학하고 차로 섬 길을 달려 외딴 마을 어촌에서 민박을 체험하였다. 어둠이 짙을 무렵 도착한 어촌 민박집은 마치 폭풍의 언덕에 나오는 집같이 백야의 저녁 지평선 위에 실루엣으로 떠 있었다. 순박한 어부 부부는 정성껏 음식을 요리해 주고 잠자리를 보살펴 주었다.

우리는 분에 넘치는 일주일 여행기간 동안 호사했다. 모든 여정 간 비즈니스 항공석, 가는 곳마다 최고의 숙소와 레스토랑에서 재우고 먹인다는 게 이번 우리 여행의 회사 방침이었다고 동행한 회사 간부가 귀띔해 주었다. 골프 여행 이상의 스코틀랜드 문화를 체험할 수 있었던, 평생을 두고 추억으로 남을 여행을 한 것이다.

- 6 -

셰익스피어 작품 무대를 찾아서

이탈리아를 사랑한 셰익스피어

송강 정철과 한 시대 사람, 셰익스피어
에이번 강가의 작은 마을 태생
셰익스피어의 작품 세계
베로나를 사랑한 셰익스피어

송강 정철과 한 시대 사람, 셰익스피어

영국의 대명사쯤 되는 인물들이 많겠지만 내게 가장 먼저 떠오르는 이름은 셰익스피어다. 그리고 처칠, 엘리자베스 여왕, 비틀즈 등이 생각난다. 그건 아마도 그의 고향 마을에 가서 자세히 둘러보고 그에 대한 이해를 높였기 때문이 아닌가 싶다. 생가는 물론 자란 마을, 무덤 그리고 그의 처갓집까지 가보았으니 말이다.

나는 그저 막연히 그가 얼마 전쯤에 살았던 분이지 했지만 연대를 쳐보니 450여 년 전의 인물이다. 그의 작품들이 오랜 세월이 지난 지금에도 많이 읽히고 연극으로 영화로 공연되고 있으니 세계적인 문호임에 틀림이 없다. 세간에는 그를 깎아내리는 이들도 있다. 실존 인물이 아닌 가공인물이다, 성장 과정 기록이 없다, 남의 작품을 표절했다 등등. 톨스토이(1828~1910)도 그를 깎아내렸다니 그만 한 이유는 있었을 것이다.

그가 당시 이름 있는 문필들의 글을 모사하거나 소재를 빌려 소화하고 자기의 것으로 만드는 데 귀재였다니 그런 말이 나올 수도 있었을 것 같다. 명성에 비해 그에 관한 기록이 드물다는 것도 그런 의혹들을 키웠겠지만, 생각해보면 그 시대에 체계적으로 기록물을 남길 수 있었겠느냐는 생각이 들고, 다른 극작가들의 기록도 없긴 마찬가지라니 셰익스피어만 예외일 수는 없었을 것이다.

게다가 이력이나 학력도 변변치 않은 시골 출신이 그런 걸작을 썼겠느냐는 단견이 그런 의심의 배경인 것 같다. 당시만 해도 13~18세 남학생만을 위한 명문 이튼스쿨(Eton College 1440년 개교)이 있었고, 옥스퍼드, 캠브리지 등 수백 년 된 대학들이 있었으니 그런 학교에서 교육을 받은 사람들 입에서는 충분히 나올 수 있는 얘기들이었을 것이다.

셰익스피어를 극찬한 사람들도 많다. 영국의 역사가 토머스 칼라일은 '영웅숭배론'에서 '셰익스피어는 인도와도 바꿀 수 없다'고 했다. 이 제국주의적 비하 발언으로 인도인들의 분노를 산 글귀의 원문은 'Indian Empire will go at any rate some day, but this Shakespere does not go, he last forever with us.'이었다. '식민지 인도는 언젠가 잃게 될 것이지만 셰익스피어는 영국인의 마음속에 영원히 남아있을 것이다'라는 본질을 왜곡한 것이다.

시대적으로 셰익스피어(1564~1616)와 한 시대를 살았던 동양의 인물들을 살펴보니 조선에서는 율곡 이이(1536~1584), 송강 정철(1536~1594)과 서애 유성용(1542~1607) 같은 분들이 있다. 선조(재위 1567~1608) 시절의 인물들이다. 모두 관직에서 벼슬을 한 분들이지만 글도 쓴 분들이어서 송강은 '관동별곡', '사미인곡' 같은 작품을 쓰고 서애는 임진왜란 회고록 '징비록'을 남겼으니 문인으로서도 기록될 만하다.

셰익스피어 초상화(1623년 발간)

중국은 명나라 말기로 '채근담'을 쓴 홍자성(1572~1620) 같은 유학자가 있다. 일본은 토요토미 히데요시(1537~1598), 도쿠가와 이에야쓰(1542~1616) 시대다. 이들은 싸움만 했던 사무라이들이지만 서양의 셰익스피어 시대에 일본 정국을 주도했던 정치 인물들이다. 조선반도 임진왜란 때 영국의 셰익스피어는 후대에 남은 명작들을 쓴 것이다.

에이번 강가의 작은 마을 태생

런던에서 서북쪽으로 한 시간 거리 에이번 강가에 인구 3만 명 정도 사는 아담한 소도시가 있다. 셰익스피어가 태어나고 사망하고 묻힌 스트래트포드 어폰 에이번(Stratford upon Avon)이다. 당시에는 수백 가구 정도 살았다니 자그만 마을의 정취가 짐작되었다.

그가 태어난 생가는 박물관으로 공개되고 그와 그의 가족들은 인근성 트리니티 교회에 묻혀 있다. 그는 18세 때 여덟 살 연상의 앤 해서웨이와 결혼했는데 그녀가 살던 집(Anne Hathaway's Cottage)은 좀 떨어진 외곽의 숲속에 있다. 갈대 지붕의 그녀 집은 전형적인 영국 농촌 가옥으로 도로변에 있는 셰익스피어 집보다 운치가 있었다.

Trinity 교회 안 셰익스피어 묘

고풍스런 셰익스피어 생가는 관광객들로 붐볐다. 1564년 이곳에서 태어난 셰익스피어는 부친이 마을 유지로 읍장을 지냈다니 소년 시절은 유복하게 자랐을 것으로 추정되지만 가세가 기울면서 대학에는 가지 못했으나 마을의 그래머 스쿨에서 훌륭한 교육을 받았다. 그는 런던으로 가서 극작가 겸 단역 배우로 활동했다. 1592년 런던 문학계에 이름이 알려질 때까지 8년간 행적은 알려지지 않았다. 영국 연극을 대표하는 킹스맨(King's Men) 극단의 단원이 되어 두각을 나타냈으며 극단 공동 경영자가 되어 작품들을 썼다.

셰익스피어의 작품 세계

극작가 셰익스피어는 모두 38편의 희곡(Playwright)을 썼는데 이중 생전에 출판된 것은 19편이고 나머지는 그가 죽은 뒤 1623년 동료들이 전집으로 출간하였다. 그는 4대 비극(悲劇) '햄릿'(1601), '오셀로'(1605), '멕베스(1606), '리어왕'(1608)과 5대 희극(喜劇) '한여름 밤의 꿈'(1594), '말괄량이 길들이기'(1594), '베니스의 상인'(1597), '뜻대로 하세요'(1599),

'십이야'(十二夜, 1600) 등을 썼다. 그리고 로마 사극 '줄리어스 시저' 등 3편과 영국 사극 10편을 썼다.

셰익스피어는 엘리자베스 1세 여왕(재위 1588~1603)과 제임스 1세(재위 1603~1625) 때 작가이다. 중세의 사상과 사회구조가 남아 있던 시기다. 절대군주 아래서 서민은 응분의 사회신분을 지키는 존재였으나 서서히 기존 질서에 대한 의문이 제기되었다. 로마 교회의 권위는 마틴 루터에 의해 위협받고 영국 교회에 의해서도 도전의 대상이 되었다. 국왕의 특권에 대한 의회의 제동, 자본주의의 대두, 신대륙 발견에 따른 부의 유입 등은 사회적 경제적 기존질서를 크게 흔들었다.

신구사상이 교차하는 사회적 변화 시기에 그는 리처드 2세, 헨리 4세, 헨리 5세, 헨리 6세(장미전쟁 배경), 헨리 8세 등 10편의 사극을 썼다. 이들 사극들은 중세 후기 영국 프랑스 백년전쟁(1337~1453), 장미전쟁(1455~1485)으로 왕가의 권력투쟁 과정에서 봉건적 질서가 내부 붕괴를 일으키면서 골육상쟁의 유혈과 찬탈이 반복되던 때를 배경으로 한다. 우리 사극 '주몽'이나 '성웅 이순신'이 안방극장에서 고구려의 역사와 임진왜란 역사를 국민들에게 알렸듯이 셰익스피어의 이런 사극들도 영국 국민들에게 역사의 실록을 알렸을 것이다.

셰익스피어는 언어적 천재성을 가진 신조어의 대가이다. 작품 2만 개 단어 중 2천 개가 신조어다. 그의 원작 '헨리 5세', '햄릿', '로미오와 줄리엣' 등은 수백 편의 영화로 촬영되었으며, 수많은 배우들이 출세하는 등용문이 되기도 했다. 로렌스 올리비에는 햄릿에 주연하여(1948) 일약 스타덤에 올랐다. 우리 귀에 익숙한 멘델스존 작곡 '한 여름 밤의 꿈'

(1594)에 나오는 결혼행진곡은 셰익스피어 희곡을 토대로 한 것이다.

베로나를 사랑한 셰익스피어

베로나의 두 앙숙 가문 캐퓰럿 집안과 몬태규 집안의 딸과 아들, 줄리엣과 로미오는 사랑에 빠지지만 이루지 못한 사랑은 그들을 안타까운 죽음에 이르게 하고 양가는 화해한다는 줄거리의 '로미오와 줄리엣'(1594~95)은 이탈리아 북부 베로나가 그 무대이다. 베로나는 셰익스피어 덕분에 오늘날 관광 도시가 되었고, 세계의 젊은이들이 선호하는 명소가 되었다. 영화에 나왔던 아름다운 줄리엣의 환상을 안고 젊은 연인들이 사랑을 익히는 곳 '줄리엣 하우스'는 연일 초만원이다.

줄리엣이 서 있던 2층 발코니는 사진 찍는 젊은 연인들로 줄을 서야 차례가 오고, 마당 코너에 서 있는 줄리엣 동상의 가슴은 젊은이들의 손길로 광채가 나도록 닳았다. 담벼락에는 사랑을 맹세하는 연인들의 낙서와 메시지 조각들로 꽉 차있다. 아마도 셰익스피어 작품의 무대 중 가장 많은 관광객이 몰리는 곳이 아닌가 싶다. 셰익스피어의 또 다른 작품 '베로나의 두 신사'도 여기가 무대이다. '말괄량이 길들이기'에서 사나운 말괄량이를 길들인 남자도 베로나에서 데려왔다.

젊은 남녀들의 낭만적 사랑과 우정에 악덕 상인 샤일록을 등장시켜 부당하게 박해받는 유태인을 대변케 한 '베니스의 상인'(1596~97)도 이탈리아의 베네치아가 무대이다. 영국 사람인 셰익스피어가 이탈리아를 무대로 여러 작품들을 쓴 것은 르네상스의 파장 때문일 것이다. 이탈리아에서 시작된 르네상스는 독일, 프랑스, 영국으로 확산되어 유럽 전역의 정치 문화에 큰 영향을 미쳤다.

셰익스피어 주요 작품들의 장면과 인물들(1849년, John Gilbert 작) (Courtesy Wikipedia)

르네상스는 신(神) 중심 사상과 봉건주의 제도로 개인의 창조성을 억압받던 중세를 벗어나 휴머니즘에 바탕을 둔 인간 중심의 고대 문화로 돌아가자는 복고주의였다. 피렌체, 베로나, 밀라노, 베니스 모두 르네상스의 발원지였다. 셰익스피어가 이 지방을 가보지 않고 작품의 무대로 쓰지는 않았을 것으로 보인다. 특히 이탈리아의 베로나는 셰익스피어가 사랑한 도시였다.

Anne Hathaway Cottage

-7-

유럽 왕실들의 정략결혼 이야기

사촌 간의 전쟁, 1차 세계대전

권력 안정을 위한 정략 사돈 외교
유럽의 할머니, 영국의 빅토리아 여왕
궁합 안 맞는 부르봉가와 합스부르그가
나폴레옹에게 딸을 바친 오스트리아 황제
나폴레옹 몰락하자 딸 손자 구출 원정
유럽의 할아버지도 있어, 크리스티안 9세

나는 관직에서 퇴직 후 잠시 대학 강단에 선 일이 있었다. 그 대학은
통일교 재단의 대학이었다. 통일교 신자는 아니었지만 그 대학에서 요
청하여 정부 프로그램으로 객원 교수로 출강했다. 학교 간부와 재단
관계 인사들과 접촉도 자주 하면서 통일교에 대한 이해도 넓어졌다. 그
대학에 교편을 잡고 있는 여러 외국인 교수들 중 통일교에서 짝을 맺어
준 분들이 더러 있었다. 그리고 통일교가 주관하는 수백 쌍의 집단 결
혼식에 대해 그 뜻을 알게 되었다. 그 기본 정신은 국제결혼을 통해 피
를 섞고 자손을 퍼트리는 것이 인종 간의 갈등을 없애고 서로 이해하

며 세계 평화에 기여한다는 것이었다. 별난 결혼식도 있구나 했었는데 시간이 지나면서 공감이 갔다.

권력 안정을 위한 정략 사돈 외교

우리는 권력을 가진 왕실이나 토후 세력들이 서로 혼인을 통하여 충돌을 피하고 평화를 유지하였던 역사를 많이 본다. 동서고금을 막론한 정략결혼이며 사돈 외교다. 두 세력이 피를 섞으면 서로를 해하는 적대 행위를 하기가 쉽지 않기 때문이다. 맺어준 아들딸도 그렇지만 귀여운 손자 손녀를 생각하면 어찌 쉽게 그들을 해할 수 있겠는가? 일본의 도쿠가와 이에야스는 정적 토요토미 히데요시의 아들에게 손녀를 시집보내 반대 세력을 안심시키고 역모를 피했지만 결국에는 도요토미 히데요시가 지키는 오사카성을 공격하여 사랑하는 손녀사위를 할복하게 만들었다. 독한 사람이다.

두 앙숙 가문 아들딸의 비극적 사랑을 계기로 서로 화해하는 셰익스피어의 극작 로미오와 줄리엣 얘기도 있기는 하다. 고려 말기 원나라의 공주들이 우리 왕실에 시집와서 속국의 결속력을 강화시켰으며, 일제 초기 일본은 고종의 아들 이은(영친왕)을 일본 황녀(이방자)와 결혼시켜 일본에 대한 적의(敵意)를 누그러트렸다. 자고로 유럽에서는 왕실들 간의 정략결혼이 성했는데 이는 모두 왕실의 권위를 도모하고 전쟁을 피하려는 외교적 수단이었다.

유럽의 할머니, 영국의 빅토리아 여왕

영국의 빅토리아 여왕(1819~1901)은 유럽의 할머니로 불린다. 빅토리아 여왕은 모두 아홉 명을 출산하였으며 42명의 손자녀와 무려 85명의

빅토리아 여왕가족, 네 자녀가 더 있다 (Courtesy Wikipedia)

증손자녀를 두었다. 빅토리아의 공주들은 대부분 유럽 왕가로 시집을 갔고 유럽의 많은 왕실이 빅토리아 여왕의 피를 섞게 되었다. 그녀의 어머니도 독일 출신이었지만 남편도 독일 출신 외사촌인 알버트 공작이었다. 프랑스, 독일, 러시아, 스웨덴, 스페인, 덴마크, 그리스 등 왕실 간의 혼사는 지금까지도 이어오고 있다.

빅토리아 여왕은 큰 딸을 통일 독일제국(1871)의 2대 황제 프레드리히 3세(1832~1888)에게 시집보냈다. 그 사이에서 낳은 아들이 빌헬름 2세(1859~1941, 재위 1888~1918)이다. 빅토리아 여왕의 외손자이다. 출생할 때 난산으로 왼팔에 장애가 있었던 빌헬름 2세는 선대를 도와 독일 통일을 주도한 철의 재상 비스마르크도 해임하였다. 없던 해군을 만들어 군함을 건조하고, 아프리카 진출의 관문인 모로코 탕헤르를 방

니콜라이 2세와 조지 5세
(Courtesy Wikipedia)

빌헬름 2세와 니콜라이 2세
(Courtesy Wikipedia)

문하여 기득권을 가진 프랑스와 충돌하여 패하고 국력을 낭비하는 등 호전적이었으며, 보수 자유주의적 영국 외척들과도 별로 가까이 지내지 않았다.

그는 사라예보 황태자 저격 사건을 계기로 협상하려는 오스트리아를 부추겨 1차 세계대전을 일으켰다. 이에 맞서 싸운 영국의 조지 5세(1865~1936, 재위 1910~1936)는 빅토리아 여왕의 장남 에드워드 7세의 아들이다. 둘은 고종사촌 외사촌 간이다. 빅토리아 여왕의 외손녀 알렉산드라는 러시아의 마지막 황제 니콜라이 2세(1868~1918, 재위 1894~1917)의 황녀이다. 니콜라이 2세의 어머니도 덴마크 왕실 공주였다. 친가든 외가든 조지 5세, 빌헬름 2세, 니콜라이 2세는 사촌 행렬로 모두 빅토리아 여왕의 손자들이다.

이들 셋은 1차 세계대전의 주역들이다. 영국과 러시아는 연합국으로 독일에 맞서 싸웠다. 1차 대전에서 패한 독일의 빌헬름 2세는 네덜란드로 망명하여 여생을 보냈고, 러시아 니콜라이 2세는 1917년 볼셰비키 레닌 혁명으로 퇴위하여 온 가족이 시베리아 예카테린부르크에 유배되어 처형되었다. 조지 5세는 현군으로 기록되었다.

궁합 안 맞는 부르봉가와 합스부르크가

유럽에서 정략결혼의 원조는 빅토리아 여왕보다 1백여 년 전 합스부르크 왕가이다. 오스트리아의 마리아 테레지아 여제(1717~1780, 재위 1740~1780)는 14세의 딸 마리아 안토니아(마리 앙투아네트, 1753~1793)를 루이 15세 손자이며 뒤를 이어 루이 16세가 될 15세의 왕세자에게 시집보냈다.

그녀는 예쁘고 상냥한 유럽 왕실의 평범한 소녀였지만 집중력이 떨어지는 산만한 성격이었다. 부르봉 가문의 후계가 합스부르크가의 혈통에서 나온다는 것에 프랑스 귀족들은 불만을 품었고, 국민들은 프랑스가 패한 7년 전쟁에 오스트리아가 지원세력이었다고 여겨 곱지 않은 시선을 보냈다.

1774년 20세에 즉위한 루이 16세(1754~1793)는 내성적이고 우유부단하였으나 성품이 선량하여 즉위 초기 국정개혁을 시도했지만 왕정 종식의 소용돌이 속에 복잡한 난국을 타개할 리더십은 부족했다. 국민들의 정치, 사회, 경제적 불만과 기득권을 고수하는 부르주아들의 저항은 1789년 프랑스 혁명의 도화선이 되었다. 바스티유 감옥이 함락되면서 베르사유 궁전이 습격을 받고 루이 16세는 폐위되었다. 그는 재판에

형장으로 끌려가는 앙투아네트 (Courtesy Wikipedia)

서 사형을 선고 받고 1793년 39세의 젊은 나이에 콩코드 광장 단두대에서 이슬로 사라졌다.

혁명 세력은 반 왕정 입헌군주제를 지지하는 순수 세력으로 입헌군주제가 되더라도 루이 16세를 계속 왕으로 옹립할 생각이었으나, 어처구니없게도 루이 16세는 해외로 탈출하려다 국경에서 잡혀 국민들과 혁명 세력을 실망시켰다. 더욱이 프로이센과 오스트리아는 프랑스 혁명 세력에 반대하는 동맹을 결성함으로써 앙투아네트가 첩자 역할을 했다는 의심을 샀다.

앙투아네트는 오스트리아의 구원 활동에도 불구하고 허약한 남편 루이 16세를 휘두르며 친정의 스파이로 프랑스를 배신한 음탕한 여인으로 비하되었다. 후에 루이 18세로 재위에 오른 시동생의 모략이 컸다. 그는 혁명 기운이 일자 독일로 도망갔던 위인이었다. 어린 조카에게 황위를 빼앗길까 봐 형수를 모략하였다. 정략결혼이 비극으로 끝난 것이다.

나폴레옹에게 딸을 바친 오스트리아 황제

테레지아 여제의 아들 요제프 2세(1741~1790, 재위 1765~1790)와 그를 뒤이은 동생 레오폴드 2세, 그리고 그의 아들 프란츠 1세(1768~1835, 재위 1804~1835)는 합스부르크 왕가의 황제였으며 또한 신성로마제국의 말기 황제들이었다. 특히 프란츠 1세는 프랑스 나폴레옹(Napoleon Bonaparte, 1769~1821년)의 침공으로 여러 번 수모를 겪었다. 나폴레옹의 압력으로 신성로마제국도 막을 내리고 그는 황제 자리도 내놓았다. 프란츠 2세라는 신성로마제국의 칭호도 사라지고 오스트리아의 황제 프란츠 1세로만 불리었다. 때로는 적수가 되기도 하고 때로는 동맹이 되기도 하며 나폴레옹에게 시달리고 있었다.

프란츠 1세는 궁여지책으로 1810년 사랑하는 열여덟 살 딸 마리 루이즈(1791~1847)를 자기보다 한 살 아래인 41세의 나폴레옹에게 바쳤다. 그는 할머니 테레지아 여제가 프랑스 왕실 루이 16세에게 딸 앙투아네트를 시집보내 단두대에서 처형되었던 비극을 잘 알고 있었을 것이다. 나폴레옹이 제국의 안위를 위해 오스트리아 왕실의 공주를 아내로 맞겠다는 뜻이 있었다지만 프란츠 1세로서는 전쟁을 피해 보려는 고육지책이었다. 고모 앙투아네트의 불운을 되풀이할 생각은 없었을 것이다.

나폴레옹은 13년간 함께 살면서 자신의 자식을 낳지 못한 첫째 부인

마리 루이즈와 나폴레옹의 결혼식 (Courtesy Wikipedia)

조세핀과 이혼하고 마리 루이즈를 맞았다. 마리 루이즈는 나폴레옹의 침입으로 빈의 쉔부른 궁전에서 세 번이나 피신한 어린 시절 기억으로 나폴레옹을 저주하며 자랐지만, 파리로 시집가서는 나폴레옹의 자상한 보살핌을 받고 그를 사랑하였다고 한다.

근간 프랑스를 다시 가볼 기회가 있어 파리 남쪽 퐁텐블로(Fontainebleau)성에 가본 일이 있다. 나폴레옹이 엘바섬(Elba Is)을 탈출하여 기거하던 곳이다. 베르사유궁보다 화려하다는 거기엔 나폴레옹 박물관이 있고 마리 루이즈가 꾸몄다는 나폴레옹 침실이 있었는데 그녀의 깔끔한 성품을 읽을 수 있었다. 그녀는 나폴레옹의 유일한 적자 샤를을 낳았다.

나폴레옹은 아들을 로마 왕으로 부르며 황제를 이을 황태자로 책봉하였다.

나폴레옹 몰락하자 딸 손자 구출 원정

1812년 러시아 원정에서 대패한 나폴레옹은 1813년 프로이센으로 원정했다가 라이프치히(Leipzig) 전투에서 오스트리아-프로이센 동맹군에게 대패하여 황제의 자리를 빼앗기고 1814년 엘바섬으로 유배되었다. 궁을 떠나 보호를 받던 파리의 마리 루이즈는 몸소 파리에 원정 입성한 아버지 프란츠 1세의 구원으로 아들 샤를과 함께 고국으로 돌아갔다. 장인 프란츠 1세는 적장(敵將) 사위 나폴레옹을 패퇴시켜 귀양 보내고, 딸을 다시 거두어들인 셈이다.

1815년 엘바섬을 탈출하여 황제에 복귀한 나폴레옹은 마리 루이즈와 아들 샤를을 불러들이길 원했지만 이미 재혼한 마리 루이즈는 거절했으며, 아버지인 프란츠 1세가 되돌려 보낼 리도 없었다. 나폴레옹의 복귀를 두려워한 영국 프로이센 등은 연합군을 결성하여 워털루에서 회전하고(1815년 6월) 나폴레옹을 패퇴시켰다. 그는 다시 멀리 대서양 세인트 헬레나섬(Saint Helena Is)으로 유배되었다.

프랑스는 오스트리아에 있는 적자 나폴레옹 샤를을 나폴레옹 2세로 선포하고 재위를 승계 받도록 했으나, 영국 등 연합군이 파리에 입성하면서 혁명의 소용돌이 때 독일로 도망가 있던 루이 16세의 동생 루이 18세가 승계하였으니, 나폴레옹 2세는 황위에 앉아 보지도 못하고 허무하게 15일간의 재위에 그쳤다.

덴마크 왕가 크리스티안 9세 (Courtesy Wikipedia)

외조부 프란츠 1세는 총명한 나폴레옹 2세에게 공작 작위를 내리고 총애하였으며 나폴레옹 성도 프란츠로 바꾸었다. 나폴레옹이 귀양지에서 죽었을 때 아들은 매우 슬퍼하며 조국 프랑스와 아버지를 그리워했다고 한다. 재가한 어머니와 별거하며 외조부의 밑에서 자란 그는 폐렴으로 21세 젊은 나이에 죽었다. 그는 훗날 파리 앵발리드 나폴레옹의 무덤에 이장되어 부자 상봉이 이루어졌다.

유럽의 할아버지도 있어, 크리스티안 9세

1863년 즉위한 덴마크 글뤽스부르크(Glücksburg) 왕가의 초대 국왕 크리스티안(Christian, 1818~1906년) 9세는 자녀들 대부분이 후대 국왕 또는 유럽 왕실의 왕비가 되었기 때문에 많은 유럽 군주들의 할아버지가 되었다.

아들 프레데리크 8세가 왕위를 이었으며 첫째 딸은 러시아 황제 니콜라이 2세의 어머니이고, 둘째 딸은 영국 빅토리아 여왕의 며느리이자 국왕 조지 5세의 어머니이다. 노르웨이 국왕 호콘 7세, 그리스 국왕 콘스탄티노스 1세 등이 그의 손자들이다. 그는 영국 빅토리아 여왕의 하노버 왕가와 러시아 로마노프 왕조와 사돈을 맺은 것이다. 영국, 프랑스, 독일에 비하면 유럽 열강의 반열에 오르지는 못하였던 덴마크 왕실로서는 정략적이라기보다는 친선 외교적이라고 보는 게 좋을 것 같다. 강국의 왕실들도 덴마크 왕실의 공주들을 조신한 양가집 규수로 본 듯하다.

- 8 -

격동기 프랑스를 거머쥔 난세의 영웅 나폴레옹

35세에 황제가 된 섬 소년의 영과 욕

앵발리드(Invalides), 나폴레옹 무덤
죽어서야 상봉한 나폴레옹 부자
35세에 프랑스 황제가 된 섬 소년
알프스를 넘은 나폴레옹 대군
빛나는 대승 아우스터리츠 전투
몰락의 길 러시아 원정 대장정
나폴레옹의 고향 코르시카 아작시오

앵발리드(Invalides), 나폴레옹 무덤

프랑스 파리 에펠탑이 멀지않은 센 강변에 프랑스 군사 박물관과 나폴레옹 무덤이 한곳에 있다. 앵 발리드라 부르는 이 복합 건물은 꽤 큰 병동 건물과 황금 돔의 교회 건물로 되어 있는데 1671년 루이 14세가 전장에서 부상당한 병사들의 간호 요양소로 지은 것이다. 병동 치고는 비교적 크고 고풍스런 4층 건물들은 전쟁이 잦았던 당시 전상자들에 대한 황제의 자비를 과시하려 했다는 후문이 있다.

지금은 나폴레옹 원정의 전리품 등을 전시한 군사 박물관으로 쓰고 있는데 북쪽 센강 쪽 후원 널찍한 뜰에는 대포들이 진열되어 있어 전장 분위기를 연출한다. 남쪽의 전면 중앙에 있는 교회는 1706년에 완성되었는데, 가운데 황금 돔 아래 지하층에는 나폴레옹의 무덤이 갈색 석관에 안치되어 1, 2층을 돌면서 볼 수 있게 되어있고, 둥그런 벽면 쪽 주변으로 그의 가족과 장군들의 무덤이 있다.

죽어서야 상봉한 나폴레옹 부자

눈길을 끄는 것은 벽면 한쪽 나폴레옹 입상 발치에 묻혀있는 그의 아들 나폴레옹 2세의 무덤이다. 그는 나폴레옹의 유일한 혈육이었으며 둘째 부인의 소생이었다. 나폴레옹이 조세핀과 이혼하고 41세에 오스트리아 프란츠 1세(재위 1804~1835, 테레지아 여제의 손자)의 딸 18세 마리 루이즈와 결혼하여(1810년) 이듬해 낳은 유일한 적자 후계자였다. 마리 루이즈는 합스부르크 왕실 테레지아 여제의 증손녀이다. 나폴레옹이 모스크바 원정과 라이프치히 전투에서 연패하여 실각하고 1814년 엘바 섬으로 유배되면서 어머니 마리 루이즈를 따라 세 살 때 빈으로 돌아갔다. 재가한 어머니와 떨어져 외조부 프란츠 1세와 살다가 21세에 죽어 빈에 묻혔다.

빈에 머물면서 네 살 된 아들은 나폴레옹 2세로 잠시 황제에 책봉되었으나 루이 18세(재위 1815~1824, 루이 16세의 동생)가 승계하면서 황위에 오르지 못했다. 100년이 지난 후일 나폴레옹을 존경한 독일의 히틀러가 그의 유해를 옮겨 두 부자는 사후에나 다시 상봉하게 되었다.

나폴레옹 묘관 둘레 벽면에는 그가 참전했던 주요 전투의 전장 이름과 전투 개요가 적혀 있다.
마렝고(1800), 울름(1805), 트
라팔가 해전(1805), 아우스터
리츠(1805), 보로지노(1812),
라이프찌히(1813), 워털루
(1815) 등 승전 또는 패전 현
장의 전투 기록들이다.

아버지 발치에 묻힌 아들 나폴레옹 2세

35세에 프랑스 황제가 된 섬 소년

이탈리아에 가까운 코르시카섬(Corsica Is)에서 출생한 나폴레옹
(1769~1821)은 파리로 상경하여 프랑스 육군사관학교를 졸업하고 프랑
스 혁명 당시 21세였다. 혁명의 와중에서 대소 전투에 참여하고 1786년
폭도들로부터 바라스를 구원해준 것을 계기로 정권에 발돋움했다. 혁
명 정권의 총재가 된 바라스는 자기의 정부(情婦)이자 사교계 꽃이던 조
세핀을 나폴레옹에게 소개하여 둘은 결혼하였다.

나폴레옹은 1796년 이탈리아에 원정하여 오스트리아군을 격파하고
프랑스 혁명의 이상을 전파하였다. 1798년 5월, 5만 군사로 이집트 원정
군 사령관으로 참전하였으나 아부키르만에서 영국 함대에 패해 탈출하
여 10월 프랑스로 귀국하였다. 1799년 11월 쿠데타로 중의원 원로원(의
회)과 혁명정부를 해산하고 제1통령에 임명되어 군사독재를 시작하였다.

1804년 나폴레옹은 스스로 황제 자리에 오름으로써 1789년 프랑스
혁명으로 루이 16세의 제정 군주를 엎고 새로 들어선 공화정은 15년 만
에 끝났다. 동시대를 살았던 베토벤(1770~1827)은 빈 주재 프랑스 공사

베르나도트 장군으로부터 나폴레옹에 대한 이야기를 듣고 공화주의의 이상과 새로운 시대의 지도자 나폴레옹에 대한 존경심으로 '보나파르트 교향곡'이라는 교향곡을 써서 헌정하려 했지만, 그의 황제 즉위 소식을 듣고 '그도 한낱 인간에 불과하다'며 악보를 집어 던졌다고 한다. 베토벤이 '심포니아 에로이카'(영웅)라고 제목을 고친 표지는 사본 악보와 함께 빈에 보존되어 있다.

황제 나폴레옹(1804년) (Courtesy Wikipedia)

나폴레옹은 섬 출신으로 거칠었으나 솔직함으로 농민 출신 병사들로부터 신뢰를 받았지만, 역사적 영웅들의 시각에서 보면 인간성을 무시하고 도덕성이 결여된 행동의 주인공이었다. 광대한 구상력과 뛰어난 현실 감각, 과감한 행동력은 군인으로서 큰 장점이었다. 그는 1800년 알프스를 넘어 이탈리아 북부 마렝고(Marengo)에서 오스트리아와 결전하여 전승을 거두었다. 그가 치른 많은 전쟁 중에서 최고 통치자로, 또 그의 의지대로 이룬 첫 원정 승리였다.

알프스를 넘은 나폴레옹 대군

나는 근간 나폴레옹군이 마렝고 원정 때 넘었다는 알프스 산악 길을 지나 보았다. 내가 50여 년 전 사관생도 때 공부한 빛바랜 전사부

마렝고 전장의 나폴레옹 (Courtesy Adolphe Lalauze Wikipedia)

도(戰史附圖)를 꺼내 보니 나폴레옹군은 세 개의 준령을 넘었는데 3
만 7천 명이 넘어 간 세인트 베르나로 협곡(St. Bernaro pass)이 주 접
근로였다. 스위스 제네바(Geneva)에서 아침 7시 39분에 떠난 베네치아
행 급행열차는 브리그(Brig)를 거처 세인트 베르나로 계곡의 동쪽 심플
란 계곡(Simplan pass)을 넘었다. 두 계곡은 가운데 마터호른(Matterhorn,
4,478m)산이 갈라놓고 있다.

기차는 기다란 터널을 빠져 내려가 가쁜 숨이라도 고르는 듯 이탈리
아의 꽤나 큰 산간 도시 도모도쏠라(Domodo-ssola)에 잠시 멈추었다. 거
기서부터는 내리막 계곡으로 모기오레(Moggiore) 호수를 지나 평원에 있
는 밀라노에 11시 37분에 내렸으니 3시간 19분의 행로였다. 밀라노에서
남으로 제노아 쪽 마렝고까지는 한 시간 남짓 거리다. 나폴레옹의 백마
탄 용감한 모습을 떠올리며 창밖의 준령들을 살펴보니 그의 군대가 이

험준한 준령을 넘었다는 것은 실로 대단한 모험이었다.

빛나는 대승 아우스터리츠 전투

황제로 등극한 나폴레옹은 유럽 제패의 꿈을 실현하기 위해 수많은 원정길에 올랐다. 영국, 오스트리아, 러시아, 프러시아, 이탈리아 등 주변국들이 대 프랑스 동맹을 체결하고 나폴레옹에 맞섰다. 나폴레옹(재위 1804~1821)의 주 상대는 오스트리아의 프란츠 1세(재위 1804~1835), 러시아의 알렉산드르 1세(재위 1801~1825), 프러시아의 프레드리히 빌헬름 3세(재위 1797~1840)였다.

나폴레옹의 첫 목표는 영국이었다. 영국본토 상륙을 꾀한 1805년 가을, 프랑스 함대는 트라팔가(Trafalgar)에서 넬슨 영국함대에 격파되었다. 이후 영국 원정의 꿈은 이루지 못했다. 그러나 같은 해 12월 아우스터리츠 전투(1805)에서 오스트리아-러시아 연합군을 격파하여 프랑스군의 위용을 전 세계에 떨쳤다.

아우스터리츠(Austerlitz)는 오늘의 체코공화국 모라비아 지역에 있는 전원 마을 슬라브코프 우 브르나(Slavkov u Brna, 체코어)이다. 당시 체코는 보헤미아로 불리는 오스트리아의 땅이었다. 아우스터리츠 전투는 울름(Ulm) 전투의 연장이다. 오스트리아는 울름전투에서 꾸뚜조브(Kutuzov) 장군의 러시아 지원군이 도착하기 전에 나폴레옹에게 포위되어 4만 명의 병력 손실을 입고 패잔병들은 러시아군과 합류하기 위해 빈 동쪽으로 퇴각하였다.

나폴레옹은 빈을 점령하고 다뉴브 강을 도하하여 계속해서 퇴각하는 러시아군을 추격했다. 꾸뚜조브 장군의 러시아군은 아우스터리츠 부근에서 알렉산드르 1세가 지휘하는 증원군과 합류하여 나폴레옹과 대진하였다. 7만 4천 800의 나폴레옹군은 8만 5천 400의 알렉산드르 1세 러시아군의 중앙을 돌파하여 분리된 주 조공을 각개 격파하고 대승을 거두었다.

아우스터리츠 전투는 트라팔가 해전에서 패하여 상처를 입은 프랑스 국민들의 자존심을 다시 한 번 세워주는 계기가 되었다. 그리고 영국과 함께 든든한 반 프랑스 동맹이었던 러시아와의 첫 대전에서 승리함으로써 러시아의 전력을 가름하는 기회가 되었으며 나폴레옹의 몰락을 부른 1812년 러시아 침공의 계기가 되었다.

나폴레옹은 또한 아우스터리츠 전투 이후 신성로마제국을 해체하였다. 신성로마제국의 황제였던 프란츠 2세는 많은 영토를 상실하고 오스트리아 황제로만 남게 되어 프란츠 1세로 첫 오스트리아 제국만의 황제가 되었다. 프란츠1세와 나폴레옹은 불가근불가원의 운명적 악연이었다. 종교 이념으로 묶여 1천 년 가까이 존속했던 신성로마 제국 (962~1806)은 마치 근세 공산주의 이념으로 묶였던 소비에트 연방이 무너지듯 사라졌다.

몰락의 길 러시아 원정 대장정

나폴레옹은 대륙 봉쇄령을 내려 영국과 무역하는 모든 유럽 대륙의 선박 입출항을 금했는데 영국의 동맹국인 러시아는 북해를 통해 교역을 계속하고 있었다. 게다가 러시아 알렉산드르 1세의 미녀 동생과 나폴레옹의 혼담마저 깨졌다. 나폴레옹군은 작센, 바이에른, 오스트리아

모스크바에서 퇴각하는 나폴레옹 (Courtesy Wikipedia)

등 독일연방 라인동맹국들의 병력 지원을 받아 러시아를 침공했다.

1812년 나폴레옹의 러시아 원정은 그를 사양길로 접어들게 한 계기가 되었다. 워낙 긴 장정이었기 때문에 병참 보급선이 길어져 장기전에 불리하였을 뿐 아니라 퇴각하는 러시아군은 민스크 스몰렌스크를 경유하며 지연전을 하면서 프랑스군에게 먹을 것을 남기지 않았다.

러시아군은 나폴레옹군이 모스크바로 입성하는 길목인 보로지노(Borodino)에 진지를 준비하고 대회전을 기다리고 있었다. 보로지노는 모스크바 서쪽 한 시간 거리에 있는 삼림 평야 지대인데 공자 방자에게 모두 불리한 지형이었다. 그러나 주변에 우거진 삼림이 있어 기다리는 러시아군에게는 유리하여 나폴레옹군에게 큰 타격을 입혔다. 보로지노 전투는 장거리 행군에 지친 프랑스군의 공격 기세를 크게 꺾었다. 러시아군은 다시 퇴각을 하면서 나폴레옹군을 모스크바로 끌어들였다. 나폴레옹군은 가도 가도 끝없는 러시아의 광활한 대륙을 실감하였다.

나폴레옹군이 9월 14일 모스크바에 도달했을 때, 불타는 시가지를 내려다보는 것 외에 얻을 수 있는 것은 아무것도 없었다. 러시아군이 모두 어디로 사라졌는지 감감했다. 협상 제의에도 반응은 없었다. 출병시 50만 대군은 9만 5천밖에 남지 않았다. 다가오는 겨울전에 퇴각을 결심한 나폴레옹에게 러시아의 혹한은 가장 혹독한 시련이었다. 꾸뚜조브 장군의 러시아군은 퇴각하는 나폴레옹군을 측방에서 끈질기게 추격하면서 러시아 땅에서 숙영을 허락치 않았다. 지친 프랑스군은 심대한 손실을 입었다. 나폴레옹 자신은 황후도 몰라볼 정도로 야윈 몸에 누더기를 걸치고 파리로 귀환했다.

모스크바에는 나폴레옹전에서 승리한 기념물들을 한군데 모아 놓았다. 내가 모스크바 대사관에서 국방무관으로 근무하며 살았던 관저 부근 '꾸뚜조브스키 대로'에 '승전기념 개선문'이 있고 지근거리에 보로지노 전투를 일목요연하게 볼 수 있는 '보로지노 파노라마 전시관'이 있다. 나는 가끔 그 전시관을 찾아가서 전사(戰史)를 공부하기도 하고, 또 보로지노 현장에 가서 답사도 하고 집에서는 차이콥스키 작곡 '1812' 서곡(序曲 Overture)도 자주 들어 지금까지 오랜 기억으로 남아있다. 톨스토이는 이 전쟁을 배경으로 '전쟁과 평화'라는 대작을 남겼다.

나폴레옹의 고향 코르시카 아작시오
유럽을 흔들었던 세기의 장군이었고 총통이었으며 황제의 풍모를 가

나폴레옹 입상이 있는 아작시오 생가 인근 공원

진 선천적 큰 인물로 알았던 나폴레옹이었다. 그러나 그의 고향에 가 본 뒤에는 한 작은 섬에서 출생하여 출세가도를 달린 범상치 않은 한 시골 소년이었구나 하는 생각이 들었다. 그의 고향은 코르시카섬의 아작시오(Ajaccio)라는 항구 도시였다. 코르시카는 1768년 제노아로부터 프랑스가 사들여 이탈리아에 가깝지만 프랑스 땅이다. 이듬해 1769년 나폴레옹이 이곳에서 태어났다.

제노아 항에서 저녁에 출항하여 이튿날 아침 코르시카 동북부 항구 바스티아(Bastia)에 내려 다시 산악 열차를 타고 7백 고지대를 넘어 네 시간 만에 서남쪽 아작시오에 내렸다. 아작시오에는 그의 생가와 그의 동상이 있는 공원, 그리고 그를 기리는 입상들이 있고 옛날에는 작은 어촌 정도였겠지만 지금은 대형 크루즈선들이 들어오는 큰 항구로 발전하였다. 프랑스에선 아작시오로, 이탈리아에선 바스티아로 교통편이 많이 연결된다.

나폴레옹은 이곳에서 태어나 열 살 때 아버지를 따라 프랑스에 건너가 유년 학교에 입학하여 5년간 기숙사에서 지냈다. 코르시카 방언으로 어려움을 겪었으나 수학만은 우등생이었다고 한다. 프랑스보다 이탈리아의 문화와 풍습 속에서 살아 온 부모를 둔 나폴레옹에게 프랑스는 이국이었을 것이다. 1784년 파리 육군사관학교에 입학하여 포병 장교로 임관하여 지방 연대에 부임하였다.

1789년 그의 나이 스무 살에 프랑스 혁명이 일어나자 코르시카로 귀향하여 분리 독립 운동가 파울리 밑에서 코르시카 국민군 부사령관으로 일했다. 프랑스 육군은 군무이탈과 2중 군적을 둔 그에게 휴직을 명했다. 파울리와 결별한 나폴레옹은 일가와 함께 프랑스로 이주하여 고향을 떠났다. 코르시카 사람들은 프랑스를 다스리고 유럽을 뒤흔든 출향민 나폴레옹을 자랑스럽게 생각한다. 이탈리아에 가까워 문화와 정서가 많이 달라서 예나 지금이나 분리 독립을 외치면서도 말이다.

섬을 떠나면서 나폴레옹은 섬과 각별히 연분이 있었다는 생각이 들었다. 코르시카섬에서 태어나 한때 이탈리아 엘바섬으로 유배되었다가 다시 탈출하여 잠시 권좌에 복귀 했었으나 말년에는 대서양의 세인트헬레나섬으로 유배되어 일생을 마쳤으니 프랑스와 유럽대륙을 흔들었던 나폴레옹의 생애는 섬과 천생연분이 있었던 것 같다. 30대에 황제가 되고 50대에 생을 마친 그는 실로 전광석화(電光石火)처럼 불같이 살다 간 영웅이었다.

- 9 -

프랑스 인상주의 미술 여행

밝은 색채감에 사실적 자연 묘사

인상파들의 자취를 더듬어
엑상 프로방스의 세잔 아틀리에
'아를의 여인' 고흐의 자취
인상파 중심인물 모네
지베르니 모네 하우스

인상파들의 자취를 더듬어

파리 시내 미술박물관이 여럿 있지만 루브르(Louvre) 박물관에서 멀지 않은 센 강변 오르세(Orsay) 미술관은 소장 전시품의 양이나 질 면에서 관광객이 반나절 정도 즐기기에 적당한 곳이다. 1900년 건설된 철도 역사를 개조하여 3층 미술관으로 꾸며 1986년에 개관하였다. 루브르 미술관 못지않게 고풍스런 건물에 진열품들도 우리에게 친숙한 그림들이 많아 인기가 많다.

루브르 박물관은 원래 루이 15세가 베르사유 궁전으로 옮기기 전 왕궁이었던 것을 박물관으로 개조하여 1793년 개관하여 고대, 중세, 르네상스, 근대 작품들을 소장하고 있다.

오르세 미술관은 1848년부터 1914년까지 19세기 작품들을 소장하고 있는데 고전과 현대 미술품들의 중간 시대 그림들이다. 같은 시대에 살았던 모네, 마네, 세잔, 르노아르, 고흐 등 인상파 작품들이 많다. 피카소 그림처럼 난해한 그림보다 자연적이고 사실적이며 색채감도 밝은 인상파들의 그림을 좋아하는 분들에게는 훨씬 친근감을 주는 미술관이다. 1914년 이후 20세기 현대 미술품들은 퐁피두(Pompidou, 1977년 완공)센터에 전시되어 있다.

인상주의(Impressionism)는 공상적 표현 기법을 거부하고 색채, 색조, 질감에 관심을 둔다. 이들은 빛과 함께 시시각각 움직이는 색채의 변화 속에서 자연을 묘사하고 눈에 보이는 세계를 있는 그대로 정확하고 객관적으로 그리려 하였다. 나는 미술적 소양은 없지만 그림에 관심은 많아 문헌들과 미술 서적들을 뒤져보면서 작가들의 생전 미술 활동과 그들의 삶에 대해 흥미를 가지게 되었다.

우리 부부는 남프랑스를 여행할 기회가 있어 모나코, 니스, 칸을 거쳐 아비뇽(Avignon)에 며칠 머물면서 세잔의 고향 엑상 프로방스(Aix-en Provence)와 고흐가 머물렀던 아를(Arles)을 방문할 수 있었다. 그리고 파리에 머무는 동안 지베르니의 모네 하우스를 둘러볼 기회가 있었다.

엑상 프로방스의 세잔 아틀리에
아비뇽에서 TGV로 20분 정도 남쪽으로 내려가면 세잔(Paul Cezanne,

1839~1906)이 출생하고 사망한 고향 엑상 프로방스가 있다. 법과 대학을 중퇴하고 화가가 된 그는 파리와 고향을 오가면서 그림을 그렸다. 처음에는 어두운 바로크 풍의 그림을 그리다가 1870년대 초 피사로(1830~1903)에게 인상주의를 배우고 객관적 묘사로 전향하여 밝은 색채의 그림을 그렸다.

폴 세잔

택시도 없고 버스도 없는 엑상 프로방스 시내 한적한 골목길 언덕으로 걸어서 세잔 아틀리에에 닿으니 몇몇 관광객들이 넓지 않은 나무숲 아래 뜰에서 입장을 기다리고 있었다. 밖을 내다볼 수 있는 넓은 유리 창문이 있는 2층 화실에는 세잔의 유품들과 화구들이 전시되어 있어 생전 그의 삶을 엿볼 수 있게 해 놨다.

그가 그린 사람의 두개골도 보관되어 있었다. 이 화실에서 의자에 앉아 팔레트와 붓을 들고 캔버스에 그림을 그리는 그의 모습이 그려졌다. 작품들은 파리의 미술관에 소장되어 있어 화실에서는 녹화된 그의 작품들이 TV 화면으로 소개되었다. 그는 평생 데생(Dessin)을 많이 했는데 후반에는 수채화를, 만년에는 유화를 그렸다.

그는 인상주의에서 벗어나 구도와 형상을 단순화한 특유한 화풍으로 자신만의 예술 세계를 구축했다. 1896년 고향으로 돌아온 그는 이 아틀리에에서 진정한 세잔만의 예술을 시작한 것이다. 그는 많은 작품을 남겼지만 '트럼프하는 사람들', '정원사 바리에' 그리고 정물화 '사과와 오렌지' 등이 유명하다.

'아를의 여인' 고흐의 자취

남프랑스 프로방스 지방 론(Rhone) 강가의 아담한 도시, 아를(Arles)은 고흐(Vincent Van Gogh, 1853~1890)가 사랑한 마을이다. 로마시대의 원형 경기장도 있는 역사 도시이다. 고흐는 네덜란드 출신으로 37세에 권총으로 자살한 짧은 인생을 살았다. 네덜란드에서 목사의 아들로 태어나 화상 점원으로 헤이그, 런던, 파리에서 일하고 영국에서 학교 교사, 벨기에서 탄광 전도사로 일했으며, 1880년 27세에 화가에 뜻을 두고 그림을 그렸다.

어두운 색채에 암울한 주제를 많이 그렸으나 1886년 파리에서 인상파들의 영향을 받으면서 그림이 밝아졌다. 그의 생애 마지막 2년은 동생 테오의 도움으로 프로방스 아를로 내려가 타는 듯한 색채의 고흐 특유의 화풍을 구사했다. 그는 존경하던 고갱(1848~1903)과 함께 생활하면서 발작을 일으켜 귀를 자르는 소동으로 정신병원에 입원했으며 그 후로도 병원을 드나드는 생활을 계속했다.

그의 작품들은 의사이며 미술 수집가인 가세 등 몇몇에게만 평가되었다. 1890년 봄, 파리 근교 오베르 쉬르 우아즈에 정착했으나 그해 7월 권총 자살로 생을 마감했다. 그의 죽음에 대해서는 추측들이 많다. 얼마 전 우리나라에서도 상영된 '러빙 빈센트'(Loving Vincent)라는 에니메이션 영화는 그의 죽음을 둘러싼 여러 의혹들을 다루었다.

우리는 그가 그린 '밤의 카페 테라스'를 찾아가 그림과 똑같은 카페 노랑 처마 밑에서 따뜻한 커피를 마시며 그가 앉아 있었을 만한 곳에 서서 기념사진을 찍었다. 그의 작품 '아를의 여인'은 이 카페 여주인을 모델로 그린 것이다. 비제(1838~1875)가 작곡한 알퐁스 도데(1840~1897)의 희곡 '아를의 여인'과

아를의 '밤의 카페 테라스'

는 여인이 다르다. 론 강변 둑 '별이 빛나는 밤'을 그린 장소에는 그의 그림이 동판에 담겨져 서 있다.

인상파 중심인물 모네

나는 외교관 시절 그림을 그리는 지인의 권유로 유화를 그려본 적이 있다. 그가 그려보라고 한 그림은 풍경화로 모네의 작품이었다. 이틀간 정성껏 모사한 내 그림을 보고 그는 아마추어답지 않게 잘 그렸다고 칭찬해 주었다. 그렇게 해서 나는 모네라는 화가에 대해 관심을 가지게 되었고 언젠가 프랑스에 가면 그의 흔적을 찾아보리라 마음먹었다.

모네(Claude Monet, 1840~1926)는 파리 태생으로 장수한 화가다. 소년 시절부터 영국, 네덜란드로 돌며 그림을 그렸으며, 대기 중의 빛을 포착해내는 기법을 배웠다. 파리에서 피사로, 르노아르(1841~1919), 시슬

인상주의 그림 (모네 작)

레(1839~1899) 등과 사귀며 그들과 나눈 우정은 새로운 생각과 열정이 반영된 미술 운동의 밑거름이 되었다.

1870년 자신의 모델이며 연인이었던 카미유 동시외와 결혼했다. 프랑스 프로이센 전쟁(보불전쟁 1870년)을 피해 가족과 함께 런던으로 피신하여 영국 작가들과 접하면서 빛을 명쾌하게 색채로 표현하는 기술을 익혔다.

1874년 '인상, 일출'이라는 작품을 그려 인상주의라는 말이 생겼다. 인상파라는 이름이 모네를 중심으로 한 화가 집단에 붙여졌다. 모네는 같은 장소에서 같은 대상을 다른 시간에 그리는 연작(連作)을 시도하여 빛의 흐름에 따라 색채의 효과가 또 다르게 느껴지는 자연의 변화무쌍한 경이를 접하고 그 느낌을 화폭에 담기 위해 혼신의 힘을 쏟았다. '포플러', '루앙대성당', '수련' 등 연작을 그렸다.

그림이 팔리지 않아 어렵게 지내던 모네는 부유한 미술품 수집가이자 후원자였던 에르네스트 오세데의 도움을 받았는데, 그가 파산으로 실종되자 그의 부인 알리스와 여섯 자녀들을 자신의 집에서 동거하도록 했다. 모네는 부인 카미유가 사망하고 알리스와 연인이 되었고, 1883년 노르망디 지방의 지베르니(Giverny)로 이사해

정원을 산책하는 모네(우)

평생을 살았다. 1892년 엘리스의 남편 에르네스트가 사망하자 두 사람은 결혼했다.

지베르니 모네 하우스

파리 생자르 역에서 서북쪽 1시간 거리 베르농(Vernon) 역에 내려 버스로 다시 20분 지베르니 마을에 들어섰다. 모네 재단(Monet Foundation)에서 관리하고 있는 모네 하우스는 정감이 있는 마을 한가운데 넓게 자리하고 있었다. 모네 하우스는 넓은 꽃밭 정원을 뜰로 하는 마치 대학 기숙사 같은 기다란 2층 집이었다. 모네가 직접 가꾼 이 정원에서 그는 많은 그림을 그렸다. 2층 모네 하우스는 그가 쓰던 고풍의 가구들로 장식되어 있는 여러 개의 방이 있고, 화실에는 그의 그림

들이 걸려 있다. 아내 카미유를 모델로 한 그림이 여러 점 있다.

　도로로 갈라져 있는 남쪽 정원은 지하 통로로 통하는데, 버드나무와 대나무 숲으로 둘러싸인 연못이 있다. 산책로를 따라 걷다 보면 일본 정원을 걷는 것 같다. 연꽃으로 덮인 연못은 모네가 12년간 '수련' 연작을 그린 곳이다. 파리 오르세 미술관 지하 전시장과 오랑주리(Orangerie) 미술관에 전시되어 있다. 모네 하우스에는 관광객도 많지만 젊은 미술학도들이 많이 찾는 곳이다. 한국의 미술학도들도 많이 눈에 띄었다. 나는 마치 모네의 친구가 된 것 같은 기분으로 그의 집을 떠났다.

- 10 -

위대한 음악가들의 자취를 찾아서

가난과 역경과 불운을 꺾다

음악 신동 천재 모차르트

청각 장애 베토벤의 명곡 '합창' 교향곡

31년 생애 슈베르트, 애잔한 '미완성'

어린 조카를 사랑한 동성애자 차이콥스키

체코가 낳은 스메타나와 제자 드보르자크

'나비 부인' 푸치니

작곡, 연주, 감상을 음악의 3대 요소라고 한다면 나는 작곡, 연주는 못해도 감상은 즐겨 하니 음악에 문외한은 아닐 것이다. 젊어서부터 클래식 음악을 좋아하고 많이 들었다. 어릴 때는 시골서 자랐으니 그런 음악들을 접할 기회도 없었고, 공부하느라 여념이 없었지만 육사에 들어가 생도 생활을 하면서 틈틈이 듣는 클래식 명곡들은 메마른 정서 생활에 큰 도움이 되었다.

육사 1학년 때는 주말이 되어 모두 외출 외박을 나가고 텅 빈 내무반

홀에서 볼륨을 높여 명곡들을 마음껏 감상할 수 있었다. 슈베르트의 '미완성', 드보르자크의 '신세계', 베토벤의 '운명' '전원' '합창', 줍페의 '시인과 농부' 같은 교향곡들을 즐겨 들었다. 차이콥스키 '1812' 서곡, 모차르트의 '유머레스크', 요한 스트라우스 왈츠를 좋아했다.

2학년 때는 방송부에 선발이 되어 더 많은 곡들을 접할 수 있었다. 방송 당번이 되는 날엔 교내 알림 육성 방송도 하고, 밤 10시 생도대에 소등이 되고 취침 시간 이후 11시까지 1시간 동안 생방송으로 조용한 클래식 음악을 내보내 고단한 생도 생활을 달래주었다. 4학년이 되어서는 외출을 나가서 음악 감상실에도 들러 좋아하는 음악을 신청하여 듣기도 했다. 임관하여 해외 생활을 할 때 짬짬이 판을 모아 수백 장을 아직껏 소장하고 있다.

이런 이유로 해외여행을 할 때면 귀에 익은 고전 음악 작가들의 흔적은 지나치지 않고 찾아본다. 찰스부르크의 모차르트 생가 그리고 베토벤, 슈베르트, 모차르트, 줍페, 요한스트라우스가 잠들어 있는 음악 도시 빈(Wien), 독일 본(Bonn)의 베토벤 생가, 바흐의 고향 아이제나크, 차이콥스키의 모스크바와 보로지노 전장, 스메타나, 드보르자크의 체코 프라하, 이런 곳들은 바로 그분들의 채취를 느낄 수 있는 현장인 것이다.

음악 신동 천재 모차르트
다섯 살에 첫 작곡을 하고 여섯 살 때 마리아 테레지아 여제(1717~1780) 앞에서 피아노를 연주했다는 신동 모차르트(Wolfgang Amadeus Mozart, 1756~1791)는 오스트리아 잘츠부르크에서 태어났다. 그의 생가에 가보

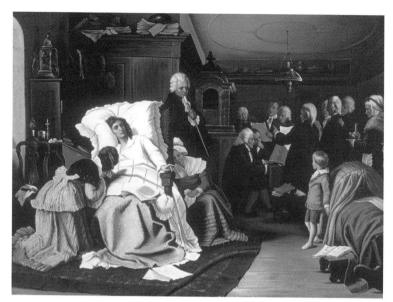

모차르트의 임종, 동료들의 라퀴엠 연주에 손가락을 움직이는 듯

면 유난히 가족들 초상화들이 많이 걸려 있다. 모차르트의 어릴 적 모습과 부모, 누이, 부인과 처제, 자녀 등. 아마도 가족애가 돈독했다는 뜻일 것이다.

또 하나의 인상적인 그림은 가족들이 지켜보는 가운데 임종하는 모습이다. 병석에 누워 동료들이 불러주는 자신의 미완성곡 라퀴엠 (Requiem)에 고개를 돌려 귀를 기울이며 멜로디에 장단을 맞추는 듯 왼손 인지를 세운 마지막 모습은 기억에 남는다. 라퀴엠은 익명의 인사로부터 요청받아 그가 죽던 해에 작곡한 것으로 병세가 악화되어 미완성으로 남긴 것을 그의 제자가 완성한 것이다. 그 익명의 인사는 부인의 진혼곡으로 연주하기 위해 자신의 이름으로 발표하려 했던 아마추어 음악가 프란츠 폰 발제크 백작이었다.

모차르트가 명성을 얻는 데는 작곡가 아버지의 힘이 컸다. 딸과 아들의 음악 재질을 일찍 발견하여 모차르트에게 피아노와 바이올린을 가르치고, 유럽 각지로 여행하면서 귀족들의 후원을 받고 재질을 키워주었다. 어릴 적 모차르트의 작품들은 대부분 그가 즉흥 연주하거나 흥얼거리는 걸 아버지가 악보로 옮겨 놓은 것이다.

모차르트는 35년의 짧은 생애에 600편의 작품들을 남겼다. 오페라 '피가로의 결혼(The Marriage of Figaro, 1786)', '돈 조반니(Don Giovanni, 1787)', 현악 합주실내악 '밤의 세레나데'(Eine Kleine Nachtmusik, 1787) 등은 우리가 즐기는 그의 대표작들이다.

1787년 체코 프라하에서 자신이 직접 피아노를 연주하면서 오페라 '돈 조반니'가 초연되었는데 이 극장은 230년이 지난 지금도 모차르트 전용 오페라 극장으로 쓰이고 있다. 그는 신성로마제국(962~1806) 말기, 프랑스 혁명(1789~1794)기에 빈에서 활동하며 하이든(Franz Joseph Haydn, 1732~1809), 베토벤(Ludwig Van Beethoven, 1770~1827)과도 교류하였다. 빈에서 죽었지만 묘소는 불명이어서 중앙 묘지에 가묘만 있다.

청각 장애 베토벤의 명곡 '합창' 교향곡

베토벤은 57년 생애의 후반 35년을 빈에서 살았다. 독일 본(Bonn)에서 태어난 그는 여러 귀족들의 후원을 받으며 피아노 연주자로서 점차 명성을 얻었고, 대주교 선제후로 있었던 막시밀리안 프란츠의 후원을 받아 빈으로 가서 모차르트에게 음악을 배울 수 있는 기회를 얻었다. 모차르트는 베토벤의 즉흥 연주 솜씨에 대단히 감명을 받았고, 친구들에게 "이 젊은이는 위대한 인물이 될 것"이라고 말했다고 한다.

베토벤은 30세 이전에 청각장애에 시달리며 고뇌의 시간을 보내면서도 여러 교향곡을 작곡했다. 3번 '영웅'(1804), 5번 '운명'(1808), 6번 '전원'(1808) 같은 명작을 썼으며 청각을 완전히 잃은 말년(1824)에도 9번 '합창'을 완성했다.

제6번 '전원'은 듣는 이의 마음을 평화롭게 해준다. 전원에 도착하여 맑고 상쾌한 감정(제1악장), 아름다운 시냇가의 정경(제2악장)과 농부들의 즐거운 춤(제3악장), 천둥 번개와 폭풍(제4악장) 그리고 양치기들의 노래와 폭풍이 지나고 난 뒤의 고요(제5악장)는 서정적이며 아름다운 빈의 정경을 잘 그렸다.

제9번 '합창'은 전례 없이 관현악에 합창을 섞어서 웅장함을 더한다. 빈 중앙공원 묘지에 있는 그의 무덤 앞에 서니 마치 그의 작품들을 연주하는 오케스트라에 환호하는 관중 속에 서 있는 듯했다. 천재 음악가, 신동 음악가 모차르트와는 달리 바닥부터 정상까지 장애를 딛고 남긴 불후의 명곡들은 우리의 상상을 초월한 피나는 노력의 결실이라 하겠다.

31년 생애 슈베르트, 애잔한 '미완성'

빈 교외 중앙공원 베토벤 묘지 옆에 슈베르트(1797~1828)의 묘가 있다. 그가 베토벤을 존경하여 동료들이 그렇게 묻어 주었다고 한다. 신성로마제국의 빈에서 출생한 슈베르트는 어려서부터 재질이 발견되어 초등학교 교장이었던 아버지가 바이올린을 안기면서 음악가의 길을 걸었다.

모차르트(1756~1791)를 좋아했던 슈베르트도 다섯 살 때부터 악기를 만졌다니 역시 음악 신동이었다. 가난과 역경 속에 자란 슈베르트는 교사 생활도 하고 친구의 집을 전전하며 방랑하기도 했다. 질병으로 고초를 겪으면서도 작품 활동을 계속하여 31년의 짧은 생애에 많은 작품을 남긴 것은 실로 경이롭다.

위대한 음악가들의 대부분은 귀족들의 후원을 받거나 재력이 있는 애호가들의 지원을 받아야 안정된 작품 활동을 계속할 수 있었지만 지속적인 지원이 안 될 경우는 경제적 어려움으로 절망과 실의에 빠지기도 했다. 슈베르트도 예외는 아니어서 자신을 세상에서 가장 불행하고 가여운 사람이라며 한때 자탄하기도 했다고 한다. 그런 고초를 겪는 가운데서도 그는 '송어'(1818), '아름다운 물방앗간 처녀'(1823), '아베마리아'(1825) 등 명작들을 남겼다.

2악장까지만 쓰다 만 교향곡 '미완성'(1822년)은 내가 즐겨 듣는 슈베르트 작품이다. 고향의 아련한 정경이 파도처럼 잔잔히 밀려오는 듯이 반복되는 2악장의 주제는 가슴을 파고드는 애잔한 감동을 준다. 베토벤은 청각 장애를 딛고 불후의 작품들을 남겼고, 슈베르트는 가난과 병고를 딛고 명작들을 남겼다. 이러한 역경은 그들을 위대한 음악가로 남아 있게 한 유산일 것이다.

빈 교외 중앙 묘지에 묻힌 슈베르트

어린 조카를 사랑한 동성애자 차이콥스키

차이콥스키(1840~1893년)는 좀 별난 사람이었다. 우크라이나계, 프랑스계, 독일계의 혈통도 그렇지만 어려서 손위의 가정교사를 못 잊어 청소년기를 어렵게 지냈으며 음악학원의 어린 소년들에게 애정을 쏟은 그는 게이였다. 당시 러시아 사회에서 용납되지 않은 이 동성애자에게 마지못해 한 이성 부인과의 결혼생활이 행복할 리 없었다. 잠자리를 기피하는 남편에게 조용할 여자가 어디 있겠는가? 더욱이 모스크바 음악원에서 만난 제자였던 부인 안토니나 밀류코바는 색광이었다는데….

자신의 동성애 본질에 대한 죄책감으로 한동안 칩거하기도 했으나 동성애자라는 주변의 시선과 가정의 불화는 그를 우울증에 빠트리고 신경쇠약에 시달리게 했다. 1876년부터 14년간 후원하던 부유한 미망인 폰 메크 부인이 갑자기 지원을 중단하면서 차이콥스키는 실의에 빠졌다. 그녀의 사위 바이올리니스트와 동성애에 빠졌다는 사실이 장모에게 알려졌기 때문이라는 설이 있다.

그는 여러 계기로 마음을 다시 잡고 작곡활동에 전념하여 좋은 작품들을 썼다. 알렉산더 3세 황제의 대관식 음악도 작곡하고, '백조의 호수', '호두까기 인형' 등 발레 조곡은 오늘날 모스크바를 방문하는 관광객들이 볼쇼이 극장에서 자주 듣는 그의 작품이다. 러시아 꾸뚜조브 장군이 나폴레옹군을 물리친 모스크바 근교 보로지노 전투의 승리를 그린 '1812' 서곡(Overture 1880)은 시연 직전 실제 대포를 쏴서 화제를 모았다. 이 서곡에서는 대포 소리도 들려 전쟁을 실감케 한다.

그의 마지막 작품이자 대표작인 교
향곡 6번 '비창'(Pathetic)은 그가 죽기
일주일 전 상트페테르부르크에서 자
신이 직접 지휘하여 초연되었다. 이
작품에 넘쳐흐르는 절망적 비애감과
우울함이 그의 갑작스러운 죽음을
예감한 게 아닌가 하는 의문을 남겼
다. 그는 1893년 53세를 일기로 죽었
다. 상트페테르부르크 도스토엡스키
(1821~1881)가 묻혀 있는 알렉산더 네

상트페테르부르크 차이콥스키 묘소

프스키 수도원 묘지에 안장되었다. 화환이 끊이지 않는 그의 묘지 앞
에 서니 그 또한 고뇌와 파란의 인생을 살았다는 생각이 들었다.

체코가 낳은 스메타나와 제자 드보르자크

나는 드보르자크의 교향곡 '신세계'를 좋아하여 자주 듣는 편인데
프라하를 여행하며 그의 흔적을 찾던 중 체코에서는 그보다 스메타나
가 더 존경받는다는 걸 알게 되었다. 그것은 아마도 스메타나(Bedrich
Smetana, 1824~1884)가 보헤미안 민족의식을 일깨워 준 국민음악가였기
때문이 아닌가 싶다. 드보르자크(Antonin Dvorak, 1841~1904년)는 스메타
나의 제자였다.

배낭을 메고 애써 찾아간 드보르자크의 박물관이 수리 중으로 잠겨
서 낙심을 하고 서있는데 여러 명의 한국 어린 여학생들이 찾아와서 역
시 헛걸음을 하고 돌아서고 있었다. 드보르자크의 작품을 매년 정기
연주하는 서울 오라토리오 멤버들이었다. 우리는 프라하 시내 남쪽 블

타바 강변 비세그라드 요새 공동묘지로 함께 갔다. 드보르자크의 무덤은 스메타나와 함께 있었다. 모두는 헌화하고 묵념하였다.

스메타나가 작곡한 여섯 곡의 교향시 '나의 조국'은 합스부르크 오스트리아의 통치하에 보헤미안의 민족의식을 일깨우는 저항적 작품이어서 국민들의 폭넓은 사랑을 받는 작품들로 오늘날도 널리 연주되고 있다. 드보르자크는 1892년 뉴욕에 새로 설립된 뉴욕음악학원 원장직을 수락하고 미국으로 건너가서 광활한 미국을 여행하며 신선하고 장엄한 미 대륙을 보고 큰 자극을 받았다. 흑인영가적 요소를 가미하여 고국 보헤미아를 그리면서 작곡한 교향곡 '신세계'(1893년)는 지금도 불후의 명작으로 널리 감상되고 있다.

'나비 부인' 푸치니

'One fine day'('어떤 개인 날')는 우리 귀에 익숙한 오페라 아리아다. 항구를 내다보며 떠나간 미국인 남편이 돌아올 날을 기다리며 나비 부인 쵸쵸상이 부른 애절한 노래다. 이탈리아 오페라 작곡가 푸치니(Giacomo Puccini, 1858~1924)는 낯선 동양 무대를 밀라노 관객들에게 소개하여 성공을 거두었다. 오페라 나비 부인(Madam Buterfly) 이야기다.

오래된 성당들이 여러 개 있는 토스카나주 북부지방 성곽도시 루카(Lucca)에서 태어난 푸치니는 열 살 때 성당 오르간 연주자로 음악적 소질을 인정받았으며, 베르디 아이다를 듣고 작곡가가 되기로 결심했다고 한다. 1893년 '마농레스코'로 이름을 세상에 알렸으며, 1896년 '라보엠'에 이어 '토스카', 1904년 46세 때 '나비 부인'을 작곡했다. 사람들은 그가 성공할 수 있었던 요인으로 청중들에게 호소력이 큰 대본 선택에

남달리 관심을 보였으며 이를 애절하고 유려한 선율로 풀어냈던 때문이라고 말한다. 잘생긴 그의 전형적 이탈리아 남성 풍모도 한몫을 하지 않았나 싶다.

각설(却說)하자면 나는 오페라에는 큰 흥미를 느끼지 못한다. 오페라의 대본을 이해하지 못하기 때문이다. 관람 전에 스토리를 대강 알고 들어가기는 하지만 순간순간 배우들이 토해내는 열정적 대화 내용을 알지 못하니 왜 저런 표정과 몸짓이 나오는지 알 수가 없다. 역동적인 관현악과는 달리 집에서 이어폰을 끼고 오페라를 감상하는 사람은 아마 드물 것이다.

- 11 -

북유럽의 활기찬 신생 발틱 3국

아기자기한 동화 속의 나라들

쁘리 발찌스까야 나라들
살아보고 싶은 아담한 에스토니아
열성 공산당이었던 친 러시아 라트비아
역사적 지역 강자 리투아니아

쁘리 발찌스까야 나라들

소련 말기 모스크바에 주재했던 외교관들이 가장 선호했던 국내 주말 여행지가 쁘리 발찌스까야였다. 러시아 말로 발틱해 연안이라는 뜻인데 구소련 연방공화국이었던 에스토니아(Estonia), 라트비아(Latvia), 리투아니아(Lithuania) 등 유럽풍의 발틱 3국이다. 모스크바에서 비행기로 한 시간 거리지만 밤기차를 타면 아침에 내려 구경하고 밤차로 돌아올 수 있어 유학생들에겐 주말 여행지로 인기였다.

라트비아의 수도 리가(Riga)는 리가만에 위치하여 가까운 연안에 훌륭한 비치가 있어 인기이고, 에스토니아의 수도 딸린(Tallin)은 발틱 해안에 자리한 자그마한 아름다운 항구 도시로 유서 깊은 중세 성벽에서 내려다보는 구시가와 멀리 항구 풍경은 일품이다. 딸린은 특히 배로 한 시간 거리에 핀란드 헬싱키가 있어 인기였다.

발틱 3국 세 나라는 인구도 2백만 내외의 작은 나라들이어서 통상 한데 묶어 부르지만 나라마다 색깔이 다르고 역사도 조금씩 다르다. 덴마크, 독일, 스웨덴, 폴란드, 러시아 등 주변 강국들의 지배를 번갈아가며 받았으며 근대사에서는 제정 러시아와 소련의 지배를 받아 슬라브권 문화에 깊게 영향을 받았다.

2차 세계대전 초기부터 50년 가까이 소련의 연방으로 있으면서 사회주의 경제에 묶여 고생들 했지만 소련의 붕괴와 함께 독립하여 나토, EU 회원국이 되었고, 유로화를 도입하여 지금은 1인당 국민소득 2만 불을 바라보는 살기 좋은 나라로 변모하고 있다. 역사적으로나 지리적으로나 에스토니아는 핀란드 문화에 가깝고 라트비아는 러시아, 리투아니아는 폴란드 문화에 가깝다.

살아보고 싶은 아담한 에스토니아

수도 딸린은 리틀 헬싱키(Little Helsinki)라고도 한다. 거리에서 들리는 말소리나 억양도 그렇고 사람들의 옷차림, 거리에 진열된 상품들도 그렇다. 문헌을 찾아보니 핀란드어와 에스토니아어는 같은 우랄어족의 발트핀어군에 속한다. 가장 흡사하여 국소적으로 일부 통화도 가능하지만 완전한 소통은 안 된다. 인도 유럽어족에 속하는 라트비아 리투아니아어와는 어원이 다르다.

발틱 해안 에스토니아 수도 딸린

어원은 같지만 이들이 같은 민족에 뿌리를 두었다는 기록은 찾아볼 수 없다. 역사적으로 가까운 이웃으로 살다 보니 그렇게 된 것이 아닌가 생각된다. 발틱 3국이 모두 소연방으로 러시아어권에 있었지만 핀란드가 가까운 에스토니아는 스탈린 사후 자유롭게 헬싱키 TV 시청이 가능했었기 때문에 핀란드 문화권에 익숙해졌으며 그런 영향으로 소연방으로부터 탈퇴도 가장 앞서게 되었다.

에스토니아의 역사는 발틱 3국의 역사와 거의 같다. 러시아와 소련의 지배를 모두 함께 받았다. 13세기 독일과 덴마크가 연합으로 에스토니아에 진출한 이래 16세기 중반까지 독일의 지배를 받으면서 딸린 등 주요 도시가 한자동맹(Hanseatic League) 회원으로 되어 독일풍으로 발전해왔으며, 주민들은 독일 지주의 소작농으로 전락하였다.

이후 덴마크, 스웨덴, 폴란드의 분할 지배를 거쳐 1710년까지 80년간 스웨덴의 지배를 받았다. 이 시기에 딸린이 주도(州都)가 되는 북부는 에스토니아, 리가가 주도가 되는 남부는 라트비아로 편성되었다. 스웨덴과 각축한 피터 대제의 러시아가 1721년부터 2백 년간 지배했다.

러시아가 1917년 볼셰비키 혁명으로 독일에 밀리자 에스토니아는 1918년 일시 독립을 선포했으나 1940년 2차 세계대전이 일어나면서 다시 소련 세력권에 들어가 소비에트 사회주의 연방공화국으로 편입되었다. 독일이 서유럽을 공격하면서 배후의 소련과 독소불가침 비밀조약을 체결하고 그 대가로 소련의 발틱 3국 기득권을 인정했기 때문이다. 살기 좋은 나라를 흡수하면서 많은 러시아인들이 몰려와 살았다.

1991년 독립 이후에도 떠나지 않고 현지인들의 눈총 속에 계속 살아 왔던 러시아인들이 떠나긴 했지만 아직도 많이 남아 살고 있다. 그러나 에스토니아 공무원이 되려

에스토니아 어린이들

거든 현지어 시험에 합격해야 한다는 등 정부 정책에 편치만은 않다. 현재는 여성 대통령을 뽑아 선진성을 과시하고 있으며 전자 거주증, 전자 투표 제도 등을 도입하여 동유럽의 혁신적 IT 시스템 국가를 지향하고 있다.

열성 공산당이었던 친 러시아 라트비아

발틱 3국의 한가운데 위치한 라트비아는 예로부터 에스토니아와 한 지역으로 묶여서 그 역사는 거의 같다. 수도 리가도 독일 한자동맹의 도시로 발전해 왔다. 리가에서 전동차로 30분 정도 나가면 발틱 해안이다. 유르말라(Jurmala)라고 하는 광천수 해변 마을은 소련 공산당 간부들의 휴양지로 다차(Dacha, 별장)가 많은 곳이다.

나는 1992년 11월, 모스크바 한국 대사관 국방무관으로 일할 때 그 해 장군 심사 발표를 앞두고 금년에도 낙방하리라는 쓸쓸한 마음으로 아내와 함께 모스크바를 떠나 이 유르말라 해변에서 주말 하루를 묵은 적이 있다. 이튿날 모스크바로 귀환해서 공항에 마중 나온 딸들이 장군 진급이 되었다는 환성을 들을 때까지 그 암울한 주말을 보냈던 유

르말라 해변의 쌀쌀한 바닷바람을 잊을 수가 없다.

라트비아에도 러시아 사람들이 많이 살았다. 2백여만 인구의 28%가 러시아 사람들이었으며 이들은 독립 이후에도 라트비아어를 배우지 않고 무리지어 살았다. 최근까지도 수도 리가에는 라트비아인보다 러시아인이 더 많이 살았다. 라트비아 정부도 독립 후 시민권 자격을 강화하였다. 1940년 소연방이 된 이후부터 이민 온 사람들에게는 16년 이상 라트비아에 거주해야 하며 라트비아어를 할 줄 알아야 하고, 라트비아에 충성을 맹세할 것과 다른 시민권을 포기해야 한다는 법안을 채택하였다.

사실 라트비아는 제정러시아 말기 적군과 백군의 내전 기간 중 공산주의 활동이 가장 활발한 나라였다. 발틱 3국 중 소련 고위직에 가장 많이 진출한 나라이며 소련에 적극적으로 충성한 사람들도 많다. 소련 말기 내무장관이었으며 1991년 8월 18일 고르바초프의 개혁에 맞서 보수파 8인

리가에서 친절히 도와 준 티나

이 일으킨 '3일 천하' 쿠데타 주역의 한 사람이었던 강경파 푸고(Boris Pugo)도 라트비아인이었다. 그는 거사가 실패로 끝나자 권총 자살로 마감했다.

역사적 지역 강자 리투아니아
소연방 붕괴 직후 모스크바에 살면서 발틱 3국을 여행했는데 그 중 리투아니아는(러시아인들은 '리트바'라고 부른다) 가장 어둡고 암울했던 나라

였다. 소련시대에 그만큼 가려졌던 연방이었기 때문이다. 얼마 전 20여 년 만에 다시 찾은 이 나라는 많이 변해 있었다. 국민들은 전통 춤과 의상으로 대규모 국경일 축제를 즐겼으며 빌리우스 시내는 밝고 활기차 있었다.

리투아니아는 역사적으로는 이웃 폴란드와 연합하여 지역을 석권했던 강국이었다. 1386년 대공 요가일라(Jogaila)가 폴란드의 여왕 야드비가(Jadwiga)와 결혼하여 동군연합(同君聯合)을 형성하면서 독일 기사단을 무찔러 전성기를 맞았으며, 1569년에는 폴란드-리투아니아 연방을 체결하여 17세기 초 최전성기를 구가했고, 1795년 주변 강대국들에 의해 분할될 때까지 공존했다.

두 나라는 공식적으로는 대등한 관계였으나 실제로는 폴란드가 리투아니아를 지배하는 관계였다. 이는 19세기 합스부르크의 오스트리아가 헝가리를 병합하여 오스트리아-헝가리 제국(1867년~1918년)으로 보스니아-헤르체고비나(1878~1908년) 등 주변국들을 다스렸던 것과 유사하다. 그때 헝가리는 큰 자치권을 보장받고 지배민족으로서의 지위를 누렸었다.

폴란드-리투아니아 연합국의 세력 판도는 남으로 우크라이나 서북부와 동으로 벨라루스, 그리고 러시아 서부 일부까지 지배했으며 1610년에는 모스크바까지 함락하였다. 그러나 18세기 후반부터 주변 강대국들이 부상하면서 러시아 제국, 프로이센, 오스트리아 제국에 의해 세 번이나 영토가 분할 통치되면서 한때 유럽의 지도상에서 모습을 감추었었다.

활력 넘치는 빌리우스의 국경일 축제

　리투아니아는 1795년 폴란드 3차 분할 이후 러시아에 합병되었다. 1차 세계대전 후 발틱 3국 모두와 함께 잠시 독립했지만 1940년 다시 소연방국이 되면서 리투아니아 사회주의 공산당 국가가 되었다.

　러시아와는 국경을 접하고 있지 않아 러시아인보다는 폴란드인이 더 많이 살아 폴란드 문화와 러시아 문화가 녹아 있는 흔적들이 남아있다. 현재의 이 나라는 과거 러시아 지배에 대한 반러 감정이 남아있기는 하지만 독립 이후 여타 발틱국들과는 달리 러시아인들에게도 시민권을 주었다.

　발틱 3국은 구 소연방 15개국 중 다른 나라와는 달리 2차 세계대전 초기 독일 소련 불가침 조약의 흥정으로 소연방에 강제 편입되었기 때문에 소련 시절에도 탈소 반소의식이 강했고, 독립을 쟁취한 이후 30년 가까이 급속한 발전을 해 왔으며 앞으로도 그 발전 잠재력이 매우 큰 나라들로 떠오르고 있다.

- 12 -

모진 수난 헤쳐 나온 폴란드 근대사

쇼팽, 퀴리 부인, 요한 바오로 1세의 고향

유럽의 강자 폴란드-리투아니아 연합왕국
주변 세 강국의 폴란드 분할, 지도에서 사라져
2차 세계대전, 나치 독일과 소련에 분할점령 돼
바르샤바 봉기(Warsaw Rising)
아우슈비츠 학살

폴란드를 여행할 때마다 이 나라보다 근대사에서 격변을 겪은 나라는 아마 없을 것이라는 생각이 들었다. 쇼팽과 퀴리 부인의 나라, 요한 바오로 2세의 나라로 우리에게 알려진 이 나라는 영광의 역사보다는 수난의 역사가 더 짙다. 2차 세계대전 때 나치독일의 침공을 받아 수백만 유태인이 학살된 아우슈비츠 사건은 폴란드 역사에 씻지 못할 큰 비극을 남겼다. 나치 히틀러와 소련 스탈린 사이에 끼어 국토는 파괴되고 엄청난 인구가 살상되었다.

유럽의 강자 폴란드-리투아니아 연합왕국

폴란드인은 서슬라브족이 근원이지만 역사적으로 영토의 변화가 많아 자연히 사람들도 여러 나라 사람들로 섞였다. 국토의 주축이 동에서 서로 움직이고 북쪽 발트해 연안을 독일이 잠식하고 남쪽으로 넓혔던 땅은 다시 줄어들었다. 이웃나라들에 분할되어 한때는 지도에서 사라지기도 했다. 이웃 우크라이나를 복속했을 때는 한때 우크라이나 사람들이 3백만 이상 살았으며 유랑 민족 유태인들이 정착하여 러시아와 함께 가장 큰 유태인 사회가 형성되었던 곳이다.

1569~1795년에는 리투아니아와 연합왕국을 이루어 유럽의 강국으로 떠올랐다. 17세기 초(1610~1612)에는 러시아를 침공하여 크렘린에 입성하였다. 1635년경 폴란드는 최전성기로 북으로 발트해에서 남으로 흑해에 이르는 지역을 지배했다. 17세기 중반부터 쇠퇴의 기미가 보였는데 그 원인 중 큰 하나는 카자크(코사크)의 반란이었다. 폴란드 지배를 받던 우크라이나의 카자크(흐멜리츠키)가 일으킨 무장봉기였다. 이들은 도처에서 폴란드군을 대파하였다. 1654년 반란군은 러시아의 지원을 받아 자치권을 인정받았으며 이 봉기로 폴란드는 우크라이나에 대한 지배권을 잃게 되었다. 폴란드에서 떨친 카자크의 용맹성은 1973년 개봉된 미국영화 율 브린너 주연 '대장 부리바'(원제목 Taras Bulba)에 잘 그려져 있다.

주변 세 강국의 폴란드 분할, 지도에서 사라져

이후 폴란드는 대투르크, 오스만 터키와의 전쟁 등으로 국내 문제에 소홀하게 되고 왕권은 약화되었다. 18세기에 들면서 폴란드는 주변 강국들에 의해 내정 간섭을 받았다. 프로이센(프레드리히 빌헬름 2세), 오스

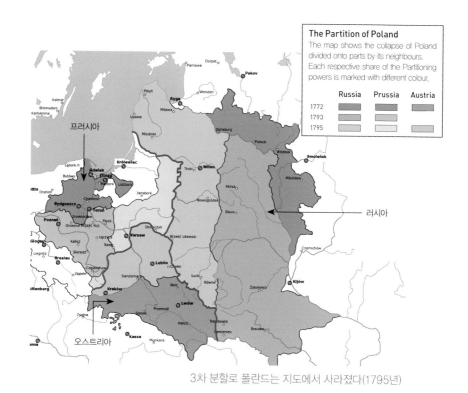

The Partition of Poland
The map shows the collapse of Poland divided onto parts by its neighbours. Each respective share of the Partitioning powers is marked with different colour.

	Russia	Prussia	Austria
1772			
1793			
1795			

프러시아

러시아

오스트리아

3차 분할로 폴란드는 지도에서 사라졌다(1795년)

트리아(마리아 테레지아 여제), 러시아(예카테리나 2세 여제) 세 나라는 1772년 1차로 폴란드를 분할하였다. 이들 세 나라들은 폴란드를 에워싸고 마음대로 주무른 주변 강국들이었다. 폴란드 내정에 개입하며 영향력을 키우는 러시아에 위협을 느낀 프로이센이 오스트리아와 결탁하여 3국이 폴란드를 분할키로 한 것이다.

프로이센은 가장 적은 땅을 차지했지만 폴란드 해외 교역량의 80%를 차지하는 전략적 경제 지역으로 중요한 요충지 서북부 지역을 차지했으며, 특히 본토와 떨어져 있던 동프로이센을 수도 브란덴부르크와 연결하는데 성공했다. 오스트리아는 크라쿠프 아우슈비츠 등 남부 인구 밀집지역을 차지하였다. 러시아는 벨라루스(Belarus) 북동부를 포함하여 가장 넓은 동부지역을 차지했지만 대부분 미개발 지역으로 본토 방어에 넓은 완충지대를 갖는데 뜻을 두었다. 폴란드는 이 1차 분할로 영토의 30%와 인구의 1/3을 잃었다.

1793년 2차 분할은 프로이센과 러시아의 몫이었다. 1789년 프랑스 혁명전쟁에 가담한 프러시아는 대러 협상에서 불리한 조건이었으나 1차 분할 때 가지지 못했던 그단스크(Gdansk: Danzig)와 토룬 크라쿠프 주의 일부를 얻었다. 2차 분할로 폴란드 리투아니아는 30만 7천㎢ 영토와 5백만이 넘는 인구를 잃고 두 강국 사이에 완충지대적인 21만 5천㎢에 4백만 인구만 남았다.

3차 분할은 1795년에 이루어졌다. 애국시민들의 저항(타데우슈 코시치우슈코 지도)을 러시아와 프로이센이 무자비하게 진압하고 오스트리아와 함께 나누어 가졌다. 3차 분할로 123년 동안 이어 온 폴란드 리투아니아 연합왕국은 1918년 1차 세계대전이 끝날 때까지 지도에서 사라져버렸다. 대전이 끝나자 분할국들도 패전국이 되고 러시아는 혁명에 휘말려 영향력을 잃게 되었으며 미국 윌슨 대통령의 민족자결주의 제창에 고무되어 폴란드는 독립을 선포하여 잠시 독립국이 되었으나 1939년 다시 독일의 침공을 받았다.

2차 세계대전, 나치 독일과 소련에 분할점령 돼

1차 세계대전의 패전국 독일은 나치가 집권하면서 베르사유 조약의 무거운 부담을 종식시키기 위해 다시 대전을 일으켰다. 독일은 그동안 폴란드의 발트해 항구 단치히(그단스크) 영유권을 주장해 왔었는데 단치

히는 역사적으로 1361년 독일 중심의 한자동맹에 가맹하여 동부 유럽의 중요 항구로 번영해 온 항구 도시였다.

많은 독일인들이 이주하여 살아왔으며 1793년 프로이센령으로 되었다가 1919년 1차 세계대전이 끝나고 베르사유 조약에 따라 동프로이센으로 격리되면서 자유 시가 되었다. 독일은 본토

폴란드 진공을 독려하는 히틀러
(Courtesy Bundesarchiv Wikipedia)

와 떨어진 동프로이센으로의 회랑을 트기 위해 1939년 9월 1일 전격적으로 폴란드를 침공하여 2차 세계대전이 시작되었다. 독일이 폴란드부터 공격한 또 다른 이유는 프랑스를 치기 전에 배후 위협을 제거하는 데 있었다.

독일은 이에 앞서 3월 체코슬로바키아를 무혈점령하여 폴란드 진공을 위한 세 개의 축 중 남방 축의 발판을 확보했다. 독일은 새로운 전술 전격전(電擊戰)을 감행하여 18일 만에 폴란드를 점령하고, 29일에는 동에서 진격해 온 소련과 폴란드를 분할 점령하였다.

독일은 폴란드 침공 1주일 전인 8월 23일, 소련과 동상이몽의 독소불가침조약을 체결하고 이미 폴란드를 분할하기로 약속했었다. 전쟁 초기 미국이 아직 참전하지 않은 상황에서 소련의 입장은 영국·프랑스와 손잡고 독일에 대항하여 동서에서 협공하여 함께 싸워야 할 상황이었

다. 그러나 소련은 아직 서방과의 연대의식이 확고하지 못하였으며 독일의 의중도 파악하지 못한 상태에서 대전을 치를 준비가 되지 못하였으니 우선 독일과 불가침 조약을 체결하여 폴란드를 분할 점령하고 시간을 벌겠다는 계산이 깔려 있었다.

폴란드에 입성한 독일 소련군의 공동 승전행사
(Courtesy Bundesarchiv Wikipedia)

독소 불가침조약으로 스탈린은 가볍게 동부 폴란드와 발트 3국, 핀란드를 수중에 넣었다. 히틀러는 소련에 폴란드를 일부 떼어 주어 배후를 안정시키고 서부 대프랑스전에 집중할 수 있었다. 1940년 5월 10일 서부전선으로 공격을 개시한 독일은 6월 25일 46일 만에 프랑스를 점령하였으며, 발칸반도 그리스를 점령한 데 이어 소련은 1941년 6월 독일군의 공격을 받았을 때까지 전쟁에 대비한 무기의 대량생산 등 시간을 벌고 있었다.

독일은 프랑스를 점령하자 독소 불가침조약을 파기하고 동부전선으로 소련을 침공하였다. 독일군은 모스크바 외곽까지 진격했으나 저지당했으며 레닌그라드 공방전(1941. 11.~1944. 1. 900일), 스탈린그라드 전투(1942. 8.~1943. 2.)를 벌이고 있었다. 그러나 독일군이 스탈린그라드에서 참패하여 항복하면서 전세는 크게 역전되었고 1944년 6월 소련은 모스크바–바르샤바 축선으로 일대 반격을 개시하여 동유럽 폴란드 재진입을 앞두고 있었다.

바르샤바 봉기(Warsaw Rising)

1944년 8월 폴란드에서는 독일 점령군에 대항하는 국민군 봉기가 일어났다. 전국적으로 계획되었지만 수도 바르샤바로 국한되었다. 프랑스, 벨기에, 그리스 등 나치 치하의 어느 나라에서도 볼 수 없었던 용감한 시민봉기였다. 시기적으로 1944년 6월 서부전선에서는 연합군의 노르망디 상륙작전으로 프랑스에서 독일군이 패퇴하는 상황이었고, 동부에서는 소련군이 반격하여 폴란드 바르샤바로 진격 중이었다. 독일군이 동서 두 전선에서 수세에 몰려 퇴각하는 단계였다.

봉기 초기에는 바르샤바 중심가 대부분을 점령하여 해방구로 삼는 데 성공하였으나 외부 지원이 없었던 63일간 투쟁은 독일군의 잔혹한 진압으로 많은 희생을 치렀으며 바르샤바 시가지의 1/4이 파괴되었다. 폴란드 국민군 1만 6천 명이 죽고 6천여 명이 부상하였으며 민간인 15~20만이 처형되거나 죽었다. 바르샤바 봉기 국민군은 다분히 소련

1944년 바르샤바 봉기 시민군 (Courtesy Bundesarchiv Wikipedia)

군의 지원을 받을 수 있다고 생각하였으나 소련군은 시 외곽에서 진입을 멈추고 방관하였다.

소련은 신장된 병참선으로 잠시 재충전의 시간도 필요했지만 친소 괴뢰집단인 폴란드 민족해방위원회가 배제된 봉기를 지원할 생각이 없었다. 뿐만 아니라 처칠의 지원 호소에도 불구하고 보급품을 공수하는 미군 수송기의 소련 기착도 불허하였다. 소련은 전 전쟁 기간 중 트럭 38만 대, 탱크 7천 대, 항공기 1만 4천여 대 등 막대한 군수 물자를 미국으로부터 지원 받았음에도 불구하고 말이다.

폴란드 저항군이 항복하고 독일군이 퇴각할 때 바르샤바는 전쟁 이전의 85%가 파괴되는 엄청난 수난을 당했다. 소련 또한 바르샤바를 접수한 후 봉기 지도부를 살해하거나 수용소로 끌고 갔다. 친공 정권의 발판을 다진 것이다. 바르샤바 시내에 바르샤바 봉기 박물관이 있다. 건물 안에는 봉기 기록들이 전시되어 있고 뜰에는 조형물들과 기념 조각들이 세워져 있어 보는 이들을 숙연케 하였다.

아우슈비츠 학살

1939년부터 1944년까지 폴란드가 나치 독일 점령군하에 있었던 기간은 폴란드 국민이 악몽에 시달린 시간이었다. 폴란드를 점령한 나치 독일군은 1940년 봄, 남부 고도 크라쿠프 서쪽 50km 지점 오슈비엥침(아우슈비츠)에 강제수용소를 만들었다. 이 수용소는 폴란드 전역에 있었던 여러 개 수용소 중 하나다.

초기에는 폴란드 정치범들이 수용되었으며 1941년 히틀러의 명령으

독일군에 끌려가는 유태인(1942년)
(Courtesy Wikipedia)

유태인 위령탑 앞에 사죄하는 브란트 수상
(1970년) (Courtesy Wikipedia)

로 대량학살 시설로 확대되어 1942년부터 대학살이 자행되었다. 열차에 실려 온 사람들 중 노인 어린이 등은 곧바로 샤워장으로 위장된 가스실로 들어가 살해되었다. 총살, 질병, 기아, 인체실험 등으로 추산 4백만 명이 학살되었으며, 2/3가 유태인이었다. 희생자의 유품은 재활용품으로 사용되었다. 금니와 장신구는 금괴로, 뼈는 갈아서 비료로 썼다.

1945년 1월 패전의 기색이 드리우자 나치는 건물을 불태우고 파괴하여 증거를 없애려 했다. 소련군이 예상보다 일찍 들어오자 일부 시설이 남게 되었다. 전후 폴란드 정부는 이를 보존하기로 하고 베르케나우 수용소에 큰 위령비를 세우고 수용소 터에 박물관을 건립하여 나치의 잔학상을 세계인들에게 보이고 있다.

나치 히틀러는 인종 차별주의자였으며 정상인이 아니었다. 유태인뿐만 아니라 타타르인, 거리의 부랑자, 불구자까지 잡아다가 처형하였다. 세기의 대학살극은 한 정신 이상자에 의해 저질러진 희대의 비극이었다. 1970년 폴란드를 방문한 독일의 브란트 수상은 바르샤바 시내 유태인 구역 위령탑 앞에 무릎을 꿇고 눈물을 흘리며 사죄했다. 예상치 못했던 그의 행동은 만인이 부정할 수 없는 만행에 대한 진정성 있는 반성으로 올바른 정치인의 자세였다.

그는 아무도 안 보는 한밤중에 혼자서라도 그렇게 했으리라 생각된다. 일본이 본받아야 할 가해자의 모습이다. 그는 1973년 이스라엘도 방문하여 사과하였다. 이스라엘 총리는 화답했다. "우리는 용서한다. 그러나 잊지 않을 것이다." 독일 총리의 역사적 이스라엘 방문은 두 나라 관계 개선에 크게 기여했다.

폴란드가 진정한 자유민주주의 시장경제 국가로 탄생한 것은 최근의 일이다. 2차 세계대전의 고통에서 벗어나 다시 소련의 위성국으로 세상의 음지에 살다가 동유럽에 자유화 바람을 가장 먼저 일으킨 나라가 되면서부터였다. 공산주의 국가로 노조를 인정한 유일한 나라로 그단스크 조선 산업지역에서 입신한 바웬사가 자유의 물결을 일으킨 1980년대 후반부터일 것이다.

두 번째로 들린 바르샤바 거리의 시민들은 20여 년 전보다 훨씬 밝았다. 나는 다시는 과거의 아픔을 겪지 않는 사람들이 되기를 기원하였다.

- 13 -

사라센 문화가 적신 에스파냐 안달루시아

아랍 우마이야 왕조의 유럽 대륙 상륙

에스파냐 왕국 전설적 영웅 엘시드
에스파냐의 중심 카스티야 왕국
이슬람이 남긴 정교한 사라센 문화
말라가(Malaga), 피카소의 고향

지브롤터 해협을 끼고 있는 이베리아반도 지중해 연안의 안달루시아
는 청동기 시대부터 문화가 싹트기 시작하여 여러 국가의 지배를 받았
다. BC 12세기에는 페니키아, BC 5세기에는 카르타고, 그리고 로마 지
배 시대를 거쳐 5세기에는 북부에서 반달족이 침입하여 왔으며, 8세기
부터 수백 년간 이슬람 사라센의 지배를 받아 그 흔적들이 오늘날 건
축 양식과 의상 등에 남아 있다. 남쪽 지중해 연안의 고지대 시에라네
바다산맥에서 발원한 헤닐강을 이용한 관개시설이 발달하여 땅이 비
옥하며 그 중심에 그라나다가 있다. 안달루시아가 스페인령이 된 것은
15세기 이후이다.

에스파냐 왕국 전설적 영웅 엘시드

1961년 개봉된 '엘시드(El Cid)'라는 영화를 관람한 적이 있다. 11세기 후반 에스파냐 카스티야(Castilla) 왕국의 한 전설적 영웅의 이야기를 그린 작품인데 당시 에스파냐 남부 안달루시아 지방을 점령하고 사라센 문화의 꽃을 피운 이슬람 왕국과 에스파냐 기독교 왕국의 대립 충돌을 그린 역사 영화여서 매우 흥미를 끌었다. 주연 배우도 중량급 찰톤 헤스톤, 소피아 로렌이 명연기를 보여 흥행에 성공한 작품이었다. 칭호 엘 시드의 본명은 실존 인물 로드리고 디아스(Rodrigo Diaz, 1043~1099)이다. 그는 마드리드 북쪽 200㎞ 부르고스 지역 비바르(Vivar)에서 출생하였다.

스페인은 8세기 초(711~718) 지브롤터 해협을 건너 온 아랍인과 베르베르족이 남서부 안달루시아 지역을 정복하고 800년간 이베리아반도를 다스리고 있었다. 비잔틴 사람들과 스페인 사람들은 이들 아랍인들을 무어(Moor)족으로 불렀다. 모르(Maure)족의 별명으로 오늘날 사하라 사막 이남의 모리타니아의 85%가 모르족이다.

이후 8세기부터 15세기까지 나바라 아라곤(824~1512), 아스트리아스(718~866), 레온(910~1230), 카스티야(1065~1516) 등 스페인 기독교 왕국들에 의한 이슬람 왕국 축출 국토회복운동이 일어나 긴 싸움이 벌어졌다. 이 시기의 중간 11세기에 태어난 로드리고 디아스는 중세 유럽의 기사(騎士)로 카스티야 왕국의 무장(武將)이었다.

에스파냐의 중심 카스티야 왕국

당시 카스티야 왕국은 1065년 오늘날 마드리드를 포함한 중부 에스

형 암살 음모에 가담치 않았다는 알폰소 6세의 맹서를 지켜보는 엘시드
(Courtesy Marcos Hiráldez Acosta Wikipedia)

파냐 지역을 점한 가장 큰 왕국이었다. 톨레도를 수도로 하여 번성하였고, 1230년 카스티야-레온 공동 왕국, 1469년 카스티야-아라곤 공동 왕국으로 존속하였으며 통일 스페인 왕국(1516~)으로 이어졌다.

로드리고 디아스(엘시드)는 산쵸 2세(1072년 암살됨)와 알폰소 6세 형제를 왕으로 섬기면서 무어인과 싸움에서 공을 세웠으나 왕권 싸움을 비판하여 왕과 충돌하고 추방되었다. 사라고사의 이슬람 무어왕국(발렌시아 왕국) 정치고문으로 공적을 쌓았으며 에스파냐 왕실과 화해하고 또다시 그의 세력을 두려워한 국왕에게 내쫓기기를 반복했다.

그러나 그는 끝까지 반역하지 않고 발렌시아 무어 왕국을 정복하여 카스티야 왕국에 복속시키고 알폰소왕에게 충성을 다했다. 공을 세운 부하들에게는 땅을 나누어 주고 그 지역에 수백 년간 뿌리내리고 살아온 이슬람 문화를 인정하여 기독교와 이슬람의 공존과 평화를 추진하여 지지자들과 후세 사람들에게 주군 또는 군주라 불리는 시드(Cid)로 불릴 수 있었다.

이슬람이 남긴 정교한 사라센 문화

에스파냐 이슬람 세력(다마스쿠스 우마이야 왕조 시대)은 711년 이베리아 반도에 들어와 프랑스까지 진출하려 했으나 투르(Tour) 전투에서 패하여 피레네산맥 이남에서 **코르도바**(Cordoba)를 수도로 알 안달루시아(Al Andalus) 왕국 시대를 구가했다. 코르도바 모스크 사원은 알 안달루시아 왕국의 상징이다.

이후 여러 기독교 왕국들이 생겨 국토회복 운동이 일어나 알 안달루시아 왕국은 여러 소왕국으로 나뉘었다(따이파스 시대). 소왕국은 스물세 개에 달했다. 그 중 대표적인 왕국들이 **그라나다**(Granada, 남동부), **말라가**(Malaga, 남부), **세비야**(Sevilla, 남서부), **사라고사**(Zaragoza, 북부),

로마교와 뒤로 코르도바 모스크

발렌시아(Valencia, 동부) 등으로 에스파냐 남부 안달루시아 지방의 대표적 고도로 남아있다.

여러 소왕국으로 갈라져 세력이 약화된 알 안달루시아 왕국은 북의 기독교 세력에 점차 밀리게 되었다. 1236년 코르도바 지역을 시작으로 세비야까지 내주었다.

엘시드 이후 중부 카스티야 왕국은 큰 힘을 가지게 되었고, 1469년 아라곤 왕위 후계자 페르난도와 카스티유 왕위 후계자 이사벨의 결혼으로 공동 국왕이 지배하는 기독교 왕국이 성립하여 1492년 무슬림 무어의 마지막 보루 그라나다를 정복함으로써 781년간 이슬람 지배를 종식하고 통일 에스파냐 왕국이 서게 되었다.

안달루시아 지방 여러 곳에 그들의 문화 유적이 남아 있지만 그라나다 왕국(1238~1492)의 알 함브라궁은 가장 뛰어난 이슬람 유적이다. 정교한 이슬람 문양의 섬세한 조각으로 빚은

코르도바 모스크 내부 이슬람 아치

알 카사바는 말라가의 그것과 사라센 문화를 대변하는 대표적 이슬람 유물이다.

말라가(Malaga), 피카소의 고향
에스파냐 제6의 도시 남부 지중해 연안의 말라가는 기원전 13세기에

말라가 알 카사바 (Courtesey Wikimedia)

페니키아인들이 건설한 도시이다. 페니키아는 중동 시리아 레바논 해안
지역에 살던 민족으로 지중해를 가로질러 튀니지(고대 카르타고), 알제리,
리비아 등 북아프리카 연안과 무역을 하였으며 이탈리아 중남부 에스
파냐 항구 도시들을 식민지화하였다.

말라가는 로마의 식민지였으며 이슬람 그라나다 왕국의 항구도시로
번성했다. 페니키아어로 소금이라는 뜻이 있는데 이는 그들이 수출하
던 생선을 이곳에서 절인데서 유래한다. 11세기 이슬람 장식 알 카사바
(Alcazaba, 성채라는 뜻)의 아랍 박물관은 거주 공간인 궁전과 군사용 방
어 시설이 결합된 요새이다. 8세기에 건설을 시작했으나 큰 진전이 없
다가 11세기 그라나다 왕국의 군주(바디스, Badis)가 완성했으며 스페인
에 남아있는 여러 알 카사바 가운데 그 보존 상태가 가장 훌륭하다.

이곳은 그라나다 알 함브라 궁전의 알 카사바와 같은 시기(9~13세기)

에 건설되었다. 말라가 전경을 한눈에 담을 수 있는 언덕에 자리 잡아 튼튼한 방벽이 안쪽의 궁전 시설을 감싸는 구조로 되어있다. 입구 옆에 2세기경 축조된 로마 원형극장은 요새건설 전부터 있었던 것이다.

1881년 피카소가 여기서 태어나고 그의 기념관이 있어 미술 애호가들과 유럽의 관광객이 많이 찾는 곳이다. 피카소는 이곳에서 초등학교 미술교사의 아들로 태어나 14세 때 바르셀로나로 이주하여 미술 공부를 시작했다. 마드리드 왕립 미술학교에 다녔지만 바르셀로나에서처럼 학교생활에 적응하지 못하고 프랑스 미술가들의 화법에 매료되어 19세 때 파리로 가서 모네, 르누아르, 피사로 등 인상파들의 작품을 접했고 고갱, 고흐의 화법에 영향을 받았다.

그는 파리의 구석진 다락방에서 가난을 참으며 지내면서 비참한 생활을 하는 파리 하층계급의 참상과 고독감을 그려 명성을 얻었다. 피카소의 그림은 청색 색조를 많이 띄었다. 1904년 몽마르트에 정주하면서 연애도 하고 그림도 장미색으로 밝아졌다. 그는 파리에서 인정받는 화가가 되었다. 1907년 그의 대표작 '아비뇽의 처녀'들을 그렸다.

말라가 중심 메르세드 광장에 그의 생가가 있다. 광장 한 모퉁이 긴 의자에 앉아 쉬는 그의 동상이 있는데 산책객들을 불러 옆에 앉으라는 듯 옆 자리가 비어있다. 동상 뒤로 광장 상가건물 한쪽 모서리에 피카소 기념사업회(Piccaso Foundation)에서 관리하는 그의 생가가 있다.

그의 생가에서는 그가 살았던 시대 분위기는 느낄 수가 없었고, 깨끗이 단장된 2층 전시실에 몇 점의 작품과 그의 소장품들만 진열되

생가 앞 공원에 앉아 있는 피카소

어 있었다. 가족들이 기증한 유작들은 가까운 거리 피카소 박물관 (Piccaso Museum)에 따로 전시되어 있었다. 피카소의 그림은 세계 여러 곳에 전시되어 있지만 그의 그림보다는 행적을 찾아보았다는 데 의미를 두었다.

-14-

중세 러시아 류리크 왕조 7백 년

몽골 수탈 240년 수난도

러시아 역사를 쓴 두 왕조
러시아 원조 키예프 루시의 흥망
블라디미르 공국의 부상(浮上)
류리크 왕조의 유산 모스크바 크렘린
황금의 고리

러시아 역사를 쓴 두 왕조

러시아는 건국 이래 두 왕조가 지배했다. 중세 류리크 왕조(Ryurik, 862~1598)와 근대 로마노프 왕조(Romanov, 1613~1917) 두 왕조다. **류리크 왕조**는 중세 시대의 러시아 건국 왕조다. 1113년경 편찬된 키예프 루시의 역사서 '원초년대기(原初年代記, 지난 세월의 이야기)'에 의하면 류리크라는 노르만족 바이킹이 러시아 최초의 국가인 노브고로드(Novgorod)를 세워 862년부터 879년까지 통치하였다. 노브고로드는 상트페테르부르크 남쪽 발트해가 가까운 곳 노르만인들이 지중해로 내려가는 길목의 초입에 있다. 슬라브인들이 스스로 그를 초청하여 지도자가 되어

라도가에 상륙하는 류리크와 두 형제 (Courtesy Wikipedia)

달라고 청했다는 것이다. 슬라브인들은 이들을 루스인이라 불렀는데
오늘날 '러시아'의 어원이다.

　류리크의 후손들은 약 7백 년간 직계 방계를 포함하여 러시아 군주
가문으로 치세하였다. 왕조의 중심이 키예프, 블라디미르–수즈달, 모
스크바로 옮겨지면서 여러 공국들 중 중심지 공국을 지배하는 군주가
최고 통치자로 군림했다. 류리크 왕조는 1598년 이반 4세의 아들 표도
르(Fyodor) 1세가 후사 없이 죽음으로써 끝났다.

　표도르 1세 이후 15년간은 통치자가 끊기어 이반 4세의 측근이자 표
도르 1세의 처남인 고두노프(Boris Godunov)가 차르(재위 1598~1605)에
오르는가 하면 폴란드의 음해로 어릴 때 죽은 이반 4세의 아들이라고
나타난 가짜 드미트리(Dmitry)가 1년 동안이나 차르(재위 1605. 6.~1606.
5.)에 오르는 등 혼란의 시기를 거쳤으며, 1610년에는 차르가 없는 모
스크바에 폴란드가 침공하여 크렘린을 점령하기도 했다. 1613년 폴란
드가 물러나자 두 왕조의 공백기가 끝나고 로마노프 왕조가 시작되었

다. 13세기 초 이후 류리크 왕조의 후기는 몽골의 침략을 받아 수탈당한 수난기였다.

류리크 왕조를 이은 **로마노프 왕조**는 미하일 로마노프(재위 1613~1645)가 차르에 오르면서 시작되어 18대 304년간 존속한 근대 왕조다. 로마노프 가문은 모스크바 귀족 가문으로 보는 견해가 유력하다. 로마노프가의 딸이 류리크 왕조 이반 4세의 부인이 되면서 세간의 주목을 받았다. 1대 차르 미하일 로마노프는 그들의 후손이다.

로마노프 왕조는 크렘린에서 시작했지만 1713년 4대 표트르 대제(재위 1682~1725) 때 수도를 상트페테르부르크로 옮겨 3백여 년간 러시아를 다스렸다. 수많은 전쟁과 개척을 통하여 유라시아 대륙을 아우르는 대제국을 건설했으며 오늘날 세계에서 제일 큰 영토를 갖는 나라를 만들었다.

러시아 왕조의 군주들은 대공, 차르, 황제로 불렸는데 대공(Grand Prince)은 류리크 왕조 각 공국의 군주를, 그리고 말기 이반 3세 때부터 차르(Tsar)라는 호칭이 대공과 병용되다가 이반 4세 대관식 때는 공식으로 쓰였다. 라틴어 카이사르(Caesar)에서 온 말이다. 독일에서는 카이제르, 러시아에서는 차르로 쓰였다. 로마노프 왕조 4대 표트르 대제 때부터 황제(Emperor)라는 말을 공식적으로 쓰기 시작했다. 그러나 차르라는 호칭이 관습적으로 쓰이고 있다.

러시아 원조 키예프 루시의 흥망
류리크 왕조는 노브고로드에서 시작하였지만 올레그 공후(재위

879~912)가 키예프로 옮겨 키예프 공국(882~1282)이 시작되었다. 키예프는 오늘날 러시아의 원조(元朝)인 키예프 루시의 수도였다. 키예프는 모든 러시아 공국들의 중심으로 170여 년간 지위를 이어 갔다.

블라디미르 1세(재위 978~1015)는 노브고로드에서 기독교(동방정교)를 받아들여 토테미즘의 야만적 관습을 순화시켰으며 오늘날 슬라브 민족의 정신적 지주가 된 러시아 정교가 꽃피게 하였다. 그의 아들 야로슬라프 무드르이(Yaroslav the Wise, 재위 1019~1054)는 키예프의 형제들을 밀어내고 공후에 올라 법전편찬, 키예프 소피아 성당을 짓는 등 정치적 사회적 전성기를 이루었다.

기독교를 받아들인 블라디미르 1세

야로슬라프 1세(야로슬라프 무드르이)는 영토를 크게 확장하였으며 유럽 국가들과 교류도 활발하여 왕실 간 혼인도 성하였다. 그의 자녀들 중 다섯 아들딸들은 비잔틴 제국, 폴란드, 프랑스, 헝가리, 노르웨이 왕실과 혼인하였다. 그는 키예프 북쪽 볼가 강가로 휴식을 취하러 갔다가 그 지방 사람들이 기독교를 믿지 않고 무속 신앙을 믿고 있다는 말을 듣고 그 상징인 곰의 형상을 한 우상들을 없애고 그곳에 자신의 이름을 딴 도시를 건설하게 하였다. 유서 깊은 오늘의 야로슬라블(Yaroslavl)이다. 지금도 도끼를 든 곰이 이 도시의 상징으로 남아 있다.

야로슬라프 1세가 죽은 뒤 키예프 공국은 여러 공국으로 분할되었다. 형제간 우애를 지키라는 아버지의 간곡한 부탁에도 불구하고 그의 자식들은 거의 60년 동안 키예프 공후의 자리를 놓고 다투었으며, 스텝 지역의 유목민 폴로베츠인들의 침략을 받았다. 이런 혼란기에 공후로서 사질을 갖추고 국가의 안위를 걱정하는 인물이 야로슬라프 1세의 손자 블라디미르 모노마흐(재위 1113~1125)였다.

어려서부터 스몰렌스크 공후, 체르니고프 공후 등 작은 지역의 공후를 맡아 통치하며 폴로베츠인들의 침략을 물리치고 러시아 땅을 지켰다. 그는 평생을 전쟁터에서 싸운 전사이자 군주였다. 키예프 주민들은 그가 키예프의 군주가 되기를 원했지만 아버지도 있고 사촌 형제들 중 자신보다 연장자도 있어 사양하였다. 그는 사촌형 스뱌토 폴크 2세 공후가 사망한 후 60세 나이에 군주에 올랐다.

블라디미르 모노마흐는 오늘날까지 러시아인들의 존경을 받는 현군(賢君)이었다. 그는 끌랴즈마 강변에 요새를 축조하여 그의 이름을 딴 블라디미르 공국의 기초를 닦은 사람이다. 그는 비잔틴제국의 황제 콘스탄틴 9세의 외손자였는데 외조부가 선물한 그의 왕관은 러시아 국보로

모노마흐 왕관

크렘린 무기고 박물관에 보존되어 있다. 내가 모스크바에 살 때 서울 손님들을 데리고 그 박물관에 가면 빼지 않고 설명해 주었던 그 왕관은 십자가 아래 루비가 박힌 황금 크라운을 둥근 모피로 감싼 아름다운 왕관이었다.

1125년 그가 죽은 뒤 키예프 루시는 몇 개의 독립공국으로 분열되었다. 그중 가장 큰 힘을 떨친 공국은 수즈달 공국으로 모노마흐의 아들 유리 돌고루키(Yuri Dolgoruki, 재위 1149~1157)가 첫 공후였다. 돌고루키는 1147년 '젖소의 강'이란 뜻의 모스크바를 창건하고 1156년 강변 언덕에 성채를 쌓았다. 사람들은 그 성벽을 '끄레믈리'라 불렀다. 오늘의 크렘린이다. 모스크바 사람들은 1954년 그의 업적을 기려 크렘린 부근 대로에 그의 기념상을 세웠다.

블라디미르 공국의 부상(浮上)

돌고루키의 아들 안드레이 보콜류프스키 대공(1157~1174)은 수즈달에 머물렀으며 조부 모노마흐가 터를 닦아놓은 가까운 남쪽 블라디미르로 수도를 옮겼다. 이때부터 블라디미르-수즈달 공국(Vladimir-Suzdal, 1157~1331)으로 불렀다. 그는 블라디미르에 애착을 가지고 키예프와 같은 아름다운 도시를 만들기 위해 애썼다. 우스펜스키 사원 같은 화려하고 예술적인 건축물들을 남겼는데

블라디미르 우스펜스키 사원

모스크바 크렘린 안에 있는 우스펜스키 사원은 블라디미르의 이 사원을 그대로 본떠 지었을 만큼 우아하고 아름답다.

그는 키예프 공국을 공격하여 수중에 넣었으나 옛 영화의 도시 키예

프에 머무르지 않고 1169년 블라디미르로 돌아감으로써 키예프를 중심으로 하는 '키예프 루시'라는 국가는 사실상 사라졌다. 쇠락의 길을 걸은 키예프는 1240년 몽골의 침략을 받아 유린되었다. 처남에게 살해된 안드레이 보콜류프스키는 블라디미르 우스펜스키 사원에 안장되었다.

안드레이 보콜류프스키의 아들이며 돌고루키의 손자인 유리 2세(유리 브세볼로드비치, 1212~1238)는 수많은 전투에 참가한 용장이었다. 1221년 볼가 강변 유목민 불가르인의 침입을 막기 위해 니즈니 노브고로드를 창건하고 성채(크렘린)를 세웠다. 니즈니 노브고로드는 2018년 러시아 월드컵 경기가 열렸던 볼가 강변 도시로 강변 언덕의 크렘린은 관광 명소이다.

류리크 왕조는 1236년 몽골군의 침입으로 유린되었다. 유리 2세는 블라디미르에서 몽골군과 싸우다 전사했으며 러시아 북부, 키예프, 폴란드가 몽골군에 유린되었다. 이후 러시아는 볼가강 하류 사라이(Sarai)에 진을 치고 좌정한 몽골군 치하에 들어갔다.

류리크 왕조의 유산 모스크바 크렘린

몽골의 침략으로 240년간 몽골에 복속하면서 류리크 왕조는 계속 유지되었다. 유리 2세 이후 유리 3세(재위 1318~1322)까지 80년간 10명의 대공들이 몽골군 진영을 드나들며 권좌를 오르내렸다. 유리 3세가 권력기반을 블라디미르에서 모스크바로 옮기면서 이반 1세(재위 1325~1340) 때는 모스크바를 종교의 중심지로 만들고 통치의 중심으로 만들었다.

오늘의 크렘린 (Courtesy Рустам Абдрахимов wikimedia)

몽골의 침략으로 류리크 왕조의 모스크바도 여러 차례 피해를 입었다. 몽골이 모스크바에 들어갔을 때 크렘린은 오늘날보다 1/10 정도밖에 되지 않았으며 가옥과 창고 마구간 정도가 있는 작은 성채였다. 모스크바가 14~15세기 백여 년간 모스크바강을 수로로 이용한 상업도시로 발전하면서 크렘린도 역사적 황금기를 거쳤다.

15세기 5각형 성벽에 20개의 망루를 가진 성벽과 교회들이 들어서면서 면모를 일신하였다. 역대 차르들의 대관식이 열렸던 우스펜스키 사원, 차르 가족들의 개인 예배당 블라고베쉔스키 사원, 이반 대제 등 48개의 귀족들 묘관이 있는 아르항겔스크 사원, 이반 대제의 종루 등 모두 1479년부터 1508년까지 이반 3세(재위 1462~1505) 때 지어졌다. 크렘린은 류리크 왕조 통치의 중심이 되었다.

러시아를 지배하던 몽골은 내분과 1395년 중앙아시아 티무르 제국의 침공으로 그 세가 꺾이었으며, 류리크 왕조의 차르들이 힘을 길러 저항이 커지면서 점차 지배력이 약화되었다. 이반 3세는 1480년 몽골 킵차크 한국으로부터 독립을 선언하였으며, 이반 4세 때에는 킵차크 한국에서 파생한 카잔 한국과 크림 한국을 복속시켜 몽골 지배를 끝냈다.

황금의 고리

모스크바 북동쪽 평원에 황금의 고리로 불리는 중세 도시들이 여럿 있다. 류리크 왕조가 자리 잡은 초기의 흔적들이다. 볼가강과 모스크바강 사이의 이 평원에는 여러 지류가 흘러 땅도 비옥하다. 10세기 이후 키예프 루시의 류리크 왕조 후손들이 이 지역에 여러 도시를 창건하고

세르게예프 빠싸드(자고로스크)

공국들을 세웠는데 야로슬라블, 블라디미르, 수즈달, 로스토프, 세르
게예프 빠싸드(Sergiyev Posad, 자고로스크) 등이 있다. 이들 도시들은 모
스크바를 중심으로 둥글게 퍼져 있는데 성채와 러시아정교 교회, 수도
원 등 천년 고도의 유적들이 많이 남아있다. 몽골의 침략으로 훼손되
었지만 대부분 복원하였다.

　황금의 고리들에 있는 교회나 수도원들은 모스크바 크렘린과 키예프
에 있는 것들과 같은 양식이다. 우리가 모스크바에 가서 보는 여러 교
회 유적들은 상트페테르부르크에 있는 로마노프 왕조의 교회나 궁전들
과는 다르다. 다시 말하면 모스크바는 류리크 왕조의 도시이고 로마노
프 왕조의 도시는 상트페테르부르크인 것이다.

　로마노프 왕조가 모스크바 류리크 왕조의 유산들을 외면하려 했던 의도는 피터 대제의 천도에서도 읽을 수 있고, 예카테리나 2세 여제가 크렘린을 파괴하고 새로 궁전과 교회를 지으려 했던 시도에서도 알 수 있다. 푸틴이 집무하는 크렘린궁의 커다란 건물들은 미수에 그친 그 시도의 산물이다.

- 15 -

몽골의 러시아 침략과 혹독한 수탈

토종 동양인의 금발 유럽인 정복

몽골 바투의 무자비한 러시아 초토화
블라디미르-수즈달 공국 유린, 공후 목 잘라
러 대공 5천㎞ 멀리 몽골 대칸 알현하고 독살 돼
유연한 사라이 외교로 공국 지켜낸 공후도 있어
사라이 승인 받아야 대공 자리 올라
공후 자리다툼, 숙부 조카 모두 처형 돼
당근과 채찍, 잔혹한 공포감 조성

모스크바에 처음 부임했을 때 크렘린궁이나 근교 교회에 가면 성화들이 많이 걸려 있는 걸 보았다. 그런데 그 성화의 성모 마리아 상들이 하나같이 어둡고 눈살을 찌푸린 울상이어서 왠지 그 이유를 물었더니 그 성화들이 대부분 몽골 수탈 시기에 그려진 것이어서 그렇다는 것이었다.

몽골 수탈이 얼마나 심했기에 성모 마리아까지 저렇게 울상을 지었겠나 싶었는데 문헌을 뒤져보고 역사를 살펴보니 충분히 짐작이 갔다. 러시아가 몽골에 당한 수난사는 대부분 러시아 역사 문헌에 기록된 것들이어서 신빙성을 더했고, 사학자들이 왜곡하거나 과장하지는 않았으리라는 생각을 해보면 세계인들이 생각하는 것보다는 훨씬 더 큰 상처를 입었다는 생각이 들었다.

우울한 성모 마리아

몽골 바투의 무자비한 러시아 초토화

중앙아시아를 석권한(1219~1225) 몽골군은 러시아 남부 카프카스 방향으로 계속 진공하였다. 아조브해 인근 칼카강 유역에서 루시 연합군을 대파한 몽골군은 북쪽으로 방향을 틀었다. 몽골군의 그림자가 점차 러시아 북쪽으로 깊숙이 드리웠다. 1236년 28세의 바투(Batu, 1207(?)~1255)를 총사령관으로 명장 수부타이를 앞세운 20만 몽골 대군은 북부 공국들을 공략했다. 수부타이는 북부 공국들이 공국 간 분쟁이 잦고 남부와는 달리 힘을 합해 대항할 수 없다는 걸 알고 있었다.

1237년 몽골군은 북상하면서 랴잔(Ryazan) 공국을 짓밟았다. 남녀노소 구분 없이 잔학하게 살해하여 랴잔에서는 사람을 볼 수 없을 정도였다. 랴잔 공국은 블라디미르 공국의 지원을 요청했지만 거절당했다. 이어서 몽골군은 허술한 모스크바에 진입했으나 무자비한 랴잔학살 소식을 접한 모스크바 방비군은 겁에 질려 모두 도망간 뒤였다.

바투 몽골군의 랴잔 유린 (Courtesy Wikipedia)

블라디미르-수즈달 공국 유린, 공후 목 잘라

1238년 2월 초, 몽골군은 얼어붙은 강을 건너 블라디미르에 나타났다. 블라디미르는 초토화되었다. 도시를 불태우고 파괴하였다. 유리 2세는 몽골군과 싸우다가 세 아들과 함께 49세에 전사하였다. 딸 하나만 살고

키릴 주교가 목이 잘린 유리 2세의 시신을 수습 (Courtesy Wikipedia)

가족이 모두 죽었다. 유리 2세는 공후의 옷을 입은 채 머리가 잘려 나갔고 그의 시신은 블라디미르 정교회 키릴 주교가 발견하여 수습하고 우스펜스키 성당에 안치했다.

몽골군의 잦은 습격으로 주민들은 블라디미르를 떠났으며 피해를 덜 본 모스크바 트베리 노브고로드 같은 지역이 새로운 중심지로 부상하

였다. 몽골군은 이어서 1240년 키예프를 유린하고 헝가리, 폴란드를 공략하였으며, 1243년 볼가강 하류 사라이(Sarai)에 킵차크 한국을 세워 러시아를 다스리기 시작했다.

몽골이 러시아를 침략한 이후 러시아 류리크 왕조는 계속 유지되었지만 몽골의 지배아래 있었다. 그 기간은 240년 정도다. 몽골의 러시아 수탈 전성기는 사라이 좌정 이후 초기 약 80년간이었다.

류리크 왕조는 유리 2세(재위 1218~1238)부터 유리 3세(재위 1318~1322)까지 10명의 대공들이 80년간 권력 투쟁을 하면서 몽골군 진영을 드나들며 권좌를 오르내렸다. 사라이에서는 바투와 그의 자손들이 권력 투쟁하는 러시아 대공들을 불러들여 심판하고, 권좌에 앉히고, 끌어내리

서양 풍모로 묘사된 바투

고, 처형도 하여 절대권력을 행사했다. 도크타 칸, 우즈벡 칸 등은 러시아 대공들에게 공포의 대상이었다.

러 대공 5천㎞ 멀리 몽골 대칸 알현하고 독살 돼

블라디미르가 몽골군에게 유린되어 유리 2세가 죽자 동생 야로슬라프 2세가 블라디미르 키예프 공후를 이어 받았다. 1243년 바투에게 소환되어 사라이로 가서 블라디미르 키예프 공후의 신임장을 받았다. 전통적 키예프 공국의 권력승계 원칙에 따라 공후가 되었지만 몽골 칸의 재가를 받아야 했다. 그는 몽골 칸을 알현한 러시아의 첫 군주였다. 아들 콘스탄틴을 사라이에 볼모로 남기고 돌아온 야로슬라프 2세는 파

괴된 블라디미르를 복구하기 위해 노력했다.

야로슬라프 2세는 1245년 직접 와서 아들을 데려가라는 바투의 명령을 받고 형제들과 두 번째로 사라이를 찾았다. 그러나 바투는 모두를 풀어주고 야로슬라프 2세에게는 몽골 제국 본토의 수도 카라코룸(Kharakhorum)으로 갈 것을 명령했다. 5천㎞가 넘는 곳이었다. 1246년 8월 그는 몽골에 도착했다. 그리고 몽골제국 3대 구유크(Guyuk, 재위 1246~1248) 대칸의 즉위식에 참석하였다.

그는 구유크의 모친을 만나고 돌아온 후 시름시름 앓다가 일주일 만에 죽었다. 시체가 푸르게 변하여 독살로 추정되었다. 시신은 러시아로 돌아왔다. 야로슬라프 2세도 형 유리 2세와 함께 몽골군에 희생된 비운의 공후였다. 사라이에 함께 갔던 동생 스뱌토슬라프 브세볼로도비치가 공후를 계승했다.

러시아의 통치자를 그 먼 사막 초원길로 내몰았던 몽골 칸의 위력은 어디서 온 것일까? 그의 여정은 1271년 2년이나 걸린 마르코 폴로의 동방 장정보다 25년이나 앞선 것이었다. 마르코 폴로는 도중에 병이 나서 1년을 쉬었다는데, 차도 비행기도 없는 그 시대에 야로슬라프 2세는 어떻게 그 먼 길을 갔는지 불가사의할 뿐더러 흥미롭기만 한 역사 이야기이다.

유연한 사라이 외교로 공국 지켜낸 공후도 있어

사라이를 드나들며 권좌를 오르내린 공후들 중 몽골 칸과 유연한 관계를 유지하여 자신의 공국을 지킨 공후도 있다. 북쪽 노브고로드 공국의 알렉산드르 네프스키(Alexandre Nevsky, 1221~1263)는 몽골의 수탈에서 안전하게 공국을 지켜낸 인물이다. 그도 사라이를 드나들었지만 몽골의 조공요구를 모두 들어주고 공국 내에서 반몽골 감정을 누그러뜨려 평화를 지켰다.

후세의 사가들은 그가 몽골에 복속한 처신에 의문을 제기했지만 그는 그 길이 공국을 살리는 길이라 생각했을 것이며, 또한 종교적인 이유도 있었을 것으로 보았다. 그는 로마 가톨릭 사절들의 방문을 되돌려 보냈는데 러시아 정교의 가톨릭 복속보다는 종교에 관심이 없는 몽

가톨릭 사절을 맞는 알렉산드르 네프스키
(Courtesy Henryk Siemiradzki Wikimedia)

골과의 관계를 더 중시했을 것으로 보는 견해도 있다.

카라코룸까지 가서 독살된 야로슬라프 2세의 둘째 아들인 그는 블라디미르 공후 자리에서 밀려났지만 청년 시절에 노브고로드 공국의 부름을 받고 공후의 자리에 앉아 북방 스웨덴, 독일의 침략을 막아낸 전사였다. 1240년 열세한 병력으로 스웨덴군을 패퇴시킨 네프스키 전투, 1242년 페이푸스 얼음 호수 전투에서 독일 기사단을 물리친 전투는 그의 명성을 높였다.

러시아에서는 그를 현명한 군주로 널리 인식하고 있다. 그가 블라디미르 공후 자리에서 밀려났음에도 노브고로드 공후가 되어 대북방 전쟁에서 열세한 병력으로 공국을 지켜낸 점, 다른 공국들과 달리 사라이 몽골 칸과 유연한 외교로 자신의 공국을 보존한 군주라는 점이 돋보였을 것이다. 러시아 정교는 그를 성인으로 받아들였으며 불가리아의 소피아에는 그를 기려 지은 알렉산드르 네프스키 대성당이 있다.

사라이 승인 받아야 대공 자리 올라

생각해 보면 몽골 칸들의 러시아 통치 방식은 매우 지혜로웠다. 당근과 채찍을 강도 높게 쓴 것이다. 선정(善政)을 하되 불복하는 자는 무자비하게 짓밟는 것이었다. 몽골군의 잔인성이 워낙 공포의 대상이어서 채찍이 두려

ЗОЛОТА ОРДА ЗА ПРАВЛІННЯ ХАНА УЗБЕКА
카스피해−발틱해 사이 킵차크 한국 영역

웠던 것이다. 러시아 역사에서는 몽골의 킵차크 한국(Kipchaq Khante, 1243~1502)을 금장한국(金帳汗國, Golden Horde)이라고 한다. 금색 천막을 치고 허허벌판에 진을 친 유목민을 뜻하는데 무자비한 정벌의 상징이라는 함의가 있다.

바투가 좌정한 킵차크 한국의 수도 사라이는 볼가강 하류 카스피해 연안의 아스트라한 부근에 있는 동서 교통의 길목이었다. 지금은 폐허가 되었지만 한때는 동유럽과 이슬람 세계, 중앙아시아와 중국을 연결하는 카라반 무역의 중계도시 역할을 하는 요지였다. 모스크바에서도 여러 날 걸리는 거리다.

당시 류리크 왕조는 통치의 축이 키예프에서 블라디미르-수즈달, 모스크바로 옮겨지면서 여러 공국들의 대공자리에 오르려는 형제간, 숙부 조카 간 투쟁을 벌이던 시대였다. 대공 후보들은 사라이 몽골 칸의 궁전을 방문하여 칸을 알현하고 로비를 해야 뜻을 이룰 수 있었다.

채찍을 쥔 몽골 칸들의 당근책은 일종의 성과급제였다. 러시아의 공후들이 백성들에게 세금을 거두어 칸에게 상납하는 야를릭(세금 징수권)을 부여하여 그 역할을 잘하는 공후가 몽골 칸의 특혜를 많이 받을 수 있게 하였다. 러시아 대공의 자리는 칸의 허가와 승인이 결정적 요인이었으며 충성심에 따라 직위를 부여하였다.

공후 자리다툼, 숙부 조카 모두 처형 돼

블라디미르 공후 자리를 놓고 다툼을 벌인 미하일 야로슬라비치(재위 1305~1318)와 그의 조카 유리 3세(재위 1318~1322)의 이야기는 몽골 칸의 통치력을 실감케 한다. 그들은 모두 몽골 칸에게 밀착하여 영욕을 맞은 군주들이다. 미하일 야로슬라비치는 몽골 칸 토크타(Tokhta, 재위 1291~1312, 바투 증손자)에게 소환되어 사라이에 가서 2년간이나 머물며 공을 들인 후 블라디미르 공국의 대공자리에 올랐다.

그와 경쟁을 벌인 조카, 유리 3세 역시 토크타 칸의 뒤를 이은 우즈벡 칸(Muhammad Uzbek, 재위 1313~1341, 바투 고손자)의 소환을 받고 사라이에 머물렀다. 그는 칸의 환심을 사서 1317년 칸의 여동생 콘차카를 부인으로 얻어 처남 매부가 되었으며 숙부가 이미 자리하고 있는 블라디미르 대공으로 임명되었다. 몽골 장수 카브카디를 대동하고 블라디미르에 입성코자 한 유리 3세는 자리를 빼앗기지 않으려는 숙부 미하일 야로슬라비치에 크게 패주하여 노브고로드로 피신하고, 몽골 장수와 함께 포로가 된 유리 3세의 아내이자 몽골 칸 우즈벡의 여동생 콘차카는 연금 중 사망하였다.

풀려 난 몽골 장수는 사라이로 돌아가 칸에게 콘차카의 사망 소식과 자초지종을 고하고 미하일 야로슬라비치를 고발했다. 칸 우즈벡은 크게 노하여 미하일 야로슬라비치를 사라이로 소환하였다. 칸이 대공으로 임명한 유리 3세에게 자리를 내주지 않고 항명한 죄에다 칸의 여동생을 사망케 한 죄를 물어 미하일 야로슬라비치는 1318년 처형되었다. 자신의 죄를 알거늘 소환에 불응하고 저항하거나 도망갔을 법도 한데 순순히 제 발로 가서 죽음을 맞은 것을 보면 몽골 칸의 힘이 얼마나 컸는지 짐작이 간다. 불응하는 자는 무자비하게 응징한다는 몽골의 서슬이 두려웠던 것이다.

우즈벡 칸의 심문받고 처형되는 미하일 야로슬라비치 (Courtesy Wikipedia)

유리 3세는 이후 4년간 블라디미르 대공이 되었지만 블라디미르보다 노브고로드에 열중하여 칸의 신임을 잃어갔다. 유리 3세는 아버지의 원수를 갚는다는 미하일 야로슬라비치의 아들 드미트리 미하일로비치에 의해 응징되었다. 블라디미르 지역의 징세권을 얻어낸 유리 3세가 상납할 보물을 가득 싣고 사라이로 향하던 중 드미트리의 기습을 받아 살해되었다. 이에 격노한 칸 우즈벡은 드미트리도 체포하여 처형하였다. 미하일 야로슬라비치와 아들 드미트리가 모두 처형된 것이다. 블라디미르 대공에는 드미트리의 동생 알렉산드르 미하일로비치가 임명되었다.

킵차크 한국의 위세는 류리크 왕조가 권력기반을 블라디미르에서 모스크바로 옮기면서 점차 약화되었다. 여러 공국으로 갈렸던 류리크 왕조의 권력은 모스크바가 통치의 중심이 되면서 뭉치게 되었다. 1380년 돈강 부근 쿨리코바(Kulikovo) 전투에서 모스크바 드미트리군이 마마이 몽골군을 격파하면서 러시아는 몽골의 지배를 벗어나는 전환점이 되었다. 15세기에 들어 모스크바 왕조의 세력이 커지고 몽골 압제에 저항한데다가 사라이 본영이 내분을 겪고 중앙아시아 사마르칸트에서 발흥한 티무르의 침공을 받아 그 영향력은 크게 약화되었다.

러시아는 15세기 말 이반 3세 때 독립을 선포하고, 킵차크 한국은 크림 한국, 카잔 한국, 아스트라 한국 등으로 분산되었으며, 이반 4세 때 러시아에 정복되었다.

당근과 채찍, 잔혹한 공포감 조성

이런 역사를 짚어보면 동양의 기마 유목민들이 어떻게 코 큰 서양 사람들을 그리 혹독하게 다스릴 수 있었는지 자못 흥미롭다. 러시아가 그렇게 몽매한 후진국은 아니었을 텐데 오늘의 시각으로 보면 이해하기 어렵다.

두 세기 뒤에 아시아 나라, 오스만 터키가 발칸반도 동유럽을 석권하고 서유럽군과 전투를 벌이기는 했어도 그들은 대등한 국력을 가진 인접 이웃이었지만, 수만리 머나 먼 동아시아 유목민족이 유럽민족을 석권하고 다스린 역사는 유일무이할 것이다.

몽골의 러시아 지배 기조는 목을 베는 칼자루 공포감을 조성한 데서 비롯된다. 바투의 대군이 러시아를 유린한 잔혹한 과정은 상상을 초월한다. 그러한 초기 잔혹성이 러시아인들에게 엄청난 공포감을 심었고, 복종하지 않으면 죽는다는 생각이 지배적으로 확산되어 미지의 동양 이방인에게 무릎을 꿇은 요인이 아니었나 싶다.

- 16 -

러시아 로마노프 왕조의 황제들

전제 봉건 3백 년의 영욕

경제 사절 이끌고 유럽 공부한 표트르 대제 　　(43년)

황제 남편 몰아낸 예카테리나 2세 여제 　　(34년)

나폴레옹 몰락시킨 알렉산드르 1세 　　(24년)

크림 전쟁 패전, 불운의 황제 니콜라이 1세 　　(30년)

농노제 폐지 해방 군주 알렉산드르 2세 　　(26년)

비운의 마지막 황제 니콜라이 2세 　　(24년)

경제 사절 이끌고 유럽 공부한 표트르 대제 (43년)

러시아 로마노프 왕조의 기틀을 잡은 사람은 표트르 대제(재위 차르 1682~1721, 황제 1721~1725)이다. 1672년에 출생하여 열 살 때인 1682년에 차르에 즉위한 그는 1721년 49세에 전 러시아의 황제에 오르기까지 43년간 낙후된 러시아를 서구 모델로 근대화하는 데 노력을 기울였다.

그는 부친 알렉세이 차르의 여러 부인들 중 둘째 부인 태생으로 모두 열여섯 자녀 중 다섯 아들의 막내로 태어났다. 네 살 되던 해에 차르

알렉세이가 죽고 이복형 장남 표트르 3세가 차르에 오르자 모친과 함께 밀려나 모스크바 인근 차르의 영지로 옮겨가 살면서 가까운 외국인촌의 독일인들과 어울리며 외국 문화를 체험하였다.

열 살 때 병약한 형 표트르 3세가 죽자 왕위 계승을 놓고 혼란을 거듭한 끝에 또 다른 이복형제인 이반 5세와 공동 차르에 올랐다. 이반 5세도 영민하지 못한데다가 표트르도 아직 어려서 누이 소피아의 섭정을 받았다. 표트르가 성장하면서 모친과 외척의 지원을 받아 누이 소피아를 몰아내고 실권을 장악했다.

표트르 1세는 1697년 나이 25세에 250명의 사절단을 이끌고 유럽 순방길에 나섰다. 러시아 영토를 벗어난 최초의 차르였다. 15개월 동안 독일, 영국, 네덜란드, 오스트리아를 순방하면서 선진기술과 선박건조, 군사력 증진에 관심을 가지고 자료들을 수집하여 귀국하고, 서구식 근대국가 건설에 박차를 가했다. 러시아 함대를 창설하고 원로원을 설치하여 중앙과 지방행정 체제를 재편하고, 러시아 정교회를 차르에 복속시켜 차르 중심의 강력한 중앙집권 체제를 강화하였다.

1713년 수도를 모스크바에서 상트페테르부르크로 천도하여 도시 계획에 의한 새로운 도시 환경을 창출하였다. 특별 칙령으로 사교 모임인 무도회를 열고 부모의 강압에 의한 강제결혼을 금지시켰으며, 신랑 신부가 서로를 파악할 수 있도록 약혼 후 최소한 6주 경과 후 결혼식을 올릴 수 있고 파혼도 가능하게 했다. 표트르 1세의 개혁은 서구문화 도입 전파에 초점을 두고 귀족의 법적지위를 공고히 하는 절대주의 체제를 확립하는 데 초점을 두었다.

부하들의 약탈을 다스리는 피터 대제 (스웨덴 전쟁 에스토니아)
(Courtesy Nikolay Sauerweid Wikimedia)

대외적으로는 오스만 터키와 전쟁을 하여 아조브해를 확보함으로써 흑해로의 진출로를 열었고, 북으로는 스웨덴과 20년 북방전쟁에서 승리하여 발트해 연안 지역을 확보함으로써 유럽으로의 관문을 넓혔다. 이들 대외 전쟁에서 승리함으로써 러시아는 유럽의 강자로 부상했으며, 1721년 러시아 최초의 황제로 등극하였다. 로마노프가는 표트르 대제가 황태자 알렉세이를 폐하고 두 딸만 남긴 채 1725년 죽음으로써 1762년 예카테리나 2세 여제가 재위에 오를 때까지 37년간 황위 다툼이 끊이지 않은 혼란기를 겪었다.

황제 남편 몰아낸 예카테리나 2세 여제 (34년)

표트르 대제는 자신의 뒤를 이어 로마노프 가문 최초의 여제로 2년간 재위한 두 번째 부인 예카테리나 1세와 사이에 딸 둘을 두었다. 첫 딸 안나 페트로브나는 독일 홀슈타인-고토로프 공국으로 출가하여 아들 하나를 낳고 죽었다. 예카테리나 1세가 죽고 14년간 후계로 혼란을 겪은 뒤 둘째 딸 엘리자베타 페트로브나(1709~1761, 재위 1741~1761)가 궁정 반란을 일으켜 32세에 재위에 올라 20년간 통치했다. 상트페테르부르크에 있는 동궁(冬宮)은 그녀가 지은 왕궁이다.

후사가 없었던 그녀는 아버지 표트르 대제의 혈통을 잇겠다는 생각으로 독일로 시집가서 일찍 죽은 언니 안나가 남긴 혈육이며 11세에 아버지마저 잃은 13세 조카 카를 표트르 울리흐를 후계로 지명하고 불러들였다. 엘리자베타 여제는 조카와의 첫 대면에서 그의 병약한 외모와 무례함에 실망했다고 한다. 러시아로 돌아온 어린 조카는 표트르 표도르비치로 개명하고 표트르 3세(1728~1762)가 되었다.

애정 없는 황제 부부 – 황후에게 폐위된 황제

1745년 엘리자베타 페트로브나 여제는 프로이센 안홀트-체룝스트 공국의 16세 공주를 간택하고 예카테리나로 개명하여 표트르 3세와 결혼시켰다. 둘은 모두 독일가문 출신으로 엘리자베타 페트로브나 여제 이후는 사실상 표토르 대제의 직계 후손은 끊겼고, 로마노프 왕조의 혈통도 그 맥이 단절되었다.

나약한 표트르는 독일생활을 그리워하고 결혼생활에 무관심하여 공개적으로 외도를 하는 등 예카테리나를 멀리 하였으며, 예카테리나는 남편의 빈자리를 독서로 채웠다. 역사, 철학, 법학서적과 문학작품들을 읽고, 사냥과 승마 등 취미생활을 즐겼다. 남편의 외도 속에 예카테리나도 스캔들이 생겨났다. 9년 후에 태어난 아들 파벨도 예카테리나 정부의 아들이라는 주장이 나돌고 둘째로 태어난 안나도 자신의 딸이 아니라고 표트르가 주장함으로써 둘의 불화는 극에 달했다.

1761년 이모인 엘리자베타 여제가 서거하고 황제에 즉위한 표트르 3세는 정부(情婦) 엘리자베타 보론초바와 공개적으로 동거를 시작했고, 예카테리나도 정부(情夫) 그리고리 오를로프의 아이를 임신한 상태였다. 두 사람의 부부관계는 이미 끝난 것이었다.

표트르 3세는 정교를 탄압하고 대외정책의 실정, 프로이센군의 체계를 도입하여 러시아에 대한 애정이 없으며 무능하다는 비난을 받았으며 사회적 지지를 잃었다. 황후 예카테리나는 정부 오를로프 등과 모의하고 근위대를 선동하여 궁정반란을 일으켜 표트르 3세를 186일 만에 폐위시켰다. 그리고 황후는 여제로 등극하였다.

총신(寵臣) 정치

예카테리나 2세(1729~1796)의 대관식은 모스크바에서 1762년 거행되었다. 그녀는 33세에 로마노프 왕조 여덟 번째 황제가 되었다. 그녀는 지성과 교양을 겸비했지만 자유분방하여 많은 정부를 둔 여제로 유명하다. 그녀의 정부는 23명에 달했다고 한다. 그녀의 재위 간 총신 정치가 극에 달했다. 총신은 왕의 총애를 받는 신하라는 뜻이지만 거세하지 않은 환관이다. 그녀 나이 60에 20대 초반 총신을 두어 정부로 삼았으며 재위에 오르면서 정부 오를로프와 결혼식을 올리려 했으나 주변의 만류로 취소했다고 한다. 일부 사료에 따르면 1775년 총신 포툠킨과 비밀리에 결혼식을 올렸다고도 한다.

재위에 오른 후 여제의 총애를 받는 총신들은 국가운명과 국내외 정책, 군사행동에까지 영향을 주었다. 귀족들은 총신에 아첨하여 사리사욕을 채웠으며 자신들의 측근을 여제의 연인이 되게 하려고 애썼다. 가까운 여러 총신들에게 토지와 농민을 하사하여 농노제를 확장하였다.

예카테리나 여제는 아들 파벨(1754~1801, 재위 1796~1801)이 42세가 되도록 궁궐 밖 멀리에서 살게 하면서 오랫동안 정부들을 거느리고 그렇게 살았으니 아들과 사이가 좋을 리가 없었다. 게다가 아버지 표트르 3세가 어머니에게 폐위당한 일까지 들었을 테니 어머니에 대한 증오심은 가누기 어려웠을 것이다. 아들과 불화하니 자연히

예카테리나 2세

손자 알렉산드르(1777~1825, 재위 1801~1825)에게 정을 쏟기 마련이었다.

그녀는 67세에 뇌일혈로 사망했다. 이런저런 염문에도 불구하고 그녀의 뒤를 이은 아들 파벨 1세는 뒤늦게 아버지 표트르 3세의 대관식을 거행하고 페트롭스키 사원에 함께 안장하였다. 표트르 대제의 외손주 며느리인 예카테리나 2세는 독일 출신 이방인임에도 역사에 대제(大帝)로 기록되었다. 그녀는 역사가들에게 호평을 받는 치적을 남기기도 했지만 사치스럽고 음탕한 여인이었음은 부정할 수가 없을 것 같다.

국토확장의 치적 남겨
예카테리나 여제는 표트르 대제의 위업을 이어 받아 국민계몽을 위해 무상교육 등 교육 체계를 정비하고 법전편찬, 지방행정 개혁 등 계

몽군주로 학예와 교육에 큰 관심을 보였다. 1773년 남부에서 일어난 푸카초프 농민반란 이후 현실주의자가 되었다. 만년에는 특히 1789년 프랑스 혁명 이후는 자유사상을 탄압하기도 하였다.

예카테리나 여제의 큰 치적은 1768년, 1787년 터키와의 전쟁으로 남부 돈강, 드네프르강 하구 연안과 크림반도 등 흑해연안 일대를 넓게 획득하여 흑해 지배권을 확보한 것이었다. 크림반도는 1954년 흐루쇼프가 우크라이나에 할양했다가 2014년 푸틴이 다시 찾았다. 또 하나의 영토 확장은 프로이센 오스트리아와 폴란드 분할에 가담하여 서방으로 영토를 확장하여 발트해 지역 연안을 확대한 것이다. 세계사 연표를 보면 예카테리나의 통치기간은 조지워싱턴, 토머스 제퍼슨 등의 미국 건국시기(1776 독립), 프랑스 혁명(1789) 시기와 같다.

나폴레옹 몰락시킨 알렉산드르 1세 (24년)

예카테리나 여제는 아들 파벨과 불화로 일찍이 손자인 알렉산드르를 후계로 삼으려고 손수 양육하면서 유능한 가정교사를 두어 황제수업을 시켰다. 이런 뜻은 유언으로 남겨져 알렉산드르는 알고 있었지만 막상 할머니가 갑자기 운명하자 19세의 손자는 살아있는 아버지 앞에 발설할 수가 없었다.

아버지 파벨 1세는 할머니가 원치 않았지만 그렇게 등극하였다. 재위에 오른 파벨 1세는 어머니 예카테리나 여제와는 달리 귀족들의 특권을 제한하여 결국 궁중에서 살해되었으며 5년 재위로 끝났다. 1801년 24세의 청년 알렉산드르가 등극하여 24년간 통치했다. 알렉산드르는 자신을 옹위하려는 귀족들이 아버지 파벨 1세를 제거하려는 음모를 방조한 아들이었다. 마음속으로 할머니의 뜻을 늘 품고 있었을 것이다.

그는 유럽 강호들의 힘겨루기가 한창이던 시기에 재위에 올랐다. 프랑스 혁명 후 나폴레옹이 1799년 11월 쿠데타로 혁명정부를 해산하고 제1통령이 되어 군사 독재를 시작한 직후였으며, 나폴레옹의 황제재위(1804~1821) 시기와 그의 재위(1801~1825) 시기는 거의 같다. 오스트리아의 프란츠 1세(재위 1804~1835), 프러시아의 프레드리히 빌헬름 3세(재위 1797~1840)와도 그렇다.

알렉산드르 1세는 치세 동안 나폴레옹과 싸우느라 여념이 없었다. 알렉산드르 1세는 오스트리아 프란츠 1세의 지원요청으로 아우스터리츠 전투에 출병하여 나폴레옹에게 크게 패했으나 1812년 나폴레옹의 모스크바 공격을 격퇴하고 프랑스 파리까지 입성하여 나폴레옹을 몰락의 길로 밀어 넣었다.

알렉산드르 1세는 말년에 대한 후문을 많이 남겼다. 크림반도에서 황후와 휴양 중 사망했다고 알려져 있으나 사실은 은둔하여 성직자가 되었다는 설이 파다했다. 아버지 파벨 1세 암살에 개입했다는 죄책감과 젊었을 적에 품었던 계몽주의, 자유주의 이상과 달리 보수 반동 정책을 펼쳤던 자신의 통치에 대한 괴리감도 있었고, 평범한 시민으로 살고 싶다고 측근에게 말하거나 수도원 성직자와 장시간 독대를 하는 등 여러 추측들이 이러한 의혹을 불러 일으켰다. 해탈(解脫)한 임금님이 산사에 들어가 불교에 귀의했다는 얘기다.

임종의식도 제대로 치르지 않았고, 측근들은 그의 관을 여는 것을 거

알렉산드르 1세의 파리 입성 (Courtesy Wikipedia)

부했으며 주치의는 그의 사망증명서에 서명을 거부하는 등 미심쩍은 일들이 벌어졌다. 얼마 뒤 시베리아에서 표도르 쿠즈미치라는 노인이 나타나 치유능력으로 유명세를 떨쳤는데 그의 언행이 궁중예식에 밝은 등 10년 전에 죽은 알렉산드르 1세와 놀랍게도 똑같다는 소문이 퍼졌다. 심지어 알렉산드르의 하인이 그를 만나보고 선황이 틀림없다 하여 전 러시아에 소문이 퍼져나갔다. 훗날 개봉한 그의 관은 비어있었다고 한다.

크림 전쟁 패전, 불운의 황제 니콜라이 1세 (30년)

알렉산드르 1세가 24년 통치 후 후사가 없이 죽자 형의 자리를 이어받아 니콜라이 1세가 재위에 올랐다. 니콜라이 1세(1796~1855, 재위 1825~1855)는 파벨 1세의 셋째 아들이었으며 예카테리나 2세 여제의 생전에 태어난 마지막 손자였다. 그는 29세에 재위에 올라 30년간 통치했다. 순서로 보면 둘째 아들 콘스탄틴이 적자였지만 형인 알렉산드르 1세를 도와 많은 전쟁에서 공을 세웠음에도 황위를 고사하였기 때문이다.

1825년 12월 니콜라이 1세는 대관식 날부터 곤경에 처했다. 황제에게 충성 서약을 하는 식전에서 데카브리스트(12월당)들이 난을 일으킨 것이다. 이들은 그간 쌓인 러시아의 후진성에 대한 개혁을 요구하며 니콜라이 1세의 즉위를 반대했다. 유럽 나라들이 시민혁명과 산업혁명으로 눈부시게 발전하는 사이 러시아는 낡은 봉건체제를 유지하며 의회제도도 없이 황제는 전제정치로 일관했다. 인구의 80%가 봉건 영주의 농노로 혹사되었으며 정교회는 보수주의로 자유주의와 외래문화를 배척했다.

나폴레옹 전쟁 때 퇴각하는 프랑스군을 추격하여 파리에 입성한 청년 귀족 장교들은 발전된 서구문명을 목격하고 돌아와 개혁에 눈을 떠 니콜라이 1세의 대관식 날 난을 일으킨 것이다. 이들은 임시정부 수립, 농노제 폐지, 법 앞의 평등, 입헌군주제나 공화제로 전환, 배심재판의 도입 등 사회 정치체제의 자유화를 요구했다.

니콜라이 1세의 치세는 이들 데카브리스트들에 대한 무자비한 탄압으로 시작되었다. 주모자 5명을 처형하고 1백 명 이상을 시베리아로 유형 보냈다. 니콜라이 1세는 이 후 자유사상에 대한 강한 증오심을 가지게 되었고, 비밀경찰 조직을 강화해 폭압정치를 추진했다. 그의 폭압정치는 오스만터키와의 분쟁으로 위기를 맞았다. 러시아가 오스만 터키에

니콜라이 1세

점령된 발칸반도의 형제국들이 이슬람 영향권에서 동방정교를 보호받을 권한을 요구함으로서 크림전쟁(1853~1856)이 발발한 것이다.

러시아의 흑해 남하를 우려한 영국(빅토리아 여왕), 프랑스(나폴레옹 3세) 연합군이 오스만 터키를 지원함으로서 크림전쟁은 무기나 훈련 면에서 크게 뒤지는 러시아군이 수세에 몰렸다. 같은 기독교 국가인 서구 나라들이 이슬람 터키를 지원한데 대해 니콜라이 1세는 크게 실망하고 패색이 짙어질 무렵 몸져누웠다. 그는 다시 일어나지 못했다. 1855년 전쟁 중 장남 알렉산드르 2세가 재위에 올랐다.

크림전쟁은 러시아군이 11개월간 버티던 세바스토폴이 함락되면서 끝났다. 알렉산드르 2세는 연합군과 화의를 맺고 흑해 제해권과 발칸 반도에서의 일부 영토권을 포기하고 새로운 러시아의 개혁 작업에 착수하게 된다. 크림전쟁에서는 영국의 백의의 천사 나이팅게일의 활약으로 간호학의 발전을 가져왔다.

농노제 폐지 해방 군주 알렉산드르 2세 (26년)

알렉산드르 2세(1855 ~1881)는 37세에 재위에 올라 26년간 통치했다. 그는 크림전쟁으로 러시아의 개혁이 필요함을 절실히 깨닫고 재정개혁, 고등교육개혁, 사법개혁 등 여러

알렉산드르 2세와 황후

개혁정책을 실시했으며 선왕들이 이루지 못한 농노제를 폐지하여 해방자로 추앙받았다. 그의 혁신적 개혁정책들은 이념적 갈등을 가져왔고 저항세력들의 동요를 일으켰지만 개혁정책은 지속되었다.

대외적으로는
선왕에게 크림전
쟁에서 패전을 안
겼던 오스만 터키
와의 전쟁(1877년)
에서 승리하여 발
칸반도에서 영향
력을 확대했다.
덕분에 오스만 터
키의 지배에서 벗

알렉산드르 피습현장의 '피의 사원'

어난 불가리아는 그의 공을 기려 소피아 중심에 그의 동상을 세웠다.
그의 재위 간 북캅카스, 중앙아시아를 합병하였으며 고 극동에서 청나
라와 협상하여 아무르(Amur)강을 국경으로 정하고 우수리(Ussuri)강 이
동의 연해주를 획득했다. 그는 큰 업적을 남겼다.

1866년 최초의 암살미수 사건 이후 15년 동안 혁명주의자들의 테러
가 열두 차례나 있었다. 1881년 3월 1일 알렉산드르 2세는 예카테리나
운하 부근에서 '인민의 의지' 당원이 던진 폭탄에 숨을 거두었다. 황제
가 쓰러진 곳에는 '피의 사원'이 건설되었다. 알렉산드르 2세는 개혁군
주, 해방군주로 역사에 기록되었다. 그의 아들 알렉산드르 3세가 황위
를 이었다.

비운의 마지막 황제 니콜라이 2세 (24년)

니콜라이 2세는 선황 알렉산드르 3세(재위 1881~1894)의 장남이다.
1894년 26세에 즉위하여 1917년까지 23년간 재위하였다. 황후 알렉산

대관식의 니콜라이 2세와 알렉산드라 표도로브나

드라 표도로브나는 영국 빅토리아 여왕의 외손녀이다. 독일 헤센 대공 루드비히 4세에게 시집간 빅토리아 여왕의 둘째딸 엘리스 공주의 딸이 었다. 니콜라이 2세는 4녀 1남을 두었는데 대를 이을 막내아들이 외증 조모 빅토리아 여왕의 혈우병을 내려 받아 노심초사하였다.

1896년 모스크바 크렘린궁에서 거행된 니콜라이 2세의 대관식은 조 선을 둘러싼 열강들의 외교의 장이기도 했다. 조선의 민영환이 고종의 특명전권공사로 참석했으며 청나라 이홍장, 일본의 야마가타 등이 특 사로 참석했었다. 민영환은 일본과 청을 견제하기 위해 러시아의 힘을 빌리려 했지만 결과는 미미하였다. 1894년 청일전쟁으로 청나라가 패 한 후여서 일본의 야마가타 특사는 러시아 외무상과 한반도를 39도선 으로 분할 통치하자고 제의했으나 거절당했다. 이때만 해도 러시아는 청나라와 조선에서의 영향력을 낙관하고 있었지만 1904년 러일전쟁으 로 그 기세는 꺾이게 되었다.

니콜라이 2세는 선황의 전제적 치세를 계승했다. 노동자 계급은 당대 유럽에서 가장 억압받는 계층이었으며 자유주의 민주주의에 대한 열망을 표출하기 시작했다. 1905년 1월 노동조건 개선을 요구하는 노동자들의 평화로운 시위를 유혈 진압한 '피의 일요일' 사건으로 노동자들의 시위와 파업은 전국적으로 확산되어 정부기능은 마비되었다.

1905년 9월 러시아는 일본과의 전쟁에서 패하여 국민들의 불만은 더욱 고조되었다. 황제는 국민의 기본권 보장, 선거에 의한 제헌의회의 구성 등을 약속하는 '10월 선언'을 내놔 정치적 완화조치를 취하고, 1906년 5월 최초로 간접선거에 의한 두마(Duma민선의회)가 구성되었다.

1914년 1차 세계대전 참전은 생필품 감산, 식량 연료사정의 악화로 민생을 곤경으로 몰아넣었다. 전제를 고집하고 개혁을 멀리한 황제를 더욱 곤경에 빠뜨렸다. 1917년 2월 노동자들의 시위는 무정부 상태에 돌입하였으며 두마 내 유력인사들이 임시정부를 구성하고 황제는 하야했다. 2월 혁명이었다. 황제 일가는 10월 볼셰비키 혁명을 맞았으며, 시베리아 예카테린부르크로 이송되어 1918년 7월 17일 지방 혁명 세력에게 모두 피살되었다. 70여 년이 지난 뒤 옐친 대통령은 그들의 명예를 회복시키고 시신들은 상트페테르부르크 조상들의 묘소로 이장되었다.

니콜라이 2세의 통치시기는 러일전쟁(1904), 러시아 혁명(1905), 1차 세계대전(1914~1918), 볼셰비키 10월 혁명(1917) 등 전쟁과 혁명으로 점철되었다. 그는 마침내 혁명의 제물이 되어 비운의 황제로 최후를 맞았다. 1613년 이래 304년간 이어 온 로마노프 왕조는 이렇게 막을 내리고 레닌의 소비에트 사회주의 연방이 시작되었다.

- 17 -

소비에트 사회주의 연방공화국(소련) 74년

레닌의 10월 혁명에서 고르바초프 개혁 개방까지

볼셰비키 멘셰비키
혁명가 레닌의 등장
1917년 10월 혁명
스탈린과 트로츠키
폭군과 영웅의 두 얼굴 스탈린
흐루쇼프와 브레즈네프 30년
마지막 주자 고르바초프 소련 대통령

1917년 2월 니콜라이 2세가 하야함으로서 로마노프 3백 년 왕조가 막을 내리고, 같은 해 10월 레닌의 볼셰비키 혁명이 일어나 새로운 세상이 도래했다. 소련이다. 소비에트 사회주의 연방공화국(Union of Soviet Socialist Republics)이라는 지구상 최초의 사회주의 국가가 탄생한 것이다.

볼셰비키 멘셰비키

로마노프 왕조 말기 니콜라이 2세(재위 1894~1917) 시기 러시아에서 봉건 전제주의에 반기를 드는 조직적인 세력들이 싹트기 시작했다. 1898년 민스크에서 러시아 사회민주노동당이 결성되었으며, 1903년 런던에서 2차 당 대회가 열려 마르크스의 여러 명제(命題)들을 채택하고 전제왕정에 대항하는 세력들이 움직였다.

이 당 대회에서는 당원 자격과 투쟁 방식을 놓고 강경한 혁명적인 레닌 중심의 의견과 마르토프, 트로츠키 같은 온건파들이 대립하였다. 마르크스주의의 영향을 받은 온건파들은 유산계급(부르주아) 혁명을 거치는 민주적인 방식을 강조한 데 반하여 무산 계급(프롤레타리아)에 의한 폭력혁명을 통해 정권을 탈취해야 한다는 레닌의 강경파들이 다수여서 **볼셰비키**라 부르게 되었다. 볼셰비키라는 말은 영어의 다수(Majority)라는 뜻이다. 온건파들은 **멘셰비키**(소수 Minority)로 불렸다.

혁명가 레닌의 등장

1905년 10월에 상트페테르부르크에서 창설된 노동자 대표회의 소비에트(Soviet)가 1917년 3월 농민 소비에트와 연합세력이 되면서 볼셰비키와 멘셰비키는 그 중심세력이 되었다. 다수파의 중심인물은 마르크스주의에 탐닉한 28세의 청년 혁명가 레닌이었다. 그는 황제 니콜라이 2세보다 두 살 아래였다.

레닌

레닌(Vladimir Ilich Lenin, 1870~1923)은 중부 러시아 볼가 강변 울랴노브스크(Ulyanovsk)의 교사가정에서 출생하여 멀지 않은 카잔대학에서 법률을 공부했으며 학생운동을 하다가 추방당했다. 1891년 상트페테르부르크 대학을 졸업하고 카잔 사마라에서 마르크스(Marx)주의를 연구하여 마르크스주의자가 되었다.

1893년(23세) 상트페테르부르크로 이주하여 노동자들에게 마르크스주의를 선전하고 투쟁의 길을 제시하였다. 1895년 체포 투옥되어 시베리아로 유형 당했다. 1900년(30세) 그는 국외로 피신하여 신문 이스크라(Iskra)를 발행하여 마르크스주의 당 강령의 기초를 만드는 데 기여했으며 런던에서 열린 러시아 사회민주노동당 2차 당 대회(1903)에서 볼셰비키를 이끌었다.

그는 해외에 머무르면서 러시아 노동자운동을 조정하였다. 그의 저서 '인민의 벗은 누구인가'(1894), '유물론과 경험비판론'(1908), '제국주의론'(1916), '전투적 유물론의 의의에 대하여'(1922) 등은 마르크스주의 '변증법적 유물론', '자본론' 등 원론적 이론들을 실천에 옮기는 행동강령이 되었으며 1917년 2월 혁명을 유도하였다.

2월 혁명으로 니콜라이 2세가 물러나고 임시정부가 수립되자 레닌은 4월에 귀국했다. 1차 세계대전에 참전 중이었던 러시아가 레닌이 귀국하면 손을 뗄 것으로 우려한 영국, 프랑스 등 연합국은 그의 귀국을 반대했으나, 적국 독일의 도움으로 스위스, 독일을 거쳐 핀란드를 경유하여 밀봉열차를 타고 비밀리에 페트로그라드(상트페테르부르크)로 귀국했다.

러시아 10월 혁명을 이끈 레닌과 트로츠키(중앙) (Courtesy Wikipedia)

전쟁이 고비로 들어서면서 러시아는 많은 전사자를 내고 산업과 경제는 막다른 골목으로 치달았으며 시민들의 생활은 빈곤으로 허덕여 사회에 큰 충격을 주고 있었다.

1917년 10월 혁명

레닌은 '4월 테제'를 발표하여 볼셰비키의 강령을 제시했다. 10개 조항의 테마는 자본주의 타도, 임시정부와 단절, 소비에트 권력 확장과 소비에트 내 볼셰비키 권력 확장, 의회제 공화국 안(案) 반대, 모든 지주재산 몰수, 토지 국유화, 생산과 분배에 대한 소비에트 통제 강화, 당의 이름을 사회민주당에서 공산당으로 개칭, 새로운 혁명적 국제조직 창설 등이었다. 몰로토프, 스탈린, 카마네프 등의 격론이 있었지만 레닌은 3주에 걸친 끈질긴 노력 끝에 4월 테제를 볼셰비키의 공식 입장으로 확정할 수 있었으며, 권력은 임시정부와 병존하고 있던 볼셰비키 중심의 노동자, 농민, 소비에트로 집중되었다.

'모든 권력은 소비에트로!'라는 레닌의 기치 아래 10월 25일 동궁이 함락되고 카렌스키 임시정부는 무너졌다. 이렇게 '10월 사회주의 대혁명'(러시아 정부 공식용어)은 성공하였다. 그러나 1918년부터 1920년 사이 전국에서 혁명파(적군)와 반혁명파(백군) 간의 내전을 치르고 1922년 소비에트 연방을 탄생시켰다. 이 내전은 보리스 파스테르나크의 소설과 영화 '닥터 지바고'(Dr. Zivago)에 그 단면이 잘 그려져 있다.

수심에 찬 연인들 라라와 지바고(영화 '닥터지바고')

내전을 피해 해외로 떠난 많은 반혁명 백군계열 러시아 사람들은 '백계 러시아'(White Russian)라 불리며 새 터전을 닦아 이민생활을 시작했다. 백러시아(Belarus) 미인을 이르는 말이 아니다.

스탈린과 트로츠키

레닌은 1922년(52세) 뇌졸중으로 쓰러져 1924년 1월에 죽었다. 병상에 누워서도 편지를 구술하여 소련이 나아갈 방향을 제시했다. 그는 정치유언(政治遺言)이라 불리는 '대회에 보낸 편지'에서 당 지도자들의 성격과 장단점을 날카롭게 지적하여 큰 파장을 일으켰다.

당 내 좌파의 중심 **트로츠키**(Leon Trotsky, 1879~1940)에 대해서는 그

의 비(非)볼셰비즘을 지적하고 멘셰비즘의 재발을 우려했다. 당 지도부에서 가장 유능하나 자만에 빠져있고, 사업을 행정적인 측면에서만 접근하는 인물로 평했다. 트로츠키와 경쟁을 벌리던 중도 스탈린(Iosif V. Stalin, 1879~1953) 서기장에 대해서는 뛰어난 활동가임을 인정하나 서기장의 무한한 권력을 남용할지 모른다고 지적하고 그를 서기장에서 해임하고 그보다 신중하고 참을성 있는 인물을 임명할 필요가 있다고 지적했다.

우파 지노비예프(1883~1936)와 카메네프(1883~1936)에 대해서는 10월 혁명 때 무장봉기를 반대했던 점을 언급하고, 부하린(1888~1938)은 당내 최고 이론가이나 변증법을 충분히 이해하지 못한 인물로 평가했다. 레닌의 이러한 인물평을 보면 서기장 실권을 쥐고 있던 스탈린의 강적은 트로츠키였음을 알 수 있다.

세계혁명이 없이는 러시아에서 사회주의가 성공하기 힘들다는 입장을 견지한 트로츠키는 러시아 혁명만으로 사회주의를 달성할 수 있다는 스탈린의 일국 사회주의와 맞섰다. 트로츠키는 자신의 버팀목이었던 레닌이 쓰러진 후 고립되었으나 당내에서 지지자들에게 인기는 여전했다. 논쟁 시 그의 매서운 칼날은 상대를 움츠러들게 만들었고, 우파 지노비예프와 카메네프를 중심으로 한 대부분의 당원들에게 비판을 받았다.

트로츠키는 당의 경제정책을 호되게 비판하고 서기국 관료주의를 당내 민주주의로 바꿔야 한다고 주장했다. 스탈린보다 트로츠키를 맹공격한 사람들은 당 협의회와 지노비예프 카메네프 등이었다. 스탈린은 회심의 미소를 지었을 것이다. 트로츠키는 캅카스 요양지에서 레닌의 죽음을 맞고 장례식에도 참석하지 못했다.

후계자를 자처하는 레닌의 보좌관 출신 지노비예프와는 달리 스탈린은 레닌의 충실한 제자임을 자임하며 침묵했다. 궁지에 몰린 트로츠키는 지노비예프와 카메네프를 공격하여 서로 과거사를 험하는 싸움으로 번졌으며 어부지리를 얻은 자는 스탈린이었다. 레닌이 병석에 누워 있는 동안 스탈린은 정책결정에서 그를 배제했다.

스탈린에 대한 레닌의 우려는 차단되었다. 레닌의 유언 문서는 레닌이 친필로 직접 작성한 것이라 스탈린의 당내 지위에 치명적인 영향을 미칠 수 있었지만 스탈린은 이를 은폐하였다.

1924년에 이르러 이미 거의 모든 내부 정치 조직체는 스탈린의 지배권 하에 들어갔다. 1920년대 말에 스탈린은 레닌 이후 소련 공산당의 두 뇌로써 국제 공산주의 혁명을 주장하던 트로

암살 직전 트로츠키(1940년 멕시코 망명 중)
(Courtesy Wikipedia)

츠키와의 권력투쟁에서 승리했다. 트로츠키는 당에서 축출되었고 스탈린은 최고 지도자로 부상했다.

당을 떠나서도 트로츠키는 스탈린 정책을 계속 비판하였으며 1929

년 국외로 추방되었다. 해외 망명생활 중에도 스탈린의 탄압에 굴복하지 않고 반 스탈린 투쟁을 벌였다. 국내의 가족들은 모두 숙청당했다. 스탈린은 집권 이후 지노비예프 등 반대파를 숙청하였고, 1940년 멕시코에 체류 중인 트로츠키도 암살했다 .

폭군과 영웅의 두 얼굴 스탈린

스탈린은 1879년 캅카스(코카서스) 산맥 남쪽의 그루지야 시골 마을 고리(Gori)에서 태어났다. 아버지는 제화공이었다. 농노 해방군주 알렉산드르 2세 말기였으며 유럽에서는 비스마르크의 통일 독일제국이 출범(1871)한 직후였다. 아시아에선 일본의 메이지유신, 조선에서는 강화도 조약(1878)이 체결되던 시기였다. 러시아가 아닌 소수민족 출신이 입신하여 러시아와 소련을 지배하였으며 전 세계를 흔들었으니 대단한 처세로 출세한 인물이다. 그는 레닌보다 더 큰 인물로 소련 공산당 역사에 남은 인물이 되었다.

아버지를 일찍 여읜 그는 신앙심 강한 재봉사 어머니 밑에서 자라며 신학교에 들어갔으나 마르크스 저서와 금서(禁書)들을 읽다가 퇴교되었다. 1900년(21세)에 지하 정치 운동에 가담하여 카프카스 공업지대에서 노동자들을 선동하기도 했다. 그는 러시아 사회민주노동당에 입당하고 1903년 볼셰비키에 가담하였다. 혁명 활동을 하며 여러 번 체포 투옥되었다. 1905년 그는 그루지야 볼셰비키 책임자가 되었다. 탐페레(핀란드), 스톡홀름, 런던에서 열린 당 정책회의에 참석했지만 큰 두각을 나타내지는 못했다.

스탈린이 주목을 받게 된 것은 1912년 해외에서 활동하던 레닌이 멘

스탈린, 레닌, 칼리닌 (1919)

세비키와 결별하고 그를 볼셰비키 중앙위원회 위원으로 발탁하면서부
터다. 그는 당 기관지 프라우다를 창간하여 편집장을 맡아 당 선전에
앞장섰다. 1913년 7월부터 1917년 3월까지 시베리아에 유형 되었다가
제정(帝政)이 무너지고 임시정부가 들어선 후 레닌과 합류했다. 레닌의
신임을 얻는 스탈린은 당에서 입신하며 당 서기장에 올랐다. 그는 레닌
이 죽은 후 1953년 죽을 때까지 30여 년간 소련을 통치했다.

스탈린의 통치기간은 현대사에서 격변의 시기였다. 그는 레닌이 그려
놓은 사회주의 소련을 시작하면서 사회주의 경제를 일으켰다. 5차에
걸친 경제계획으로 낙후되었던 러시아 경제를 중공업 위주의 경제대국
으로 발전시켜 서구 나라들과 견주게 되었다.

그의 가장 큰 업적은 나치 독일의 침략으로부터 소련을 지켜냈으며
동유럽 나라들 그리고 중국, 베트남, 몽골, 북한 등 아시아 나라들과
미국의 코밑 쿠바에까지 공산주의를 심은 것이다. 레닌이 만들어 놓은
국제공산주의(코민테른 Comintern) 틀을 충실히 수행하였다.

그는 1953년 3월 심장마비로 죽었다. 한국전쟁 막바지 휴전 직전이었다. 그의 시신은 미이라화 되어 레닌 묘 옆에 나란히 보존되었으나 그를 이은 흐루쇼프 집권 시 화장하여 크렘린 벽 아래 묘지에 묻었다. 흐루쇼프(1894~1971)는 스탈린 격하운동을 벌였다.

스탈린에 대한 후세의 평가는 사뭇 다르다. 무자비한 폭정과 숙청으로 정적들을 처단했으며 2차 세계대전 시 폴란드에서 대학살을 자행한 살인마로 부르는가 하면 소련을 경제대국으로 발전시켜 미국과 함께 세계의 초강대국이 되게 한 강력한 지도자, 전쟁으로부터 소련을 구한 영웅으로 부르기도 한다.

2008년 국영 러시아 방송과 역사연구소가 공동으로 실시한 온라인 투표에서 스탈린은 위대한 러시아인 3인에 선발되었다. 1위는 몽골 지배하에서 선정(善政)을 편 알렉산드르 네프스키 노브고로드 공후(1236~1259), 2위는 제정러시아 말기 니콜라이 2세 치하 총리로 부르주아적 개혁을 시도한 표트르 스톨리핀 총리, 그리고 스탈린이 3위를 차지했다. 그루지야 출신임에도 그를 러시아인으로 아우르며 피와 편집증(偏執症), 잔혹함이 아니라 승리와 영광, 무사무욕, 민족의 존재이유를 떠올리는 인물로 평했다.

첫 부인의 유일한 소생인 아들 야코프 쥬가슈빌리가 전쟁 중 독일군에 포로로 잡혀 독일 측은 스탈린그라드 전투에서 포로가 된 독일군 사령관 파울루스 원수와 교환하자고 제의를 했지만 스탈린은 거절했다. 일등병과 원수를 교환할 수 없다는 것이었다. 아들은 결국 포로로 죽고 말았다. 스탈린의 성격을 가늠할 수 있는 얘기다.

흐루쇼프와 브레즈네프 30년

1953년 스탈린 사후 소련은 흐루쇼프 11년(1953~1964), 브레즈네프 18년(1964~1982), 안드로포프, 체르넨코 각 1년, 고르바초프 5년, 모두 다섯 명의 서기장 35년의 치세를 거쳐 1991년 무너졌다. 이 시기는 소련이 동서냉전의 절정기를 거쳐 개혁 개방으로 붕괴하는 격랑의 시간이었다.

스탈린을 이은 **흐루쇼프**(Nikita S. Khrushchyov)는 입지적인 인물이다. 그는 1894년 쿠르스크주 칼리놉카에서 광부의 아들로 태어났다. 러시아 마지막 황제 니콜라이 2세가 재위에 오르던 해이다. 할아버지는 농노였다. 어려서 우크라이나 도네츠크로 이사하여 자라나서 우크라이나 사람으로 아는 사람들이 있다. 15세부터 생업에 뛰어들어 판금공으로 일했고, 지력(智力)을 가졌으나 가난으로 초등학교 2년 교육밖에 받지 못하여 20대 후반에야 글을 깨우쳤다.

1917년 혁명 이후 내전 시에는 볼셰비키 당원으로 반혁명군과 싸웠으며, 1922년 유조프카에 있는 소비에트 노동자 학교에 입학했다. 이곳에서 당 교육과 이론교육을 받는 동시에 중등교육 과정을 이수하고 학생 정치위원이 되었으며 소련 공산당 위원회 간사가 되었다.

모스크바로 전근된 그는 1934년 나이 40세에 모스크바에서 소련 공산당 중앙위원회의 위원이 되었고, 모스크바 시 당 제1서기의 요직에 올랐다. 그는 모스크바 지하철 건설 현장에서 리더십을 발휘하여 주목을 받기도 했다. 1938년 우크라이나 당 중앙위원회의 제1서기를 거쳐 1939년부터는 정치국 위원이 되었다. 스탈린이 죽자 말렌코프 불가닌

등과 합세하여 정보공안기관의 수장 베리야를 제거하고 흐루쇼프가 당권을 장악했다.

베리야(1899~1953)는 스탈린의 고향 그루지야 출신으로 스탈린 집권기간 중 대숙청에 앞장선 정보수장이었다. 국가보안위원회(KGB 1954~1991) 전신인 내무인민위원회(NKVD, 비밀경찰, 1934~1946) 수장으로 반스탈린 정적들과 반체제인사 처형, 독소전쟁에서 전 세계 스파이를 동원한 정보수집과 방첩, 그리고 폴란드 발트 3국의 민족주의자들을 청소한 장본인이다. 고려인, 독일인, 타타르인 등 소수민족의 이동 재배치도 그가 주관했다. 그는 스탈린이 죽자 미움을 산 군 수뇌부를 포함한 당 간부들에 의해 제거되었다.

흐루쇼프는 스탈린에 대한 개인숭배를 비판하고 1937년 대숙청 당시 행한 스탈린의 무자비한 처사와 범죄행위를 고발하고 비판했다. 그의 탈스탈린주의는 동맹 공산주의 국가들에게 타격을 주었다. 마

흐루쇼프와 아이젠하워 부부 (1959)
(Courtesey Wikipedia)

오쩌둥은 그를 수정주의라 비난하고 중소 양국관계는 급속히 냉각되었다. 대외적으로는 1957년 인공위성 스푸트니크 1호를 쏴 올려(1957) 미국과 우주경쟁에서 우위에 섰으며, 헝가리 봉기를 무력으로 진압하고(1956) 서방과의 평화공존을 모색하였다.

후르쇼프는 미국을 방문(1959)한 최초의 소련 지도자였으며, 소련 영공으로 들어간 미국의 첩보정찰기 U-2를 격추하여(1960) 동서냉전이 고조되었다. 그는 벨린 장벽을 쌓고(1961) 쿠바위기(1962)를 자초하여 실각의 빌미를 주었다. 1964년 공산당 최고회의 간부회의는 쿠바위기, 중소분열, 농업정책 실패의 과오를 들어 불신임안을 가결했다.

흐루쇼프는 실각 후에도 7년 동안 공산당원으로 남아 있었으며 연금으로 살았다. 소련정부는 그가 1971년 심장마비로 죽자 국장을 거부하여 크렘린의 레닌, 스탈린 묘와는 멀리 떨어진 모스크바 시내 노보데비치 사원 공동묘지에 묻혔다. 옐친도 거기에 묻혔다. 흐루쇼프는 권좌에서 물러나 제 발로 크렘린을 떠난 유일한 소련 공산당 서기장이었다.

1964년 흐루쇼프의 뒤를 이은 **브레즈네프**(Leonid I. Brezhnev, 1906~1982)는 18년간 안정된 권력을 구사하면서 1970년대 데탕트 시대를 열었다. 그의 시대에는 뒤지던 해군 공군력과 ICBM을 증강하

브레즈네프 러시아식 포옹
(동독 호네커 서기장) (Courtesy Wikipedia)

여 미소(美蘇)의 군사력이 균형을 이루었으며, 전략무기 제한협정을 체결하여 긴장해소에 기여했다. 중남미, 아프리카에 영향력을 확대하고 다원화되는 공산권에서 종주권을 지키는 등 성과를 올렸다. 체코의 자유화 운동(프라하의 봄, 1968년 4월)을 무력 저지하였다.

그는 집권기간 중 탈소노선을 추구하는 유럽 공산주의 국가들과 '수

용소의 군도'를 쓴 망명 작가 솔제니친, 핵물리학자 사하로프 박사 등의 반체제 운동으로 곤혹을 겪었다. 아프간을 침공(1978)하여 세계의 비난을 받았으며, 모스크바 올림픽이 보이콧되었다. 브레즈네프는 장기 집권에도 불구하고 개인우상화 숭배 등 독재자의 이미지를 남기지 않고 체제의 안정화를 이루었다.

마지막 주자 고르바초프 소련 대통령

브레즈네프 사후 안드로포프, 체르넨코가 이었지만 모두 병사하고 1985년 젊은 고르바초프(Mikhail S. Gorbachev, 1931~)가 서기장에 올랐다. 남부 러시아 스타브로폴 농촌 출신의 그는 공산당 중앙위원회 농업서기로 진출하면서 브레즈네프의 지원 아래 요직을 거쳐 54세에 당권을 장악했다.

서방 세계를 두루 여행한 그는 공산주의가 인민들의 빵 문제를 해결해주지 못한다는 사실을 직시하고 경제개혁(Perestroika)과 정치개혁(Glasnost)을 주도했다. 세계 제일의 초음속 전투기와 인공위성 우주선을 쏴 올리지만 쓸 만한 치약 칫솔 하나 제대로 만들지 못하는 소련경제를 간파한 것이다.

미국과의 끝없는 군비경쟁은 인민의 삶을 곤궁으로 몰고 간다며 50만 감축안을 제시하고 일방적으로 단행하였다. 그간 수많은 군축회담의 약속들이 제대로 지켜지지 않고 지지부진했던 점을 생각하면 고르바초프의 이러한 결단은 파격적인 것이었으며 세계는 그를 주목하고 그의 진정성을 알게 되었다. 1990년 그가 초대 소련 대통령이 되면서 계속 추진한 개혁 개방정책은 소련이 붕괴하는 촉매가 되었다. 모스크

고르바초프와 레이건의 해후(퇴임 후 레이건 목장)
(Courtesy Bob Galbraith Wikipedia)

바도 열렸다.

제주도와 모스크바에서 한소 정상회담이 열려 양국 수교에 합의하고 모스크바에 한국 대사관이 개설되어 공관장과 정부 각 부서 외교관들이 속속 부임하였다. 1991년 나는 주 소련 한국대사관 초대 국방무관으로 부임하였다. 그리고 고르바초프의 국방장관 샤포스니코프 원수와 총참모장을 예방하였다. 그들은 하나같이 우리(러시아)를 적대시하지 않는 세계의 모든 나라들이 우방이라고 말했다.

1991년 12월 8일, 벨라루스 민스크에서 러시아, 우크라이나, 벨라루스 등 슬라브 3국이 정상회담을 가지고 소연방 체제는 더 이상 존재하지 않는다고 선언했다. 그리고 독립국가연합(CIS)의 탄생을 예고했다. 12월 21일 카자흐스탄 알마티에서 소연방 소멸을 공식 선언하고 발트 3국과 그루지야를 제외한 11개 공화국이 참여하는 독립국가연합의 출범을 공식 선언하였다. 막다른 골목으로 몰린 고르바초프가 12월 25일 사임하면서 소련은 소멸했다.

1917년 시작된 레닌의 사회주의 실험은 74년 만에 막을 내렸다. 소련 국제공산주의가 심었던 세계의 사회주의 나라들이 모두 손을 들고 시장경제, 자유민주주의로 전향하였다. 중국도 정치체제는 구체제를 견지하지만 시장경제로 발전하고 있다. 베트남, 몽골, 쿠바 등 모든 나라들이 문을 열고 국제경제 질서 속으로 가고 있다. 북한도 외로운 1인 1당 독재 왕국을 종식하고 언젠가는 세계질서의 대열에 합류할 날이 올 것으로 믿는다.

- 18 -

'전쟁과 평화'에 비친 톨스토이 생애

농민 속에서 봉건사회를 뚫어 본 사상가

외가의 영지(領地) 야스나야 빨랴나
가정생활, 이상주의와 현실주의의 불화
혁명가적 귀족, 농민 속으로
기존질서를 부정한 개혁가
'전쟁과 평화' 장편 역사 대하소설

러시아의 대문호로만 알아왔던 톨스토이(Lev Nikolayevich Tolstoy, 1828~1910)에 관하여 모스크바에 살면서 인식을 새로이 하게 되었다. 그의 생가와 살던 집에도 가보고 그가 쓴 소설의 현장들도 답사하면서 여러 가지 새로운 지식을 얻게 되었다.

그는 글을 쓰는 소설가였을 뿐 아니라 종교와 정부를 비판하고 농민들 곁에서 그들을 계몽한 사상가였다. 팔십을 넘긴 나이에 집을 뛰쳐나가 객사했다는 사실만으로도 그의 생애가 간단치 않았음을 말한다. 그의 인물 사진이나 초상화를 보면 어디에서도 밝고 훤한 모습을 찾아볼

야스나야 빨랴나 톨스토이 생가

수 없는 것 또한 예사롭지 않다. 그런 복잡한 머리에서 어떻게 백여 편의 명작들이 나올 수 있었는지 경외롭기만 하다.

외가의 영지(領地) 야스나야 빨랴나

모스크바에서 남쪽으로 2백㎞쯤 내려가면 야스나야 빨랴나(Yasnaya Polyana)라는 한적한 시골 마을이 있다. '밝은 숲의 초지'라는 뜻을 가진 이 마을은 러시아 문호 톨스토이 고향이다. 러시아 툴라주의 주도인 툴라(Tula) 시에서 가깝다.

그는 이곳에서 태어나서 82세로 객사할 때까지 48년 인생을 여기서 보냈다. 카잔대학에 다니고 젊어서는 도박과 여자에 탐닉하여 모스크바, 상트페테르부르크를 전전하며 방탕한 생활을 했고, 캅카스에서 장교로 군대생활을 마친 다음 귀향했다. 1882년 자녀교육을 위해 모스크바로 이사해 살았던 시기 외에는 대부분 고향에 머물렀다. 그가 살던 모스크바 집은 톨스토이 박물관으로 남아 있다. 부모를 일찍 여읜 톨스토이는 남매들과 함께 친척집에서 컸다. 그 친척은 사실 아버지의 첫 애인 타치아나였다. 그녀는 헌신적으로 전 애인의 자녀들을 돌봐주었다.

야스나야 빨랴나는 백작이었던 아버지가 파산을 막기 위해 부유한 귀족 발콘스키가(家)의 외동딸과 정략결혼하여 상속받은 톨스토이 외가의 유산이었다. 톨스토이가 세 살 때인 1825년 12월 니콜라이 1세 치하 초기에 혁명을 시도한 데카브리스트(12월 혁명을 주도한 세력) 중 톨스토이의 외숙(세르게이 발콘스키, 1788~1865)이 있었으며 그는 시베리아로 유배당한 116명 중 하나로 형을 마치고 이르쿠츠크(Irkutsk)에 정착하여 살았다.

유배당해 간 남편을 찾아 유형 길을 쫓아가 귀족신분을 버리고 여필 종부한 몇 명의 열녀들 중 세르게이 발콘스키의 아내 마리 발콘스키가 있다. 그녀는 모스크바 대학을 창설 개교(1755)한 로마노소프의 증손녀였다.

이 데카브리스트는 1812년 러시아를 침공했다가 패주하는 나폴레옹을 파리까지 추격하여 쫓아가 유럽의 발전상을 보고 돌아온 청년 장교들로서 모두 귀족 신분이었다. 이르쿠츠크에는 발콘스키가 지은 집(발콘스키 하우스)이 남아있다. 외가의 이러한 반골 기질이 톨스토이에게도 잠재해 있었던지 그의 작품들에는 반정부 반사회적 소재들이 담겨져 있는 게 많다.

톨스토이의 무덤은 이 곳 생가 인근 숲속에 있다. 10월 중순 늦가을에 찾아간 그의 무덤은 한적한 자작나무 단풍 숲속에 있었다. 산책길 옆 평평한 땅에 묘비도 안내판도 없이 기다란 관

생가에서 멀지 않은 숲속 톨스토이 묘지

(棺) 크기의 나지막한 봉분만 있어 여느 유명인들의 묘와는 달리 소박하다 못해 초라하였다. 러시아에서는 흔치 않은 그런 묘를 처음 보는 방문객이라면 누구나 실망을 감출 수 없을 것이다. 그의 유언대로 했다니 톨스토이의 별난 성격을 짐작할 만하다.

가정생활, 이상주의와 현실주의의 불화

군복무를 마치고 귀향한 톨스토이는 1862년 서른네 살 나이에 16세 연하의 소피아와 결혼하였다. 8남매를 낳고 내조를 받으며 평생을 해로하기는 했지만 그들의 결혼생활은 그리 순탄치만은 못했던 것 같다. 톨스토이의 성격이 복잡하고 모순이 많은데다가 이상주의자여서 현실주의자인 소피아와는 의견 대립이 많았다고 한다.

소피아는 청빈과 금욕을 실천하려는 톨스토이를 위선자라고 생각했으며 특히 톨스토이가 자신의 작품들에 대한 판권을 포기하려는 문제로 불화를 겪었다. 타협안은 '이반일리치의 죽음'(1886), '부활'(1899) 등 걸작이 포함된 1881년 이후의 작품들만 판권을 포기하고 그 이전의 '전쟁과 평화'(1873), '안나 카레니나'(1877) 등 대작들에 대해서는 아내에게

넘기기로 하였다.

그는 죽기 직전 자신의 저서에 대한 모든 판권을 여러 자녀들 중 유일한 자기편 딸 알렉산드라에게 상속한다는 유언장을 써서 아내 소피아와의 갈등은 더욱 심해졌다. 말년에 톨스토이는 자신의 서류를 뒤지는 소피아를 보고 격분하여 자신을 가장 잘 이해해 주었던 딸과 함께 가출하여 시골의 한 간이역 역장 집에서 객사하기에 이르렀다. 이는 비극이었다.

그는 군 장교로 있을 때 터키와의 크림전쟁에 참전하였고 후에 '세바스토폴 이야기'(1856년)를 썼다. 이 초기 작품은 톨스토이가 직접 참전하여 경험한 전쟁 이야기로 처음에는 전쟁의 흥미롭고 감동적인 면을 보다가 계속되는 전쟁에서 인간의 생명과 내면의 정신세계를 파괴하는 무서운 현실과 재앙을 사실적으로 묘사하여 전쟁의 참상을 폭로하였다. 이는 후에 쓴 '전쟁과 평화'에도 영향을 준 것으로 보인다.

혁명가적 귀족, 농민 속으로

귀향한 톨스토이는 고향마을 농민들 속으로 들어갔다. 농민을 위한 학교를 세우고 농민의 소박한 삶에 묻혀 살았다. 보수주의자였던 그에게도 계몽주의적 생각이 잠재해 있었던지 몽매한 농민들을 일깨워야 한다고 생각한 것 같다. 19세기 후반 러시아 귀족과 청년들 중심으로 일어난 브나로드(Vnarod, 인민 속으로) 운동의 선각자였다. 농민들 속으로 들어가 농민 공동체를 기반으로 급진적 혁명사상을 주입하여 사회주의를 실현한다는 혁명가들의 운동이었지만 성공하지는 못했다. 톨스토이의 생각이 그런 급진적 사상은 아니었을 것이다.

제정러시아는 영토를 넓혀가면서 귀족들에게 영지를 하사했는데 그 영지 안의 농민들은 모두 새 영주의 농노가 되도록 법이 되어있었다. 백작의 후손이며 귀족 지식인인 톨스토이가 물려받은 땅 야스나야 빨랴나도 일부 문헌에는 1763년 증조부가 매입한 땅으로 나오지만 귀족 외가가 하사받은 봉토였을 거라는 생각이 든다.

농민 속의 톨스토이
(Courtesy Sergei Prokudin-Gorskii Wikimedia)

그 증조부는 톨스토이가(家)가 아니라 발콘스키가인 외증조부로 생각된다. 러시아는 스텐카 라진의 반란(1670), 푸가초프의 농민반란(1773)을 겪었으며 톨스토이 시대는 러시아 농노제가 한계점에 이른 시기였다. 알렉산더 2세는 1861년 농노를 해방하였다. 미국의 흑인 노예 해방보다 앞섰다.

그가 상류층과 어울리는 도시생활을 마다하고 고향으로 돌아가 농민들과 함께 산 것은 글을 쓰는 문인에겐 또한 자연스러운 일이었을 것이다. 훗날 러시아 '10월 혁명'을 주도한 레닌(1870~1924)은 '톨스토이 작품 이전에는 러시아 문학에 진정한 농민은 없었다'고 그를 극찬했다. '노동자 농민 속으로!'를 외친 혁명가 레닌의 눈에도 톨스토이는 농민을 일깨운 혁명가로 보였을지도 모른다.

러시아에선 톨스토이 말년 1905년 '피의 일요일' 사건으로 노동자 농민의 혁명 기운이 일어났으며, 동아시아서는 일본과 전쟁에서 패하는 제정러시아의 말기로 들어섰다. 톨스토이가 죽은 1910년에 조선은 일본에 합방되었으며 그로부터 7년 뒤인 1917년에 레닌혁명(볼셰비키 혁명)이 일어나 노동자 농민의 세상, 소비에트 사회주의 연방(소련)이 생겨났다.

기존질서를 부정한 개혁가

톨스토이의 생애를 보면 대작 '전쟁과 평화', '안나 카레니나'를 쓴 40대 후반 중년까지는 문학에 몰두하였으나 그 이후는 삶과 죽음, 종교 문제를 깊이 숙고하며 펜을 놓았던 것 같다. 그가 농민들에게 관심을 가졌던 것도 이러한 종교적 숙고에서 나온 것으로 보인다. 종교와 현실 사회는 밀접한 관계가 있으니 농민들의 어려운 환경이 예사로 보이지는 않았을 것이며 그들의 밑바닥을 들여다보고 계몽하려는 작가적 본능이 있었으리라는 짐작이 가능하다. 이러한 그의 생각은 많은 작품을 통해 시현되었다.

그는 현실 종교가 독선과 신비의 베일을 벗고 내세의 구원이 아니라 현실에 구원을 주는 실천적 종교가 되어야 한다며 자비, 금욕, 비폭력을 강조하는 새로운 기독교를 제창하여 러시아정교로부터 파문당했다. 러시아 사회를 강하게 비판하여 정부와 갈등을 빚었다. 창작활동에 손을 놓고 종교 문제에 파문을 일으키는 톨스토이에게 당대의 작가 투르게니예프도 작품활동으로 돌아오라고 설득하였다.

그가 주창한 비폭력주의는 한 인도인과 교감하여 인도의 독립운동에 큰 획을 그었다. 그 인도인은 바로 마하트마 간디(Mahatma Gandhi)였다. 간디 하면 비폭력주의로 각인되었는데, 이는 톨스토이에게서 얻은 힌트였다.

'전쟁과 평화' 장편 역사 대하소설

그는 평생 100여 편의 작품을 썼다. 그의 작품들은 농민들과 삶을 배경으로 한 게 많다. 그리고 그의 순탄치 않은 결혼생활을 반영한 것도 있다. 그러나 그의 작품 중 대작은 역시 '전쟁과 평화'다. 모두 4권으로 되어있는 이 장편 소설은 1812년 나폴레옹의 침공에 대항한 '조국전쟁'을 다룬 역사 대하소설이다.

톨스토이는 나폴레옹, 러시아 황제 알렉산드르 1세, 러시아 총사령관 쿠투조프 장군 그리고 결전의 전장 보로지노 등 역사상의 실존 인물들과 지명을 묘사함으로써 역사 소설의 면모를 보였다. 그리고 전쟁의 와중에 여러 귀족 가문의 흥망성쇠를 다룬 가족소설이며 귀족가문의 전통과 풍속을 세세하게 묘사한 풍속소설로서도 각별한 의미가 있다는 것을 보여준다. 주인공 안드레이, 피에르, 나타샤에 얽힌 사랑 이야기는 연애소설로서도 충분하다.

전쟁과 평화는 톨스토이 자신의 모친과 부친의 가계를 토대로 발콘스키 가문과 로스토프 가문 사람들을 중심으로 엮은 소설이다. 주인공 발콘스키가의 젊은 공작 안드레이는 톨스토이의 외증조부다. 그의 아들 니콜루쉬카는 데카브리스트로 이르쿠츠크에 유배되었던 톨스토이의 외숙 세르게이 발콘스키(1788~1865년)다. 톨스토이는 이르쿠츠크에 유배되었다가 귀향한 늙은 데카브리스트들의 이야기를 듣고 '전쟁과 평화'를 썼다. 그들은 이르쿠츠크에 유배당한 외숙의 동료들이었다.

데카브리스트들로부터 1825년 혁명을 기도했던 이야기를 듣고 그 발단이 된 1812년 나폴레옹의 침공으로 일어난 조국전쟁에 대하여 관심

시베리아 이르쿠츠크에 있는 발콘스키의 집

을 가지게 되었으며 소설을 구상하였다.

'전쟁과 평화'는 1805년 러시아와 나폴레옹의 아우스터리츠(Austerlitz) 전쟁으로 거슬러 올라간다. 1827년생인 그가 1873년에 쓴 이 소설은 1805년부터 1820년까지의 이야기를 썼으니 오랜 생전의 이야기를 쓴 것이다.

톨스토이는 위대한 작품들을 남긴 문호였음이 분명하다. 그러나 그의 팔십 평생은 원만하고 평범한 인생이 아니었음을 알 수 있다. 같은 시대를 살면서 위대한 이름을 남긴 문호 도스토예프스키(1821~1881), 그리고 위대한 음악가 차이콥스키(1840~1893)도 내면적으로 불행했었다는 점이 시대적 배경에서 온 우연의 일치가 아닐까 생각해 본다.

- 19 -

러시아의 대동맥 볼가강 만 리

어머니의 품 러시아의 고향

볼가강은 자연이며 경제다
돈 카자크 농민반란
러시아 민요 '스텐카 라진'
볼가강의 도시들

러시아에는 네 개의 큰 강이 있다. 우랄산맥 서쪽 유럽 러시아에 볼가강(Volga, 3,700㎞), 동쪽 시베리아에 오비강(Ob, 3,680㎞), 예니세이강(Yenisey, 4,130㎞), 레나강(Lena, 4,270㎞)이 있다. 볼가강은 북에서 남으로 흘러 카스피해로 들어가고 시베리아의 세 강은 모두 반대로 흘러 북해로 들어간다. 2,850㎞의 도나우강, 1,320㎞의 라인강과 비교된다.

볼가강은 자연이며 경제다
모스크바 북쪽 트베르(Tver)주 발다이 구릉(해발 228m)에서 발원한 볼가강은 삼림 지대, 스텝지대, 반사막 지대를 거쳐 남쪽 해저 30m 수면 카스피해로 흘러든다. 시작점과 끝점의 표고 차이가 250여 m이니

발다이 구릉 볼가강 발원지 (Courtesy Николаев И.Б Wikipedia)

강물의 유속을 짐작할 수 있다. 낫 모양으로 반원을 그리며 러시아 심장부를 흐르는 볼가강은 60% 이상이 눈 녹은 물이며 30%가 지하수, 10%가 빗물이다.

연중 100일은 얼어붙고 눈이 녹는 4~5월에는 수위가 급증하여 자주 범람하며, 갈수기에는 10m 정도의 수위 차를 보여 선박이 운항할 수 없을 정도로 낮은 구간이 생긴다. 이런 점을 개선하기 위해 1930년 대부터 발전 댐, 관개, 하수통제(河水統制) 등 볼가강 개조계획을 시행하여 계단상(階段狀)의 하천을 만들어 세계에서 가장 치수에 성공한 사례로 꼽힌다.

볼가강은 여러 개의 지류들과 만나 내려갈수록 점점 큰 강이 된다. 모스크바 남쪽에서 발원한 오카(Oka, 1480㎞)강이 동쪽으로 랴잔(Ryazan)을 지나 니즈니 노브고로드(Nizhni Novgorod)에서 볼가강과 합류한다. 우랄산맥에서 발원한 카마(Kama 2030㎞)강은 페름(Perm, 인구 97만)을 지나 서쪽으로 흘러 카잔 남쪽에서 합류하는데, 볼가강 최대의

옛날에는 배를 끌고 올라갔다 (Courtesy Ilya Repin Wikimedia)

지류이다. 여름철에는 페름에서 니즈니 노브고로드, 모스크바를 운항
하는 정기선이 있다.

이들 지류 강들은 볼가강의 수량을 현격히 증가시킨다. 볼가강에
는 댐 건설로 물을 가두어 끝이 안 보이는 호수들이 많다. 중류 카잔
(Kazan)에서 사마라(Samara) 사이는 강이라기보다 큰 호수가 되어 흐
른다. 댐은 모두 11개인데 볼가강 본류에 8개, 지류 카마강에 3개가 있
다. 이들 댐에서 모두 1,100만 ㎾의 전력을 생산한다. 댐은 도크 시설
이 잘 되어있어 선박들이 통행할 수 있으며, 60~70년 전에 건설되었지
만 규모가 엄청나다.

볼가강은 유역을 풍부하게 적셔 풍부한 녹지와 농지를 만들어 준다.
본류와 지류를 합친 1만 7천㎞의 수로는 항상 선박이 다닐 수 있어 목
재, 석탄, 석유, 곡물 등 수송량이 많아 하항(河港)이 발전하여 큰 도시
를 이루었다. 볼가강 줄기는 곳곳에 운하를 파서 전국을 동맥처럼 흘러
수상 교통망을 이룬다. 북쪽에서는 볼가-모스크바, 볼가-발트해, 남

쪽에서는 볼가–돈 운하가 있어 북쪽 발트해에서 남쪽의 흑해, 지중해까지 배로 갈 수 있다. 볼가강은 자연이며 경제이다.

돈 카자크 농민반란

러시아에 살 때 즐겨 부르던 러시아 민요가 있다. '스텐카 라진'이라는 노래다. 멜로디도 좋고 가사 내용도 좋아 회식 자리에서 러시아 노래 하나쯤은 부를 줄 알아야겠다 싶어서 비서한테 열심히 배워서 익혔다. 사나이 대장부 스테판 라진(Stepan Timofeyevich Razin, 1630~1671, 스텐카 라진(Stenka Razin)으로도 알려짐)을 노래하는 내용인데, 그는 볼가강을 주름잡으며 용맹을 떨쳤으며 1670년에 있었던 러시아 역사상 대규모 농민반란을 지도한 돈 카자크의 대장이었다.

당시 러시아는 귀족과 지주들이 농노를 쓰는 봉건사회였는데 남부에서는 15세기 후반에서 16세기 전반에 걸쳐 자치적인 군사 공동체를 형성한 농민집단 카자크(Kazak)가 있었다. 영어로는 코사크(Cossack)라고도 한다. 우크라이나 드네프르강 하류, 러시아 돈강과 볼가강 중하류 일대에서 활동하던 이들은 봉건 제후들과 싸워 토지를 확대하는 용맹한 집단이었다.

17세기 초는 폴란드–리투아니아 연합왕국이 러시아와 각축을 벌이던 시기여서 코사크는 이들을 지원하는 세력으로 활동하였다. 1973년 개봉된 미국영화 율 브린너 주연 '대장 부리바'(원제목, Taras Buliba)는 폴란드 동맹으로서 코사크 전사의 용맹을 그린 영화다.

16~17세기 타타르 투르크의 침입에 위협을 느낀 러시아는 이들에게

거칠고 용맹한 카자크 (Courtesy Wikipedia)

무기와 식량을 지원하여 변방을 지키게 했으며, 제정러시아는 카자크 상층부에 여러 가지 특권을 주어 회유하고 자치를 축소하려 하였으나 17세기 후반 스텐카 라진, 18세기 후반 푸카초프 등 지도자가 하층 농민 카자크를 결집하여 농민반란을 일으키기에 이르렀다.

스텐카 라진으로도 불리는 그는 돈강 지방의 부유한 카자크 집안에서 태어났다. 그는 제정러시아(1613~1917) 초기 카자크를 탄압하는 모스크바 짜르에 저항하면서 자랐다. 무산(無産) 카자크와 도망 농노를 규합하여 1667년부터 볼가강 하류와 카스피해 일대에서 세를 떨쳤다.

1670년 볼가강으로 진출하여 아스트라한 볼고그라드를 점령하고 볼가강 중류까지 진출하여 지주와 관리에 대항하는 광대한 지역의 농민들을 규합하여 반란에 합류시켰다. 그러나 그해 10월 그의 반란군은 울랴노브스크에서 정부군에 패하여 돈강으로 철수하였으나 이듬해 4

월 체포되어 모스크바로 압송 처형되었다. 그가 처형된 이듬해에 표트르 대제(1672~1725)가 태어났다.

러시아 민요 '스텐카 라진'

후세 사람들은 그를 기려 민요를 만들어 부르며 오랫동안 농민들의 기억 속에 살아남게 하였다. 그가 활동한 무대가 바로 볼가강이었다. 1885년 글라주노프가 작곡한 모두 12절 민요의 가사 내용은 대략 이렇다.

고요하고 넓은 볼가강
평화로운 러시아의 대지
홀연히 나타난 용감한 스텐카 라진
용맹스런 부하를 거느리고
볼가강을 휩쓸며
마을을 약탈하였네

스텐카의 배는 비단 돛을 달고
금장 노를 저어가네
은실 커튼 속에는
금은보화 가득하고
잡혀 온 페르샤 왕비가 있었네
스텐카는 그녀를 사랑했네
(중략)
볼가 볼가 고향의 어머니 품
볼가 볼가 러시아의 강이여

'부하들이 먼저다' 사랑하는 여인을 강물에 던지는 스테판 라진
Courtesy Wikimedia (Jan Janszoon Struys 그림 1681년)

볼가강의 도시들

볼가강이 주요 교통수단이 되면서 여러 하항(河港)들이 생겨나 발전하여 왔다. 그중에는 역사적인 도시들이 많다. 발원지 상류에 트베리(40만), 야로슬라블(60만), 니즈니, 노브고로드(126만)가 있고 중류에 카잔(124만), 울랴노브스크(61만), 사마라(116만), 사라토프, 그리고 하류에 볼고그라드(100만), 아스트라한(50만)이 있다.

모스크바 북동쪽 250㎞ 떨어진 볼가 강가에 있는 **야로슬라블**(Yaro-slavl)은 역사적인 고도이다. 이 도시는 키예프 공국의 대공인 야로슬라브 1세가 1010년에 건설하였다. 그는 키예프의 소피아 사원을 지은 키예프 공국의 최고 통치자였다. 야로슬라블은 1218년 독립공국의 수도였으나 1463년 모스크바 공국에 지배를 받았다. 도시는 예카테리나 여제가 전국에 내린 도시계획 지침에 의해 방사선 도시로 정비된 모범도시이다. 러시아에서 가장 오래된 12세기 스파스키 수도원 등 17세기 교회들로 유명하다.

니즈니 노브고로드(Nizhni Novgorod)는 1221년 블라디미르 수즈달 공국의 유리 2세가 요새로 건설하였다. 오카강과 합류하는 볼가 강변 도시로 상트페테르부르크 부근에 있는 고도 노브고로드와 구별하기 위해 아래쪽에 있다고 니즈니(아래) 노브고로드라 이름하였다. 이념작가 막심 고리키(1868~1936)의 고향으로 러시아 10월 혁명후 그의 이름을 따서 한때 고리키라 불렸다.

소련 시절 군수산업의 중심지였고 핵물리학자 사하로프 박사가 머물던 집은 그의 박물관이 되어있다. 이곳에서 밀가루 제분공장으로 치부한 젊은 고려인 블라디미르가 러시아 연방 유일의 국회의원으로 뽑혔었다. 2018 월드컵 한국 스웨덴전이 열렸던 곳이다.

카잔(Kazan)은 1438년 킵차크 한국에서 떨어져 나온 무하마드 칸이 건국한 카잔 한국의 수도였으며, 현재 러시아 연방 타타르 자치공화국의 수도이다. 1552년 모스크바 이반 4세가 15만 군대를 끌고 카잔을 공격하여 함락시킨 뒤 러시아 공국에 편입되었으며 러시아인들이 이주하여 살기 시작하였다.

17세기 이후 경제 성장을 이룩하여 볼가 지역의 중심지로 되었다. 소련 시절 군수산업 기지로 전략폭격기가 생산되었다. 카잔 크렘린, 타타르 국립박물관, 이슬람 성당 콜샤리프 모스크 등 타타르 이슬람 문화유적이 있다. 이곳 카잔 연방 대학교는 블라디미르 레닌을 배출하였다.

볼가 강변의 카잔, 정교 사원과 이슬람 모스크 콜샤리프 (Courtesy A.Savin Wikimedia)

러시아 문호 톨스토이도 이곳 카잔대학에서 공부하였다. 역시 한국이 2:0으로 독일을 꺾은 2018 월드컵이 열린 곳이다.

혁명가 레닌의 고향인 **심비르스크**(Simbirsk)는 1648년 볼가강 요새로 건설되었다. 레닌은 1870년 이곳에서 출생하여 17세까지 살았다. 1924년 레닌이 사망하자 도시 이름은 울랴노브스크로 개칭되었다. 1917년 레닌의 10월 혁명 이전 2월 혁명으로 니콜라이 2세가 물러나고 잠시 들어섰던 임시 연립정부의 총리 카렌스키(1881~1970)도 이곳에서 태어났다. 부르주아를 회생시키려 했던 그는 레닌이 집권하자 프랑스로 망명했다. 볼셰비키 혁명 때 주요 정치인들을 배출한 이 도시는 1671년 돈 카자크 농민 반란의 전장이었으며, 반란군 대장 스텐카 라진은 패퇴하여 붙잡혔고 처형당했다.

사마라(Samara)는 옴스크 출신 10월 혁명 지도자 발레리안 쿠이비세프 이름으로 불리다가 소련 붕괴 후 옛 지명 사마라를 되찾았다. 2차 세계대전으로 히틀러의 침공을 받았을 때 모스크바가 함락될 것을 우려하여 1941년 이곳 사마라로 제 2수도를 옮기기 위해 예비 정부의 전쟁지휘 시설을 지었다. 많은 외국 공관과 주요 기업들도 이사해 왔었으며 인구도 급증했있다.

무기, 탄약, 항공 등 공장들이 늘어나 산업생산 시설이 5배나 증가하였으며 전쟁 군수지원기지 도시로 독일군 퇴치에 크게 기여하였다. 항공기와 로켓엔진 연구기관인 러시아 과학아카데미 사마라 과학연구센터가 있는 중요 도시이다. 유럽과 시베리아, 중앙아시아에 이르는 육로, 철도 교통의 허브로 볼가지역 최대 수륙교통 중심지이다.

볼가 강변 마을 Plyos (Courtesy Ji-Elle Wikipedia)

볼고그라드(Volgograd)는 '볼가강의 도시'라는 뜻이다. 전쟁 역사를 공부한 사람들에게는 너무도 유명한 2차 세계대전 격전지 스탈린그라드다. 소련시대에는 도시 이름이 스탈린그라드였다. 코카서스(캅카스) 유전을 목표로 한 독일군은 측방 위협이 되는 스탈린그라드를 제압하기 위해 공격했으나 소련군의 포위망에 격멸되어 독일의 패전으로 가는 계기가 되었다. 전후 도시는 90%가 파괴되었으며 복구에 심혈을 기울여 오늘에 이르고 있다. 시내 전쟁 박물관에서는 당시 치열했던 시가지 공방의 처절한 모습을 박진감 있게 관람할 수 있다.

마마이 쿠르간 언덕에는 2차 대전 기념물들이 많이 있는데 전몰장병을 기념하는 공원 정상에는 1959년 세워진 85m 높이의 '조국의 어머니' 석상이 있다. 도시의 남쪽에는 돈강과 연결되는 갑문운하가 있는데 여기를 통해 흑해와 지중해로 나갈 수 있다. 볼가강의 강폭이 넓은데다가 1962년 완공된 250만㎾의 세계적인 볼가 수력발전소가 있다. 올림픽 장대높이뛰기 선수 엘레나 이신바예바의 고향이며 역시 2018 월드컵이 열린 곳이다.

아스트라한(Astrakhan)은 볼가강 하류 삼각주에 있는 타타르 후예의 도시이다. 1466년 킵차크 한국의 말기에 카심 한이 세운 나라인데, 1556년 이반 4세에 정복되었다. 13~15세기 몽골의 러시아 지배 당시 몽골 칸이 자리 잡았던 킵차크 한국의 구도 사라이(Sarai)의 상업적 기능을 계승하여 발전하였다. 카스피해 연안 산유국 아제르바이잔의 석유를 선적하는 중요한 항구이다. 카스피해에서 나는 특산물 철갑상어알 캐비어와 중앙아시아 산 카라쿨 양털로 만든 아스트라한 모피가 세계적으로 유명한 특산품이 되었다.

'톰 소여의 모험'이 있는 미시시피강, '로렐라이 언덕'이 있는 라인강… 세계 여러 나라에 이름 있는 강들이 있지만 돈 카자크 대장의 '스텐카 라진' 노래가 있는 러시아의 볼가강은 각별하게 서정적이어서 마음을 끈다.

- 20 -

네 얼굴, 위대한 미국 대통령들

러시모어산에 새긴 미국 건국사

미 국민의 확고부동한 선택
영국의 식민 지배에 대항한 독립전쟁
건국 초대 대통령 조지 워싱턴
인간의 존엄성을 헌법에 실은 토머스 제퍼슨
노예를 해방하고 연방을 지켜낸 아브라함 링컨
한일합방 도와준 시어도어 루스벨트

미국은 1776년 독립 이래 242년간 45명의 대통령이 나왔다. 미국 역사를 보면 나라의 운명이 걸린 국난을 극복한 어려운 시기에 미국을 이끌었던 대통령이 많다. 세계를 움직이는 나라의 대통령이니만큼 세상 사람들도 역사 속의 미국 대통령들을 많이 알고 있다. 영국의 식민지로 시작하여 독립전쟁을 치르면서 미합중국이 탄생한 과정을 거쳤고, 1861년부터는 노예해방을 둘러싸고 남부와 북부가 엄청난 피해를 겪는 내전, 남북전쟁을 겪었다.

본토를 떠나 유럽에서 세계 대전을 겪었으며 한국동란에 참전하여 수많은 인명 피해를 입고 한국을 공산주의로부터 지켜냈다. 베트남 전쟁에서 엄청난 재정을 쏟으며 많은 미군들이 희생되었다. 이런 미국의 역사에 비추어 볼 때 많은 대통령들이 저마다의 공과가 있고 시대적 역할이 있었을 것이다. 오랜 세월이 지나면서 그 많은 대통령들에 대한 역사의 평가가 있었을 것은 쉽게 짐작이 간다. 혹자는 훌륭한 대통령으로 혹자는 관심 밖의 대통령으로 기록되었을 것이다.

미 국민의 확고부동한 선택

미국사람들은 역사의 위대한 대통령으로 단연코 네 사람을 뽑았다. 미국의 북부 지방 사우스 다코다(South Dakoda)주의 블랙힐즈 러시모어(Rushmore)라는 바위산에는 네 사람의 미국 대통령 얼굴이 조각되어있다. 사람들은 네 얼굴(Four Faces)이라고도 하고, 네 대통령(Four Presidents)이라고도 부른다. 왼쪽으로부터 초대 조지 워싱턴(George Washington), 3대 토머스 제퍼슨(Thomas Jefferson), 26대 시어도어 루스벨트(Theodore Roosevelt) 그리고 16대 아브라함 링컨(Abraham Lincoln) 대통령이다. 1925년 사우스 다코다주 역사위원회가 위치를 선정하고 연방정부가 예산을 지원하여 6년여의 공사 끝에 완성되었는데, 90㎞ 멀리서도 볼 수 있는 엄청나게 큰 조각 작품이다.

조각이 시작되던 해인 1927년 당시에는 제30대 쿨리지(재임 1923~1929)가 대통령으로 재임하고 있었으니 그를 포함하면 대략 30명의 대통령이 심사 대상이었으며 시기적으로 1차 세계대전 이전의 대통령들이다.

미국역사에 이름을 크게 남길 대통령 네 사람을 뽑는 일은 쉽지 않았을 것이다. 연방정부가 돈을 줬으니 심사에 결정권을 가졌을 것이다. 그들은 미국을 건국하고 성장시켰으며, 보존하고 발전시킨(Found, Grow, Preserve and Develop) 역사의 인물이라는 관점에서 선발되었다고 한다. 모두 전쟁을 치른 인물이라는 공통점이 있다.

러시모어산의 네 대통령들

영국의 식민 지배에 대항한 독립전쟁

1620년 영국 최초의 이민선단 102명이(필그림)이 매사추세츠 연안 플리머스에 도착한 이래 속속 대서양을 건너 온 이민자들은 보스턴을 중심으로 하는 뉴잉글랜드 지방에 정착하여 남부지방까지 내려가 여러 개의 주로 나뉘어 살면서 영국의 식민 지배를 받았다.

영국(조지 3세)은 아메리카 식민지에 과도한 세금을 부과하여 식민지 사람들의 불만은 점증하였다. 동인도 회사를 통한 인도 수출길이 어려움에 봉착하면서 영국은 아메리카 식민지에 차(Tea)를 대량 수출하여 세금을 징수했다. 보스턴에서 차를 실어 온 영국 배를 불사른 'Boston Tea Party' 사건을 계기로 1775년 4월 19일 매사추세츠주 렉싱턴-콩코드에서 전투가 벌어져 영국과 독립전쟁이 시작되었다.

13개 주의 대표들은 5월 10일 필라델피아에서 대륙회의(2차)를 소집하고 대륙군을 창설하였다. 총사령관에 조지 워싱턴(George Washington) 장군을 임명하면서 각 주에 군사와 물자지원을 요청하였다. 그리고 1776년 7월 4일 필라델피아 인디펜던스 홀에서 미합중국의 독립을 선언하였다.

독립선언 이후의 독립전쟁은 캐나다 몬트리올, 뉴욕, 필라델피아에서 영국군과 대륙군이 일진일퇴를 거듭하여 많은 사상자를 냈다. 결속력이 약한 민병대 수준의 독립군은 프로이센 군대식으로 훈련되었으며 프랑스로부터 수입된 화포를 사용하여 조직적인 영국군에 맞서 싸웠다. 약 8년간에 걸친 싸움은 국제전 성격으로 변모하여 프랑스, 스페인이 대륙군을 지원하였다.

벤자민 프랭클린(Benjamin Franklin)의 외교수완으로 프랑스군의 지원을 받아 1783년 버지니아 요크타운(York Town) 전투에서 영국군이 항복하면서 독립 전쟁은 끝났다. 같은 해 9월 3일 비로소 미국은 영국과 프랑스로부터 파리조약을 거쳐 완전한 독립을 인정받게 되었다.

미국 역사상 13개 식민지 중심에 위치한 필라델피아는 중요한 식민지회의가 열린 역사적 도시이다. 미국의 연방의회의 역할을 한 **대륙회의에서 독립전쟁을 결의**하였고 벤자민 프랭클린 존 애덤스(John Adams), 토머스 제퍼슨(Thomas Jefferson) 등 5인 위원회가 미국 **독립선언서를 기초**했다. 독립을 쟁취한 후 1787년 5월 25일 필라델피아 제헌회의(Philadelphia Convention)를 열고 대의원 55명이 참석한 가운데 **헌법을 제정 선포**하여 미합중국의 수도가 되었으며 미국을 건국한 곳이다. 미국 독립 전쟁 초기 5명의 대통령들을 포함해 독립선언에 참여한 정치인들을 미국에선 건국의 아버지(Founding Fathers of the United

미합중국 헌법 서명을 주재하는 조지 워싱턴
(Courtesy Howard Chandler Christy Wikimedia)

States)라 부른다.

건국 초대 대통령 조지 워싱턴

조지 워싱턴은 영국 노스햄턴셔(North-
amptonshire)주 설그레이브(Sulgrave)라는 작
은 마을의 한 농장주가 1656년 신대륙에
건너와 버지니아에 정착하여 뿌리내린
이민 4세대이다. 그는 식민지로부터 벗어
나려는 독립전쟁(1775~1783)에서 대륙군
총사령관으로 영국과 싸웠으며 독립 후
에는 초대 대통령(임기1789~1797)으로 선
출되어 미합중국(United States of America)
의 초석을 다졌다.

조지 워싱턴 대통령
(Courtesy Gilbert Stuart Wikimedia)

대통령으로 재임하는 동안 정부 각 부서의 관례와 임무에 대한 기
초를 놓았다. 왕(King), 여왕(Queen), 황제(Emperor)라는 칭호에 익숙했
던 취임 초기, 그는 명석한 판단력과 탁월한 지도력으로 프레지던트
(President)란 새로운 용어를 써서 미국의 최고 지도자로 인식시키는 구
체적 업적을 남겼다. 그는 당시 유럽 나라들의 왕같이 여겨졌고 자신에
대한 칭호도 3인칭으로 호칭되는 단어(His Excellency, Your Majesty)를
좋아했으며 위엄 있는 몸가짐을 가지고 국왕처럼 대접받기를 원했다.

그는 대통령직을 수행하면서 연방주의자와 반연방주의자들을 고루
기용하여 파벌과 투쟁을 잘 중재하였으며, 위스키에 과세한 정부정책
에 반란을 일으킨 군중들을 무력으로 진압하여 정부의 권위를 세우는

등 강온 정책을 적절히 병행하여 지도자로서 면모를 보여 주었다. 역사가들은 꾸준히 그를 가장 훌륭한 미국 대통령 중 하나로 여기고 있다. 그의 이름과 얼굴은 현 미국의 수도 이름과 1달러 지폐에 영원히 남아 있다.

조지 워싱턴, 그는 혼전에 친구의 부인과 불륜관계를 오래 지속하였으며 27세에 한 살 연상의 과부와 야심적 결혼을 하여 그녀의 상속재산을 차지하는 한편 흑인노예 3천 명과 1만 7천 에이커(여의도 10배)의 농장주가 되었다. 그의 허물은 그가 이룬 위대한 업적에 가려졌다. 홀륭한 지도자들이 여론의 바람몰이에 휩쓸려 명예가 훼손되고 업적이 폄하되는 우리들과는 거리감이 있다.

인간의 존엄성을 헌법에 실은 토머스 제퍼슨

조지 워싱턴 대통령이 3연임을 거부하고 물러나자 2대 대통령 선거에는 조지 워싱턴의 부통령이었던 연방주의자 존 애덤스와 국무장관이었던 반연방주의자 토머스 제퍼슨이 경합했다. 근소한 차이로 차점이 된 제퍼슨은 헌법규정대로 부통령이 되었으며 경쟁정당 후보들이 쌍을 이룬 것은 미국 역사상 유일무이한 일이다. 토머스 제퍼슨은 3대 대통령 선거에 출마하여 당선되었으며 연임까지 하여 1801년부터 1809년까지 재위했다.

토머스 제퍼슨은 버지니아 샬롯빌 출신으로 다재다능한 인재였다. 6개 국어를 하는 발명가이며, 고고학자, 건축가, 바이올리니스트였으며 뛰어난 문장가였다. 그는 경쟁자 존 애덤스와 함께 건국의 아버지 중 한 사람이었으며 미국 독립선언문을 기초하고 'All men are created

대륙회의에 독립 선언문을 제출하는 토머스 제퍼슨 (Courtesy Wikipedia)

equal…'이라는 명문을 남겼다. 독립선언문에 씌워진 이 한마디는 인간의 존엄성을 표출한 문구로 이후 2백여 년 미국 정치인들에게 정신적부담이 되었으며 미 국민의 양심세계를 지배한 위대한 글이 되었다.

자신도 흑인노예를 소유한 농장주였기 때문에 토머스 제퍼슨에게는실로 양심고백이었을 것이다. 각 주에서는 자유, 평등, 안전, 행복추구등 문항을 추가하여 국민권리를 확장하였으며 이는 흑인 노예 해방의계기가 되었고, 근세 흑인 민권운동의 정신적 지주가 되었다. 오늘날미국이 제창하는 글로벌 인권사상이라는 큰 흐름의 기초가 된 것이다.

토머스 제퍼슨은 벤자민 프랭클린의 후임으로 프랑스 미 대사관 공사로 재직하면서 루이 16세 치하의 절대군주제 프랑스가 혁명의 기운을 맞는 과정을 지켜본 사람이다. 귀국 후에는 프랑스혁명에 동조적이었으며 워싱턴 행정부에서 중앙집권적 연방주의에 반대 입장을 견지하고 각 주의 자치권을 옹호하였다.

그가 이룬 또 다른 정치적 업적은 미합중국의 영토를 크게 확장한 것이다. 1803년 나폴레옹과 교섭하여 프랑스령 미시시피강 유역 일대를 1,500만 불에 사들인 것이다. 북으로부터 오늘날 몬태나, 다코타, 와이오밍, 네브래스카, 아이오와, 콜로라도, 캔자스, 미주리, 오클라호마, 아칸소, 루이지애나주 등 프랑스 땅의 다섯 배나 되는 넓은 땅으로써 미국 역사상 가장 현명한 구매 중 하나였다.

프랑스는 탐험가 라살(르네 로베르 카블리에)이 1682년 캐나다에서 미시시피강을 따라 멕시코만까지 내려가 루이지애나를 탐험하고 깃발을 꽂았지만 루이 14세의 무관심과 지배력이 미치지 못해 방치했던 곳이었다. 나폴레옹 또한 그 가치를 인식하지 못했고, 미국의 독립전쟁을 지원하면서 국고가 고갈되어 유럽에서의 전쟁을 위한 전비 조달에 어려움을 겪고 있었다.

그는 퇴임 후 고향으로 돌아가 샬롯빌에 버지니아 대학을 설립하고 여생을 보냈다. 오늘날 수도 워싱턴 백악관 건너편 호숫가에는 그의 업적을 기려 제퍼슨 기념관이 세워졌다. 영토 확장이라는 정치적 업적도 크지만 인간의 존엄성을 끌어낸 그의 양심 고백은 미 국민들의 존경을 받고도 남을 일이다.

노예를 해방하고 연방을 지켜낸 아브라함 링컨

링컨 대통령은 켄터키 시골 통나무 오두막집 호롱불 아래서 면학하고 입신하여 불쌍한 흑인 노예를 해방시켜준 위대한 미국 대통령이라고 어려서 배웠다. 그가 미국 국민들이 뽑은 위대한 네 명의 대통령에 들어가는 것은 너무나 당연하다. 인간의 존엄성을 말살하는 흑인노예를 해방하여 자유인이 되게 하였으며 수많은 희생자를 낸 남북전쟁을 승리로 이끌어 남과 북의 분열을 막고 미합중국 연방을 지켜냈으니 위대한 인물임에 틀림이 없다. 더욱이 그는 이러한 업적에 생명을 앗기는 큰 대가를 치렀으니 더욱 국민들의 가슴에 깊게 남아 있을 것이다.

1776년 독립선언 후 1787년 미국헌법을 만들 당시, 미국 의회는 흑인노예제도를 둘러싼 논의가 많았다. 당시 인구의 약 5분의 1이 노예였다. 남부는 40%에 달했다. 새로운 헌법에 노예가 허용되어야 하는가는 북부와 남부 사이의 첨예한 논점이 되었고, 남부의 몇 연방에서는 노예제도가 인정받아야 미합중국에 가입하겠다고 철폐를 거부하고 있었다.

논쟁의 쟁점은 노예 수를 의회대표 자격을 결정하는 인구로 계산할 것인가 아니면 대표를 낼 수 없는 자산으로만 볼 것인가에 대한 의문이었다. 노예 인구가 많은 주들은 대의원 대표 수를 결정할 때는 인간으로 봐야 하지만 인구에 따라 연방정부가 과세한다면 자산으로 쳐야 한다고 주장했다. 북부 연방 출신의 대의원은 노예가 과세의 근거에 포함되어야 하지만 대표자 수를 결정할 때는 포함되지 말아야 한다고 주장했다. 결국 대의원 제임스 윌슨의 3/5 타협안이 채택되었다. 노예 보유 수의 3/5만 과세 대상 자산이 되고 대표자 수 결정에 포함한다는 절묘한 절충안이었다.

또 다른 문제는 노예무역에 관한 것이었다. 10개주 대표들은 이미 그것을 불법이라고 규정하고 많은 대의원들은 강하게 그것을 비난했지

셔먼 장군의 설명을 듣는 링컨 대통령과 그란트 장군
(Courtesy George Peter Alexander Healy Wikimedia)

만, 조지아, 남북 캐럴라이나 세 연방은 만약 노예무역이 금지된다면 연방을 떠날 것이라고 위협했다. 노예무역은 20년 이상 지난 1808년에 금지되었다.

1860년 제 16대 대통령 선거에 출마한 아브라함 링컨이 노예 해방주의자라는 인식은 노예를 많이 소유한 남부 농장주들에게 큰 위협이었다. 링컨이 당선되자 사우스 캐럴라이나주를 시작으로 남부 7개 주들이 연방을 탈퇴했다. 그들은 독자적 깃발 아래 남부연합(아메리카 연방, Confederate States of America)을 결성하고 대통령도 세웠다.

1861년 3월 4일 취임한 링컨은 '남부를 공격할 의도가 없다. 노예 문제에 간섭하지 않겠다. 그러나 남부 주들의 연방 탈퇴는 반란이며 용납할 수 없다'는 연설을 했다. 1861년 4월 12일 사우스 캐롤라이나주 찰스턴 항구의 북군 요새 포트 섬터(Fort Sumter)를 남군이 공격함으로서 남북전쟁은 시작되었다.

전쟁은 점차 확전되어 전쟁초기 남군은 북군을 여러 전투에서 패퇴시켰다. 1862년 9월 전쟁 중에 링컨은 노예해방을 선언하여 4백만 명의 노예가 해방되었으며 19만 명의 탈출노예들이 북군에 복무하였다. 남부군은 노예들을 노역자로 썼으며 탈출을 시도하는 노예는 총살했다.

리(Lee) 장군의 남군과 그랜트(Grant) 장군의 북군은 1863년 펜실베니아주 게티스버그에서 회전하고 남군이 패한 뒤 전환점을 맞았으며, 1865년 테네시주 차타누가를 휩쓴 북군 셔먼(Sherman) 장군이 애틀랜타를 함락하고 대서양 항구 사바나를 점령함으로서 4월 9일 끝났다. 셔먼 장군은 남부 사람들에게 공포의 인물로 각인되어 있다.

노예해방과 미합중국의 보전은 62만 명의 군인이 죽고 수많은 민간 사상자를 낸 4년간의 참혹한 내전이라는 대가를 치렀다. 미국은 이 전쟁으로 연방을 보존하였으며 민주주의에 대한 새로운 인식을 창출했다.

'The government of the people, for the people, by the people…' '국민의, 국민을 위한, 국민에 의한 정부…'

1863년 남북전쟁 전사자들의 묘지를 조성한 펜실베니아주 게티스버그(Gettysburg) 전장에서 행한 링컨 대통령의 연설문 일부다. 첨언의 여지가 없이 민주주의의 요체를 한마디로 요약해준 문구이다. 오늘날 이 문구는 민주주의의 정의(定意)와 같이 인용되고 있다.

한일합방 도와준 시어도어 루스벨트
1905년 7월 29일 일본 도쿄에서 미국과 일본이 한 협약을 체결했다.

시어도어 루스벨트(Theodore Roosvelt, 1858~1919) 26대 미국 대통령의 밀사 윌리엄 태프트(William Taft, 필리핀 총독 역임 27대 대통령이 됨) 전쟁장관(Secretary of War)과 일본의 가스라 타로 총리대신 사이에 체결된 이 협약은 기스리-대프트 비밀협약이었다.

시어도어 루스벨트 대통령
(Courtesy Wikipedia)

이 문서는 후일(1924년) 루스벨트 대통령의 문서를 연구하던 미국의 한 외교사가(外交史家)에 의해 발견되었다. 그 협약의 내용은 '미국, 영국, 일본이 동맹관계에 있어야 하며 미국이 필리핀을 통치하고 일본은 필리핀을 침략하지 않는다, 미국은 한반도에 대한 일본의 지배적 지위를 인정한다'는 내용이었다.

협약을 체결할 당시는 러일전쟁(1904~1905)이 막바지 단계였으며 러시아도 루스벨트 대통령의 강화 권고를 받아들인 상황이어서 열강 제국들은 러일전쟁 이후 동아시아 정세에 관해 논의하는 막후 외교를 펴고 있었다. 일본세력을 의식한 미국도 태평양에서의 안정을 바라고 있었다. 미국은 9월 5일 러일 대표들을 미국의 포츠머스(Portsmouth)로 불러 미국대표도 참석케 한 가운데 강화조약을 맺고, 여기에서 러시아도 한반도에서 일본의 우월권을 승인하였다.

러시아는 대한제국 황실의 주권을 침해할 수 없다고 강력히 주장하여 비망록에만 '조선 황실의 승인하에만 정치적 간섭을 할 수 있다'라고 적었다. 이는 짧은 기간이나마 완전 합병까지 5년 가까운 시간을 지체하게 만들었다. 일본은 영국과도 동맹을 맺고 같은 협약을 받아 냈다. 열강 제국의 승인을 받은 일본은 11월 17일 대한제국과 을사보호조약을 체결하고 5년 후 1910년 8월 29일 조선반도를 합병했다.

42세 미국 최연소 시어도어 루스벨트 대통령은 러일전쟁 강화(講和)에 기여한 공으로 노벨 평화상을 수상했다. 미국 대통령으로서 처음 있는 일이어서 미 국민들에게는 박수를 받았겠지만 일본의 한반도 합병이 동아시아 안정에 기여할 것이라는 가스라 일본대표의 뜻에 동의하고 미국대표도 참석했던 포츠담 회담에서도 한반도의 일본 종속에 기여하였으니 씁쓸하기만 하다.

필리핀을 다스리기 위해 일본에게 조선을 먹어도 좋다는 암거래를 한 루스벨트는 그저 미 국민의 기억에 남을 정치인으로 남겨두었어야 했을 것이다. 그에게 노벨 평화상은 어울리지 않을 뿐더러 그를 워싱턴 제퍼슨 링컨 같은 위대한 인물들의 반열에 올린 것은 정의(正義)와는 거리가 있다.

노벨 평화상 심사위원들은 노벨상의 가치를 크게 훼손시켰다. 러일전쟁의 종식만 세계 평화에 기여하고 약소민족들은 강국들의 제물이 되어도 좋다는 열강의 뒷거래에는 눈을 감았으니 말이다.

- 21 -

군인 대통령 아이젠하워 장군

인권·정의·경제 대통령으로 남아

군인 대통령
대통령이 된 미국의 전쟁 영웅들
노르망디 상륙 작전의 영웅
성공한 군인 대통령 아이젠하워
흑백갈등에 공정사단 투입, 흑인 인권보호
한국전쟁 최전선 시찰한 초유의 미국 대통령

미국 역사 2세기 반 동안 45명의 대통령이 나왔다. 이들 중 군 출신 대통령이 몇 있다. 영국과 치렀던 독립전쟁을 지휘하여 미국을 건국한 **워싱턴 장군**(George Washington, 초대 1789~1797), 멕시코전쟁에서 공을 세운 **테일러 장군**(Zachary Taylor, 12대 1849~1850), 남북전쟁 때 연방 북군을 지휘하여 승리로 이끈 **그랜트 장군**(Ulysses Grant, 18대 1869~1877), 그리고 2차 세계대전 연합군 총사령관으로 유럽에서 침략군 독일을 패망시키고 전쟁을 종식시킨 **아이젠하워 장군**(Dwight Eisenhower, 34대 1953~1961) 등이 있다.

이들은 큰 전쟁을 승리로 이끈 전쟁 영웅이라는 공통점이 있으며 후두암으로 임기 중 사망한 테일러 장군(12대 대통령, 1849~1850)을 제외하고 모두 재선에 성공하였다. 1898년 중령으로 미국-스페인 전쟁에서 공을 세워 최연소 42세에 대통령(26대, 1901~1909)에 오른 루스벨트(Theodore Roosevelt)도 전장에서 싸운 군인이었다.

군인 대통령

세계 여러 나라들에 군인 대통령이 많았다. 선진국이든 후진국이든 동서고금을 막론하고 군인이 지도자로 나서서 혹자는 국가발전에 기여하였고, 혹자는 권력을 남용하여 나라를 어지럽히기도 했다. 그들은 민주적인 방법으로 선거를 통하여 선출되기도 했으며 또 그런 형식을 밟기는 했지만 법을 고쳐가며 장기집권으로 독재의 길을 걷기도 했다. 민도가 낮은 후진국에서 가장 쉬운 방법인 총칼로 정권을 잡은 군인 대통령들이 많다.

근대사에 여러 전쟁을 겪으면서 강력한 통치권이 요구되었던 시기에 전제적 독재 권력이 많이 출현했었다. 군복을 입고 군중들 앞에 나타났던 스탈린이나 히틀러, 카스트로 같은 인물들은 군인이 아니라 혁명가들이었다. 남미의 피노체트나 페론 같은 사람이 전형적인 군인 대통령이었다.

군인 대통령이라 함은 직업군인으로 봉직한 사람이 군복을 벗고 민주적인 방식으로 대통령이 된 사람을 말한다. 군복을 벗었으니 군 출신 대통령이 적절한 표현일지 모르지만 대통령이 되어서도 군인정신은 남아있을 테니 군인 대통령이란 말이 더 어울릴 것 같다. 군인정신은 국가관, 사생관, 리더십으로 나타난다. 그러나 군인정신만으로 나라를 통치할 수는 없을 것이다.

선쟁영웅이라 해도 통치자로서 자질을 갖추어야 하고 덕목이 있어야 할 것이다. 우리도 군인 대통령을 경험했다. 그들이 잘했다 못했다는 오랜 시간이 지난 후에 역사가 평가할 것이다. 우리 국민들의 민도나 민주주의가 더 성장된 훗날 평가의 잣대는 바르게 잡힐 것이다.

대통령이 된 미국의 전쟁 영웅들

미국 같은 나라에 군인 대통령이 있었다는 사실은 얼른 이해가 되지 않는다. 후진국에서나 있는 일로 생각하는 우리의 시각으로 보니 그렇다. 그러나 미 국민들은 그가 위대한 미국을 이끌어 나갈 수 있다고 생각했기 때문에 표를 주었을 것이다. 그들 중에는 역사에 남을 훌륭한 대통령으로 기록된 사람도 있고 정치적 경륜이 부족하여 그렇지 못한 사람도 있다.

미국의 첫 군인 대통령은 초대 건국대통령이 된 **조지 워싱턴**(George Washington) **장군**이었다. 그는 미국이 영국의 식민지 시절 독립을 위해서 투쟁한 식민지 대륙군 사령관이었다. 조지 워싱턴은 여러 독립전쟁에서 영국군과 싸웠으며 1783년 버지니아 요크타운(York Town) 전투에서 영국군의 항복을 받아 미국 건국에 혁혁한 공을 세운 건국의 아버지였다. 시대적인 요구에 탄생한 위대한 지도자였다.

재커리 테일러(Zachary Taylor) **장군**은 인디언 전쟁과 멕시코전쟁에서 공을 세워 1849년 12대 대통령이 되었으나 재임 1년 만에 병사하였다.

18대 대통령이 된 그랜트(Ulysses Simpson Grant) 장군은 육사출신 군인이었다. 1861년 노예제도에 반대하는 링컨 대통령의 재선이 확실시 되자 노예를 많이 쓰는 남부 주들이 연방 탈퇴를 선언하여 남북전쟁이 일어났다. 링컨 대통령의 신임을 받던 그랜트 장군은 북부군 총사령관으로 임명되어 남부군의 리(Lee) 장군과 싸웠다. 리 장군은 그란트 장군의 육사 선배였지만 각자는 자기의 길을 걸은 것이다. 전쟁은 남과 북이 모두 엄청난 인명손실을 보고 북군의 승리로 끝났으며 연방은 살아남게 되었다.

그랜트 장군은 남북전쟁을 승리로 이끈 영웅이 되었으며 미 국민들은 그를 지도자로 뽑았다. 패장이 된 리(Lee) 장군은 감옥이나 단두대에 선 전범이 아니라 고향으로 돌아가서 대학총장을 지내면서 일생을 마무리했다. 엄청난 내전의 상처를 치유하고 새로운 미국으로 성조기 아래 뭉쳐야 한다는 일념의 발로였다. 그랜트 장군은 훌륭한 군인으로 대통령이 되었지만 임기 중 주변 인물들을 잘못 관리하여 본인의 청렴에도 불구하고 좋은 평을 남기지 못했다.

노르망디 상륙작전의 영웅

34대 대통령에 오른 군인 아이젠하워(Dwight David Eisehower, 1890 ~1969) 장군은 최근 인물이다. 아이젠하워는 1890년 택사스주 데니슨 시에서 독일계 스위스 이민자의 7남매 중 셋째로 태어났다. 웨스트포인트 육사시절에는 학업보다 미식축구 선수로 활약했다. 그는 임관 후 고속승진을 한 맥아더 장군의 부관으로 오래 일했다. 맥아더 장군은 육사를 수석으로 졸업한 군인 집안의 아들로 군인 중의 군인이었다.

아이젠하워의 군 생활은 크게 눈에 띄지 않아 진급도 늦은 편이어서 1941년 나이 51세에 준장으로 진급했다. 참모총장 마셜 장군에게 인정받아 그는 늦게 빛을 보았다. 1942년 6월 중장으로 진급하여 유럽 주둔 미군사령관이 되었다. 1943년 12월에는 54세에 유럽 연합군 최고 사령관(Allied Supreme Commander)이 되었으며 동시에 대장으로 승진하였

아이젠하워 장군
(Courtesy Wikipedia)

다. 늦게 찾아온 그의 초고속 진급은 마셜 장군 덕이었다. 그야말로 대기만성이었다.

그는 1944년 6월 6일 2차 세계대전 사상 최대의 노르망디 상륙작전을 지휘한 연합군 최고사령관이었다. 휘하에는 영국군 몽고메리 장군(1887~1976)과 미군 브래들리 장군(1893~1981), 패튼 장군(1885~1945) 등 기라성 같은 명장들이 있었으며 독일군은 룬드스테트, 롬멜 같은 뛰어난 용장들이 대적하였다.

그가 유럽 주둔 미군사령관으로 부임하여 연합군 총사령관이 되자 영국은 경험이 없는 그를 반대했다. 그러나 그의 탁월한 균형감각과 웃음을 잃지 않는 유머감각은 연합군 지휘관들의 뜻을 잘 융화시켜 합의를 끌어내었으며 성공적인 작전을 수행할 수 있었다. 북아프리카 알 알라메인 전투에서 독일군에 대승을 거둔 명장이며 영국인 특유의 자만심으로 차있는 몽고메리 장군, 저돌적이며 고집불통의 육사선배 용장 패튼

몽고메리(영), 아이젠하워(미), 쥬코프(소), 라트르 장군(불) (Courtesy Wikipedia)

장군 같은 지휘관들을 거느리는 연합군 최고 사령관 자리에 아이젠하
워 같은 인물이 아니면 부대지휘가 어려웠을 것이다. 마셜 참모총장은
이러한 아이젠하워의 인품을 잘 알고 적재적소의 인사를 한 것이다.

성공한 군인 대통령 아이젠하워

전쟁이 끝나고 아이젠하워는 육군참모총장, 컬럼비아대학 총장, 나
토군 사령관을 역임하였다. 그의 인기가 올라가자 대통령 출마를 권유
받았으나 해리 트루먼 대통령과의 신의를 지키기 위해 사양했다. 미국
에서 정치인들에게 참전용사라는 경력은 예나 지금이나 큰 자랑이었
다. 더욱이 전쟁영웅에 대해서는 절대적이었다.

얼마 전 고인이 되었지만 선거 때만 되면 공화당 대통령 후보로 거론
되는 이가 있다. 베트남전의 영웅으로 불리는 맥케인 상원의원이다. 미
해군사관학교 출신인 그는 해군 전투기 조종사로 베트남전에 참전하였
다가 격추당하여 다리와 가슴에 파편상을 입고도 모진 고문을 견디며

4년 9개월간 포로생활을 했다. 상원의원 시절 막내아들을 이라크 전쟁터로 보내면서 병력 증파를 주장하였다.

아이젠하워는 20년 민주당 집권을 멈추려는 공화당 권유로 대선에 출마하여 당선되었다. 그는 2차 대전 이후 보수 여당 공화당 대통령이었지만 인종문제, 복지문제, 노동 문제에서는 진보적 정책을 취하여 폭넓은 지지를 받았다. 그가 흑백 갈등을 해소하는데 기울인 노력은 제2의 노예해방으로까지 평가되었다.

그의 전반기 임기 중 미국경제는 호황을 누렸다. 전국을 연결하는 주간(州間, Inter State) 고속도로망의 건설은 대표적인 치적이다. 전 구간이 중앙분리대로 나뉘고 편도가 최소한 2차선이 되는 500억 달러의 엄청난 예산은 연방정부가 90%, 주정부가 10%를 부담했으며 재원은 휘발유가격에 세금을 부과해서 충당하였다. 세계 최대의 이 고속도로망 건설은 1956년에 시작되어 2006년까지 75,440㎞에 달하는 대규모 토목공사로 2차 세계대전 이후 미국을 세계 경제대국으로 끌어올린 미국경제의 대동맥이다.

학교, 공공장소, 교통수단 등에 White Only(흑인 출입금지)판이 붙어 있던 시절, 아이젠하워의 반인종 차별 노력은 인도주의적 큰 치적이었다. '분리하지만 평등하게'라는 눈 가리고 아웅하는 식의 정책이 위헌이라는 1954년 연방 대법원의 판결에도 불구하고 1957년 아칸소주 리틀록(Little Rock)에서 백인 공립학교에 흑인 학생들의 등교를 막는 사건이 벌어졌다.

흑백갈등에 공정사단 투입, 흑인 인권보호

흑인 학생의 등교를 주 방위군을 동원하여 막은 주지사의 조치에 아이젠하워 대통령은 육군 정예 101공정사단을 보내 등교하는 흑인 학생들을 보호하게 했다. 어느 누구도 정의를 막지 말라는 아이젠하워 대통령의 단호한 메시지는 백인들의 심장 깊숙이 숨어있는 양심을 일깨우는 호소였으며, 흑인 민권운동의 시발점이 되었다.

아이젠하워는 군 출신어서 군수산업의 생리를 꿰뚫어 보고 있었다. 그는 군산 복합체의 과도한 국방예산 수요를 줄여 복지 사회분야에 썼다. 소련 상공에서 미국 정찰기 U-2기가 격추되고 소련에 인공위성 발사 선제권을 빼앗겨 비판을 받기도 했으나 NASA(항공우주국), DARPA(국방기술연구소)를 신설하여 우주경쟁에 앞서는 기틀을 마련하였다. 외교적으로도 수에즈 운하 국유화 조치에 따른 수에즈 전쟁을 종식시키고, 중동지역에 대한 경제원조를 통하여 미국의 중동지역 우위를 견지하였다.

아이젠하워 대통령 시기는 거의 완전고용이 실현되었으며 지금도 아이젠하워의 인기는 역대 대통령 가운데 10위 안에 든다. 루스벨트 이후 3선 금지 헌법규정이 없었다면 그의 3선은 무난했으리라는 후문이다. 그는 전통 주간지 타임지에 1944년 장군으로서, 1959년 대통령으로서 올해의 인물로 올랐다.

한국전쟁 최전선 시찰한 초유의 미국 대통령

아이젠하워가 대선후보로 뜰 때 한국은 전쟁의 수렁에 빠져 있었으며 많은 미군이 참전하여 피를 흘리고 있었다. 그는 대통령에 당선되

한국 전선의 아이젠하워(이승만 대통령, 백선엽 장군) (Courtesy Wikipedia)

자마자 1952년 12월 당선자 신분으로 한국을 방문하여 전선을 시찰하고 미군장병들을 위문했다. 한국을 지키겠다는 미국의 단호한 의지를 보여주었다. 그의 유일한 아들이 한국전쟁에 대대장으로 참전했다. 한국전쟁은 그의 부임 후 휴전되었다. 그는 1960년 4·19혁명 직후 허정과도 내각 시 대통령 자격으로 다시 한국을 방문하였다. 정부수립 이후 한국을 방문한 첫 미국 대통령이었으며 그를 환영한 서울시민 인파는 100만에 달했다.

아이젠하워의 성공비결은 그의 얼굴에서 읽을 수 있듯이 솔직담백한 성품에 탁월한 균형감각을 들 수 있다. 단순하고 명쾌한 생활태도는 위기를 맞을 때 문제를 쉽게 해결할 수 있게 해주었다. 그는 외유내강의 지도자였다. 그는 이미 노르망디 상륙작전을 성공시켜 세계대전을 승리로 이끈 영웅이었기에 대통령이 되기 이전에 전쟁 영웅 프리미엄을 누리고 있었다.

그는 여러 정책을 주도적으로 시행하면서도 부하들에게 공을 돌리는 여유와 미덕을 보였다. 한 여인의 말이 있다.

"맥아더를 만났을 때 난 그가 얼마나 대단한 장군이었는지 알게 되었다. 아이젠하워를 만났을 때 나는 내가 얼마나 매력 있고 사랑스러운 여자인지를 알게 되었다."

아이젠하워의 성품을 단적으로 표현한 말이다.

- 22 -

경이로운 잉카제국의 유산 마추픽추

황금의 비밀도시, 콘도르는 알고 있다

녹녹치 않은 마추픽추 혼자 여행
아시아계 인종 인디오 후손들
콜럼버스 이전 남미 최대의 잉카제국
태양신 섬기고 케추아어 사용
일본 도쿠가와 막부 참근교대제의 원조
신비에 쌓인 고산마을 마추픽추
비상 비밀통로 잉카브리지
영원한 수수께끼 황금의 비밀도시 빌카밤바
엘 콘도르만 아는 마추픽추의 비밀

녹녹치 않은 마추픽추 혼자 여행

페루는 여름이 시작되기 전 11월이 좋은 계절이라 하여 오래전부터 별러 떠난 마추픽추 여행길, 현지인의 도움 없이 혼자 여행하기는 그리 간단치 않았다. 수도 리마에서 비행기로 쿠스코로 가서 마추픽추 가는 기차만 타면 되는 줄 알았더니 쿠스코에서 기차 길을 벗어나 몇 곳 관광지를 돌아보며 마추픽추로 가는 자동차 우회 길이 있는 걸 몰랐다.

마추픽추로 가는 초행의 여행객들은 대부분 비행기로 3,500m 고지의 쿠스코로 가서 잠시 둘러보고 고산병을 피해 바로 해발 2,800m 신비의 계곡(Sacred Valley) 우르밤바(Urbamba)로 내려가 쉬고 마추픽추로 간다. 여행사에서 그렇게 일정을 잡아준다. 가는 도중 인디오 마을, 테라스 농경지, 잉카염전 등 잉카흔적을 볼 수 있다. 우르밤바에서 약 20분 내려가 또 하나의 잉카유적 오얀따이땀보 사원을 보고 마추픽추로 가는 기차를 탈 수 있다. 혼자 간 사람에겐 쿠스코 한국 민박집 주인의 도움이 없었다면 기차표를 바꾸기도 어려웠을 테고 똑같은 길을 왕복해야 할 뻔 했다.

워낙 관광객이 많은 곳이라 뭐든지 미리 준비하고 줄 서서 기다려야 했으며 마추픽추 입장권도 쿠스코 여행사를 찾아가 미리 사놔야 했고 마추픽추 아랫마을 아구

친체로 인디오 마을

아스 깔리엔테(Aguas Calientes)에 도착해서 익일 마추픽추로 오르는 30분 거리 버스표를 파는 곳도 물어물어 골목길을 찾아가서 20분은 기다려야 했다. 리마에서 코카 잎을 구해 씹으면서 갔지만 숨이 가쁘고 가슴이 뻐근한 고산증은 피할 수가 없었다.

아시아계 인종 인디오 후손들

오늘날 페루인구 3천2백만 가운데 약 절반(45%)이 인디오이다. 37%는 백인혼혈 메스티소, 15%는 백인들이다. 원주민 인디오의 비율은 멕시코(30%)보다 높다. 수만 년 전 아시아계 인종이 베링해를 경유해 북아메리카로 들어가 인디언으로 정착하고 중앙산지 및 남쪽 라틴 아메리카로 퍼져나간 그들은 인디오로 정착했다는 설이 있으나 고고학적 증거가 아직 발견되지 않았으며 설이 분분하다.

영국과 프랑스 등 유럽 나라들이 식민지로 개척한 북아메리카에서는 현지인들을 아메리카 인디언(American Indian)이라 불렀고, 스페인이 개척한 남아메리카에서는 스페인 식으로 인디오(Indio)라고 불렀다. 이들은 모두 같은 인종들이며 멕시코, 중미, 남미에 마야(Maya) 문명과 아즈텍(Aztec) 문명 그리고 잉카(Inca) 문명을 남겼다. 멕시코와 과테말라 지방에서 발달한 마야와 아즈텍 문명은 대표적인 인디오 고대문명으로 정교한 역법체계와 고유의 우주관, 종교, 언어들을 가지고 있었다.

안데스 문명은 BC 1000년경 현재 푸나라고 불리는 페루 고원지대에서 싹트기 시작했다. 초기 인디오들은 유목민이었을 것으로 추정된다. 안데스 학자들은 잉카제국 이전에 티티카카(Titicaca) 호수 주변에서 약 500년간 종교 의식과 행정 중심도시로 매우 번영했던 티와나쿠(Tiwanaku) 문명을 발견했다. 남미에서 인디오 유적은 페루에서만 볼 수 있다.

콜럼버스 이전 남미 최대의 잉카제국

잉카(Inca)제국은 고대 인디오 문명에 기원을 둔 인디오 왕국 중 하

인디오 여인

나로 13세기 초 페루의 한 고원에서 기원하였다. 페루와 볼리비아 일대 안데스산맥에서 발달하여 1438년 본격적으로 역사 시대를 열었으며 스페인에 정복당한 1532년까지 약 백년 가까이 전성기를 누렸다.

잉카제국이란 사파 잉카(Sapa Inka, 유일한 잉카)라는 쿠스코(Cusco) 왕국 군주의 호칭을 서양에서 쓰는 명칭이다. 원래 이름은 타완틴수유(Tawantinsuyu)이다. 네 개(Tawa) 그룹(ntin) 지방(suyu)의 결합어이다. 잉카제국이 네 개의 지방으로 되어있다는 뜻인데 수도 쿠스코는 문자 그대로 네 개의 suyu 모서리에 위치해 있다. 여러 종족들을 복속시키고 통합하여 제국이라 불린다.

첫 통치자는 망꼬 카팍(Manco Capac)이었다. 그는 3,810m 고원에 있는 티티카카 호수 태양의 섬에서 태어났다고 한다. 잉카제국은 중앙고원인 쿠스코에서 기원하여 연안 쪽으로 세력을 확장해 나갔다.

태양신 섬기고 케추아어 사용

그들은 태양신을 섬겼다. 북으로 콜롬비아로부터 남으로 칠레 북부까지 그리고 동으로 안데스 동부 계곡지대부터 서로 태평양 연안까지 방대한 지역에서 약 1세기 동안 번영했는데, 오늘날 에콰도르, 페루 남서부, 중앙 볼리비아, 북서 아르헨티나, 북부 칠레 그리고 콜롬비아 남부 등 안데스산맥을 중심으로 방대한 남서 아메리카 지역을 아울렀다.

잉카제국은 9대 파차쿠티 잉카(Pachacuti Inca Yupanqui, 1438~1471) 때 전성기를 이루었다. 그는 쿠스코를 중심으로 하는 케추아(Quechua)족의 족장이 된 후에 강력한 제국의 왕으로 번성하였다. 케추아는 타완틴수유라고도 한다. 그는 태양의 아들로 숭상되었고 그의 말은 법령이었으며 야만족을 정복하여 문명화하고 케추아 문화권으로 통합하였다.

잉카사회는 오레호네스(Orejones)라 부르는 혈족귀족, 특권귀족이 있어 쿠스코에 거주하면서 호화로운 생활을 하고 면세특권을 누렸다. 혈족귀족은 왕가의 친척과 죽은 왕의 후손들, 특권귀족은 피정복 부족의 왕과 그 후손, 그리고 전공을 쌓아 왕의 은전을 받은 포상자들이 포함되었으며 기타 일반주민들은 노동자에 불과했다.

잉카제국은 고산지대에 44개 부족 집단, 연안 오아시스 지대에 38개 부족집단으로 산재해 있었는데 정복지의 모든 주민에게 케추아어를 교육시켜 언어의 통일을 이루었다. 케추아어는 오늘날에도 여러 방언으로 퍼져 1천만 남미 인구가 쓰는 남미 토속 언어이다.

각 지역 지배계층 자녀들을 쿠스코에 모아 집단적으로 교육했다. 그들의 도덕개념은 거짓말하지 말 것, 도둑질하지 말 것, 나태하지 말 것 등이었다. 새로운 정복지에는 미티마에스(Mitimaes)라는 집단을 파견하여 잉카주민으로서의 언어, 농경술을 가르쳐 생산을 증대시키고 제국의 통일을 기하였다.

일본 도쿠가와 막부 참근교대제의 원조

재미있는 것은 그들의 지방 행정조직이었다. 잉카제국 사회는 목적에 따라 10단위 가정으로 분류하여 친척들로 마을을 형성한 아이유(Ayllu)가 있었다. 10가정(Chunca), 100가정(Pachaca), 1,000가정(Huranga), 10,000가정(Huno)으로 구성하여 연간 그들 가족의 생계유지에 필요한 땅을 가족 대표들에게 나누어 주었다. 이들 단위는 인구 증가로 계속 확대되어 제국의 최전성기인 1520년 우아이나 카팍(Huayna Capac) 집권시기에는 30만 개 이상으로 늘어나 중앙정부에서 왕실 감독관을 주기적으로 파견하여 관리하였다.

10,000 가정 이상 지역의 최고 지도자들은 매년 쿠스코에서 회합을 가지고 세금을 납부하며 왕의 선물과 노예들을 하사받고 잉카왕실이 교육시키는 자녀들을 방문하기도 하는 매우 효과적인 정치를 했다. 쿠스코 왕국은 정복지의 지도자 자녀들과 큰 아이유 지도자들의 자녀들을 데려다 쿠스코에 머물게 하면서 교육을 시켰는데 이는 일종의 인질 정책으로 통치의 수단이었다. 일본 도쿠가와 막부시대 참근교대제(參勤交代制)와 같다.

'처자식은 에도에 남겨 둬라. 지방 영주들은 해마다 에도에 와서 통치자를 배알할 것' 도쿠가와 막부는 지방 번(藩)들의 영주를 1년 단위로

잉카인의 석축(16세기)   일본 에도 성의 석축(17세기)

에도(도쿄)에 와서 거주하게 하는 일종의 인질제도를 만들어 통제력을 강화한 제도였다. 일본이 잉카제국의 통치 방식을 본떠 간 게 아닌가 싶다.

잉카제국은 방대한 제국의 영토를 연결한 도로망, 산악지대 경사면 경작을 위한 수로 구축, 시멘트 없이 건설한 왕궁과 요새들, 돌 조각과 벽화, 금속 장신구, 알파카 털로 직조하고 매듭을 지어 여러 색깔로 꼰 결승문자 등을 썼는데 오늘날 잉카문명의 유산으로 남아있다.

잉카문화는 석축(石築)문화라 할 만큼 그들의 유적지를 돌아보면 돌 담들이 쌓여 있다. 이집트와 멕시코의 피라미드, 중국의 만리장성을 본 사람들에겐 마추픽추의 돌덩이에 대해서는 크게 감흥을 느낄 수 없 겠지만 그들의 돌 다듬는 솜씨에 대해서는 경탄을 금할 수 없을 것이 다. 톱니 같이 각진 바위들을 맞물려서 이가 잘 맞게 다듬어 빈틈없이 쌓은 기술은 놀랍다.

잉카족들은 왜소하고 땅딸한 체구다. 평균키 남자 157㎝, 여자 145

마추픽추

㎝이다. 그들의 폐활량은 다른 종족보다 세 배 이상 뛰어나고, 맥박은
느리다. 핏속에 산소를 나르는 헤모글로빈 수치가 2배 이상 높고 혈액
도 2리터 이상 많다. 고고학자들은 해발 5,300m 알티플라노 온대지역
에서 안데스 문명의 흔적을 발견했다. 잉카족들은 엄청난 고도에서 잘
견딜 수 있는 신체조건을 갖추고 있었다.

잉카제국은 일단의 스페인 정복자들에 의해 1532년 소멸했다. 현지
인디오들로 증강된 스페인 정복자 피사로(Francisco Pizarro)가 이끄는
168명의 스페인군은 까하마르까(리마북방 5백km)전투에서 사파 잉카군을
격파하여 아타우알파(Atahualpa)를 포로로 잡고 처형함으로서 백년 가
까이 이어 왔던 잉카제국은 멸망했다.

신비에 쌓인 고산마을 마추픽추

'늙은 봉우리'라는 뜻의 마추픽추는 산 이름이다. 그 능선에 자리 잡
은 이 마을을 사람들은 마추픽추라 부른다. 평소 문헌을 통해 잘 알려

진 유적이었지만 막상 눈앞에 담고 보니 감회는 컸다. 쿠스코에서 버스 기차를 갈아타며 급류 우르밤바강 깊은 계곡을 굽이굽이 돌아 120㎞ 정도 준령을 내려가서 어렵게 현장에 접근하고 보니 강세(强勢)를 피해 외진 곳에 숨어 살려 했던 건실자들의 의노는 쉽게 읽혀졌다.

마추픽추 현장을 찾아 접근하면서 그들은 왜 이 외진 곳에 와서 살았는가 하는 의문이 점점 커졌다. '스페인 침략자들을 피해 산속 깊숙한 곳에 세운 도시다', '스페인에 맞서기 위해 군사훈련을 하기 위한 비밀기지였다', '홍수를 피하기 위해 고지대에 건설한 피난용 도시다' 등 여러 가지 설들이 있는 신비의 도시이고 보니 쿠스코를 떠나면서부터 눈에 드는 것 하나하나 예사로 넘길 수가 없었다.

주변 험준한 고산군에 둘러싸여있는 계곡 아래 푸엔테 루이나스에서도 400~500m는 가파른 비탈길을 올라가야 한다. 지금은 열세 구비 갈지자 길을 닦아서 버스로 오르면 20분 정도 걸리지만 숲속으로 가파

천 길 낭떠러지에 숲을 따라 비밀통로가 나있다

른 길을 걸어서 오르면 2시간 산길이다.

해발 2,280m 산정 능선에 위치하여 우르밤바강 열대 우림이 무성한 정글에 가려져서 아래쪽에서는 눈에 띄지 않아 비밀도시라 할 만한 입지에 있다. 스페인 정복자들에게 발견되지 않아 파괴를 면할 수 있었다고 한다. 비행기가 없던 시절에는 하늘을 비상하는 콘도르(Condor, 남미 대륙에만 서식하는 독수리과 맹금류)만이 내려다 볼 수 있었을 것이다.

비상 비밀통로 잉카 브리지

유사시에 대비해서 비상 비밀통로도 만들었다. 마추픽추를 내려다보는 능선 뒷길 수풀을 헤쳐 올라가면 잉카 브리지(Inca Bridge)로 간다. 현기증이 나는 천 길 낭떠러지를 내려다보며 한 줄로 서야 갈 수 있는 좁은 길은 중간쯤 막아 놓은 곳까지 왕복 한 시간 거리이다. 절벽 가운데쯤 길이 끊어져서 통나무 다리로 4~5m를 이어 놓은 절벽길이다. 사람 키만 한 숲으로 이어진 길은 멀리 아득하게 끝부분이 보인다. 워낙 위험한 길이라 입구에서 관리인이 출입 시간과 이름을 쓰게 하고 통제한다. 그 옛날 잉카인들만 아는 비밀통로이다.

영원한 수수께끼 황금의 비밀도시 빌카밤바

1532년 쿠스코 잉카제국이 스페인 침략자들에 의해 붕괴되자 잉카인들은 더욱 은밀한 곳으로 숨어들게 되었고 새로운 도시를 건설하였다. 그 도시는 '매우 높은 산꼭대기에 있고 정교한 기술로 건축된 장대한 건물들이 솟아있는 '빌카밤바'라는 비밀도시다'라는 기록을 본 미국의 탐험가이자 역사학자 하이람 빙엄(Hiram Bingham, 1875~1956)은 이를 찾아 나섰다. 1911년 7월 그는 풀숲에 덮여있는 계단식 밭을 거슬러 올라가 산 위에 펼쳐져 있는 이 유적을 발견하였다. 4백 년 넘는 긴 잠에서 깨어난 것이다.

신진, 왕녀의 목욕낭, 서민 주거 지역 등 고고학자들이 이름을 매겨 놓은 걸 보면 보통 잉카인들이 살았던 곳은 아니었다. 쿠스코에서 밀려난 왕족과 그 추종세력들이 피난 가서 새로운 작은 왕국을 건설한 것으로 믿어진다. 잉카제국의 황제 잉카 망코와 그의 자식들이 1572년까지 스페인에 저항하며 숨어살던 은신처 빌카밤바가 바로 여기일 것이다. 그러나 스페인 침략 이전인 1460년경 이미 이 도시가 세워져 있었으며 약 100년 후 스페인에 정복당할 무렵에는 폐허가 되어 있었다는 학자들의 주장도 있어 정설은 없다.

엘 콘도르만 아는 마추픽추의 비밀

빙엄이 발견한 이곳이 그 수수께끼의 도시 빌카밤바라고 생각되지만 그들이 쿠스코에서 갖고 도망쳐서 숨긴 황금이 발견되지 않아 빌카밤바는 더 깊숙한 안쪽에 있을지 모른다고 말하고 있다. 그러나 그 어디에서도 기록에 기술된 것과 유사한 이 황금의 도시는 발견되지 않았으니 마추픽추가 바로 그 비밀도시임은 자명해 보인다.

이 도시는 고산지대 생활을 유지하기 위해 산 경사면을 계단식 밭으로 일구어 농지를 만들고 물을 끌어들여 안정된 농경생활을 영위하여 1만 명을 수용하고 살았다고 하니 믿겨지지 않는다. 그 어딘가에 있을 것이라고 믿어지는 빌카밤바는 오직 구전되어 내려오는 신비의 황금도시일 뿐인 것 같다.

그러나 그들은 마추픽추를 비우고 홀연히 떠났다. 어디로 왜 떠났는지
는 알 수 없다. 더욱 안전한 곳을 찾아 더 크고 새로운 잉카왕국을 건설
하기 위해 떠나갔든지 아니면 악조건의 주거환경을 극복하기 어려워 떠
났는지 알 수 없다. 일부 학자들은 원인모를 이유로 모두 사망했다고도
주장한다. 잉카인들이 집념을 가지고 엄청난 중노동으로 건설한 이 공
중도시를 포기한 것은 수수께끼이다. 마추픽추에서 내려오는 버스 관광
객들에게 열심히 손을 흔드는 계곡 마을의 어린 아이들이 그 옛날 산에
서 내려와 흩어져 사는 인디오들의 후손들일 거라는 생각이 들었다.

하늘을 비상하는 콘도르는 떠나가는 인디오들의 마음을 읽었을까?

'달팽이보다는 참새가 되련다
길보다는 숲이 되련다
콘도르야 나를 안데스로 데려다 주렴
고향으로 돌아가 형제들과 살고 싶다'

페루 안데스 Ausangate 산 (Courtesy Jeremyfrimer Wikimedia)

스페인 침략에 맞서 항거하다 포로가 되어 처형당한 투팍 이마루 (1742~1781)의 영혼을 달래는 노래 '엘 콘도르 빠싸'(El Condor Pasa), 마추픽추를 버리고 떠나는 인디오들의 심정을 구성진 팬플루트(Pan Flute) 음률로 후세들이 남긴 건 아닐까? 마추픽추의 신비스런 비밀들…. 하늘 높이 비상하는 콘도르는 알고 있을 것만 같다.

물은
고이면 흐려지고
흐르면 맑다
여행은 언제나
내 마음을
맑게 해주었다.

PART **2**

동양 편

-1-

열강들 몰아낸 아시아 강국 베트남

혁명가 호치민과 베트남 전쟁

2천 년 중국 변방 제후국에서 프랑스 식민지로
호치민, 프랑스에서 민족의식 깨우고 공산당원 돼
모스크바 레닌 10월 혁명 공산주의 학습
국공합작(國共合作) 중국 공산당에 파견
중국에서 평생동지 지압 장군 만나
디엔 비엔 푸 전투로 마감한 독립전쟁
미국 패퇴시킨 베트남 전쟁, 공산주의의 승리
베트남 전쟁이 남긴 교훈

2천 년 중국 변방 제후국에서 프랑스 식민지로

베트남(Viet Nam, 월남, 越南)은 동남아시아의 강국이다. 그들의 역사를 짚어보면 이는 의심의 여지가 없다. 이웃 강국 중국의 2천 년 압력에서 벗어났고, 근세에는 서구 열강 프랑스 제국주의 침략을 물리쳤으며, 일본의 강점을 견디어 내고 최근에는 세계 최강국 미국을 패퇴시켜 사회주의 공산국가로 통일을 이루었으니 말이다. 군사력은 보잘것없지만 근성의 국민성과 끈질긴 저항정신, 그리고 탁월한 혁명지도자의 지도력 때문일 것이다.

인도차이나빈도는 지명 그대로 강대국 인도와 차이니 중간에 위치하여 지정학적으로 인접한 중국의 영향권을 벗어나지 못했다. 기원전 진시황의 진나라 때부터 근세 청나라에 이르기까지 줄곧 중국의 변방 제후국으로 살아왔다. 조공을 바치고 왕조가 바뀔 때 윤허를 받고 국호까지 물어서 결정하곤 했다. 이는 우리 역사와도 흡사하다. 그들에게도 우리 고조선과 같은 신화적 고대사가 있다.

그러나 통일된 모습을 갖춘 나라다운 나라는 10세기 후반에 시작된 다이 비에트(Dai Viet, 大越國, 968~1802)에서 비롯된다. 그 뒤를 이은 응우옌(Nguyen, 阮, 1802~1945) 왕조는 베트남 최후의 최대 통일왕조였으며 Viet Nam이라는 국호를 쓰기 시작했다. 이 왕조 140여 년간은 근대사의 큰 격동을 겪는 수난의 시기였다.

19세기 중반 서구열강의 제국주의들은 쇄국하는 동양의 나라들에 몰려와 함포를 들이대고 문호개방을 강요했으며 이는 동아시아의 모든 나라들이 겪은 역사였다. 중국, 일본, 조선과 동남아시아 국가들이 외세의 강압에 개항을 하고 하나둘 열강들에게 먹혔다. 일본만 예외다. 베트남도 일찍이 눈독을 들이던 프랑스에 점령당했다.

영국이 청나라에 아편전쟁을 일으켜 난징조약(1842)을 맺는 걸 보고 고무된 프랑스는 1862년 베트남이 프랑스 선교사 5명을 감금한 것을 계기로 다낭(Da Nang)항을 공격하여 베트남 함대를 격파하고, 사이공

조약을 체결하여 다낭항 등 3개 항 개항, 동부 3성 할양, 기독교 포교, 메콩강 자유 항행권을 보장받아 식민지 전초작업을 다졌다.

이에 베트남을 잃을 수 없다는 청은 서태후의 강경한 뜻에 따라 이홍장이 선전 포고하고 청불전쟁(1884)을 일으켰으나 패퇴하여 종주권을 상실하였으며, 베트남은 2천여 년 간의 중국 영향권에서 벗어났다. 1885년 베트남은 캄보디아, 라오스와 함께 프랑스령 인도차이나로 편입되었다.

프랑스는 베트남 식민지를 통킹(북부 하노이 지역 11만 6천㎢, 반보호령), 안남(중부 후에 다낭 일대 13만 8천㎢, 보호령), 코친차이나(남부 메콩강 삼각주 사이공 일대 7만 7천㎢ 직할령)로 구분하여 통치했다. 안남은 679년 중국(당)이 하노이에 안남도호부를 둔 데서 그 지명이 시작된다.

호치민, 프랑스에서 민족의식 깨우고 공산당원 돼

베트남 근대사는 호찌민(胡志明, 1890~1969)을 빼놓고는 얘기할 수 없다. 프랑스 식민 통치 초기인 1890년 베트남 중부에서 태어난 그는 중학교 때부터 민족주의 의식이 싹텄다. 1911년 21세 때 프랑스 선박 선원으로 취직하여 프랑스로 향했다. 이로부터 30년간 그는 조국을 떠나 있었다. 파리에서 사진 수정사로 일하며 좌익 계열 인사들과 접촉하고 여러 잡지에 글을 기고했다. 청년 시절 프랑스를 오가며 식민지 해방 운동에 눈을 뜨고 프랑스 공산당원으로 새로운 투쟁 방식을 모색했다.

1917년 '프랑스 식민주의에 대한 규탄'이라는 반제국주의 논문을 발표해 좌파의 주목을 받고 유명 인사가 되었다. 프랑스 사회의 빈민층

동독 청소년 연맹 학생들과 호찌민 (Courtesy Wikipedia)

에 대한 이해는 그를 마르크스주의에 심취하게 했다. 1차 세계대전 후 1919년 1월 18일 파리 강화회의서 '베트남 인민의 요구 8개항'을 발표하였다. 이는 윌슨의 민족자결주의와 일치하였으나 강대국들의 특권 이익 앞에서는 무용지물이었다. 이 회의에 우리나라에서는 임시정부 김규식이 참가했었다.

1920년 투르(Tour)에서 열린 프랑스 사회주의 전당대회에서 연설하고 사회당이 소련의 코민테른(제3 인터내셔널)을 지지하는데 가담하여 프랑스 공산당 창립과 함께 당원이 되었다. 코민테른(Comintern)은 러시아 혁명에 성공한 레닌(1870~1924)이 주도하여 1919년 모스크바에서 창설된 국제공산당으로 공산주의를 세계로 수출하기 위한 공산주의 국제연합체이다. 정기적으로 전당대회를 열어 각국의 공산당 지도자들을 불러 모아 상호 연계를 강화하고 활동을 지도하며 세계 자본주의 제도를 타도하고 1당 독재를 통한 공산주의 건설을 목표로 했다. 1924년 중국 국민당과 공산당의 국공합작도 이 코민테른의 산물이다.

모스크바 레닌 10월 혁명 공산주의 학습

호찌민은 파리에서 프랑스 식민지 인민연맹을 결성하여(1921) 그 기관지인 '르 파리아'의 편집인 겸 발행인으로 일하면서 공산주의 이론을 연마하였다. 프랑스 공산당원으로 초기 활동을 시작한 그는 같은 시기에 러시아에서 이루어진 레닌 10월 혁명에 큰 관심을 가졌다.

그는 프랑스 사회당의 권유로 1923년 겨울부터 1년간 모스크바 아시아 노동자 대학에 다니며 트로츠키, 드미트로프, 부카린 등 러시아 혁명가들과 가까이 지냈다. 그리고 '강대국에 종속된 아시아의 모든 인민은 서구 노동자와 함께 자본주의의 희생자다'라는 레닌의 말에 관심을 갖는다. 이는 동양의 식민지 민족 해방운동을 지원하겠다는 레닌의 테제였다.

호찌민은 사회주의적 공산주의만이 억압받는 민족과 노예상태에 있는 노동자들을 자유롭게 할 수 있다고 생각했다. 레닌에게서 마르크스의 이론에 대한 실천과 혁명의 기술을 배운 것이다. 1924년에는 공산당 정수들이 교육받는 모스크바 국제 레닌학교에서 공산주의를 학습하고 모스크바 코민테른 제5차 대회에 출석하여 동방부 상임위원으로 2년간 체재하면서 혁명사상을 익히고 사회주의 혁명가 자질을 길렀다.

소련에서는 그를 피압박 민족 투사의 모델로 여겼다. 1991년 내가 모스크바 한국 대사관에 근무할 때, 모스크바 시내 번화가에 서 있는 적지 않은 호찌민의 동상을 보고 그가 소련이 길러낸 위대한 혁명가였구나 하고 감탄한 일이 있다. 마오쩌둥, 카스트로, 티토 등 많은 인물들이 있지만 호찌민에 대한 소련의 애착이 그만큼 크다는 의미다.

국공합작(國共合作) 중국 공산당에 파견

코민테른은 1925년 호찌민을 중국으로 파견하여 1차 국공합작(1924년 대군벌합작)으로 군벌과 싸우는 장제스군에 파견된 소련 군사사절단에 합류시켰다. 광둥(廣東)에서 호찌민은 베트남 혁명청년동지회를 결성하여 본격적인 식민지 해방투쟁을 시작하였다. 그러나 장제스가 중국 공산주의 운동을 탄압하자 블라디보스토크에서 시베리아 횡단열차로 모스크바로 갔다.

이후 호찌민은 모스크바에서 중국 남부 태국으로 파견되어 베트남 주변에서 혁명 운동을 했다. 1930년 코민테른 지시로 인도차이나 공산당을 창립하여 중국에 기지를 두고 베트남 청년혁명동지회를 결성하여 베트남인을 인도차이나 지하조직으로 파견하였다. 1932년 홍콩서 영국 밀정에 체포되어 1933년 풀려나 상해에서 쑨원의 부인 쑹칭링(宋慶齡)의 도움을 받아 다시 모스크바로 탈출했다.

호찌민은 응우옌 아이 꾸억(阮愛國)으로 이름을 바꿨다. 장제스 국부군이 2차 국공합작(항일합작 1937)으로 항일전에 나서자 장제스의 도움을 받으려 중국으로 향하던 중 국경에서 장제스 군대에 잡혀 1년간 투옥되었다. 장제스가 항일전을 한다지만 공산주의를 탄압하는 내심을 몰랐던 것이다.

미국 OSS의 구조를 받아 풀려난 그는 미국과 친하게 지내려 했으나 미국은 대프랑스 관계로 그를 외면했다. 그럼에도 호찌민은 항일 장제스를 돕기 위해 쿤밍에 주둔한 미군 14비행단장(Flying Tiger, 체놀트 장군)의 물자지원을 받았다. 이들은 미국 정부에서 보낸 공식 지원군이 아

중국 미 OSS 대원들과 호찌민 지압 (Courtesy Wikipedia)

닌 민간 지원단체였다.

중국에서 평생동지 지압 장군 만나

호찌민은 1940년 중국 쿤밍에서 중국 공산당 조직과 함께 활동할 때 평생을 함께한 동지 팜 반 동(Pham Van Dong)과 보 응우옌 지압(Vo Nguyen Giap, 1911~2013)을 만났다. 호찌민은 그들을 옌안(延安)의 마오 쩌둥 팔로군(八路軍)에 보내 게릴라 전술을 익히게 했다.

1941년 조국을 떠난 지 30년 만에 일제 강점하의 베트남에 잠입하여 베트민(베트남 독립 연맹, 越盟)을 결성하고 항일 민족해방운동에 주력하였다. 그러나 지원을 해줘야 할 소련은 독일과 독소 불가침조약을 체결하여 독일과 동맹인 일본의 침략을 묵인하였으며 항일투쟁이 어려움에 처하면서 그는 소련의 지도로부터 벗어났다.

1945년 8월, 인도차이나를 점령했던 일본이 패전하자 하노이에 입성한 호찌민은 민족해방위원회 의장이 되어 9월 베트남 민주공화국 독립을 선포하고 정부주석에 취임하여 응우옌 왕조를 종식시켰다.

평생을 독신으로 검소하게 산 호찌민은 언제나 베트남 국민을 생각하는 민족주의자였으며 외세와 싸운 혁명가였다. 프랑스에서 식민지 해방운동을 시작했고, 모스크바에서 그 방법을 배웠으며 중국과 베트남 변방에서 실행에 옮긴 것이다.

"거창한 장례식으로 국민 세금을 낭비하지 마라. 내 시신은 화장해서 베트남 북부, 중부, 남부지방에 뿌려라." 그의 유언에서는 어떤 권위와 위세도 찾아볼 수 없다. 그저 베트남인들이 존경하고 사랑하는 '호 아저씨'일 뿐이다.

디엔 비엔 푸 전투로 마감한 독립전쟁

2차 세계대전 이후 대부분의 약소국들이 독립을 했지만 강대국들은 베트남을 계속 프랑스의 지배하에 두기로 결정했다. 유럽에서 독일에 대항해 연합국 동맹으로 함께 싸운 미국도 전승국 프랑스 드골의 생각을 꺾을 수 없었다. 북에는 중국 국부군이, 남에는 영국군이 주둔하여 치안을 확보한 후 다시 프랑스에 돌려주기로 한 것이다. 베트남을 계속 지배하게 된 프랑스는 호찌민이 폐위시킨 바오다이(응우옌 왕조 13대 마지막 황제)를 왕위로 내세운 코친차이나(사이공 메콩강 일대 남부) 공화국을 세웠다.

베트남은 1946년 이후 프랑스와 8년간 전국적인 무력충돌이 생겨 베트남 독립전쟁(제1차 인도차이나 전쟁)을 치렀다. 1949년 중국에서는 장제스 국부군이 패퇴하고 마오쩌둥 공산정권이 들어서서 호찌민군은 중국의 지원을 받을 수 있었다. 보 응우옌 지압 장군이 이끄는 호찌민군은 1954년 디엔 비엔 푸 전투(3.13.~5.7.)에서 프랑스군을 격파함으로서 60여 년의 식민지 통치는 종말을 보았다.

디엔 비엔 푸 전투는 베트남군의 게릴라 작전으로 타격을 입던 프랑스군(앙리 나바르 장군)이 게릴라 거점을 압박하고 라오스를 통한 보급로를 차단하기 위해 하노이 서쪽 160㎞, 중국 국경 120㎞, 라오스 국경 30㎞ 지점 북부 산악지대 분지에 요새를 구축함으로써 시작되었다. 미국의 지원을 받는 프랑스군은 6천 명을 공수낙하하고 총 1만 6천 명을 요새에 투입하였다.

산악 밀림 게릴라전에만 익숙한 베트남군을 분지로 끌어내 우세한 포화로 결정적 타격을 줄 계산이었다. 그러나 베트남군은 수만 명에 이르는 농민들이 밀림을 헤쳐 보급선을 구축하여 자전거, 소와 말로 보

수용소로 이동하는 디엔 비엔 푸 프랑스군 포로(Courtesy Stringer AFP Wikimedia)

급품을 날랐다. 중국제 무기들로 무장한 베트남군은 길도 없는 산악을 3개월간 주야 강행군하여 프랑스군 기지 주위 고지들을 점령하고 프랑스군 기지를 포위하였다. 프랑스군이 예상치 못한 대기동이었다.

4만 8천 명의 우세한 베트남군은 3월 13일 총공격을 개시하여 프랑스군 전초기지들과 활주로를 파괴하고 프랑스군 보급선을 끊었다. 고립된 프랑스군은 56일간 버티다가 5월 7일 투항했다. 3천 명만 포로로 잡히고 모두 전사 실종되었다. 베트남군도 2만 5천 명의 손실을 입었다. 북아프리카 알제리 식민지 반란으로 고심하던 프랑스는 인도차이나에서 손을 떼었다.

프랑스 식민지배는 끝났지만 베트남은 완전독립에 실패했다. 7월 21일 제네바 회의에서 공산주의의 도미노를 우려한 미국이 반대하여 소련과 중국의 침묵 속에 17도선으로 분할되었다. 북베트남은 호찌민이, 남베트남은 프랑스의 꼭두각시 바오다이가 통치하도록 했다.

1956년 미국은 유명무실한 바오다이를 끌어내리고 망명생활에서 돌아온 고딘디엠(Ngo Dinh Diem)을 지원하여 대통령이 되었으나 무능한 그는 1963년 군부 쿠데타로 실각하고 남부 베트남은 혼란에 빠졌다. 호찌민은 선거를 통해 남북을 통일하자고 제의했으나 월남은 받아들이지 않았다. 공산화를 우려한 미국은 남부 베트남을 지원하면서 미군을 주둔시켰다.

미국 패퇴시킨 베트남 전쟁, 공산주의의 승리
베트남 전쟁의 막이 올랐다. 미국과의 전쟁이 시작된 것이다. 제2차 인도차이나 전쟁으로도 불린 이 전쟁은 1960년 친미 고딘디엠 정권 타도를 목표로 결성된 민족주의 성향의 남베트남 민족해방전선(NLF)에 공산주의자들이 합세하면서 시작되었다. 미국은 1961년 군사원조를 시작하고 북베트남이 미군 함정에 어뢰 공격을 한 1964년 통킹만 사건을 계기로 북폭(北爆)을 시작하여 전면전으로 확대되었다.

미국은 SEATO(1954~1977, 미국 주도로 창설된 동남아시아 방위조약기구: 반공 군사동맹)에 파병을 요청하여 타이, 오스트레일리아, 뉴질랜드, 필리핀 등 회원국과 한국 등이 참전하게 되었다. 미국은 1965년 20만 군대를 파견하였다. 전쟁은 월맹의 지원을 받는 NLF 소속 군사조직 베트콩(Viet Cong, 越共)과의 게릴라전이었다.

미군은 54만까지 증파하였으나 1968년 구정공세로 반전운동이 확산되면서 1969년 닉슨 독트린을 발표하여 철군을 결정하고 호찌민도 사망했다. 1973년 파리 평화협정을 체결하여 미군은 철수하였다. 월맹군은 1975년 사이공을 함락하고 월남전은 종식되었다. 미군의 철수로 전쟁이 끝났지만 이는 강대국 미국이 베트남에게 패한 전쟁으로 기록되었다.

베트남 전쟁이 남긴 교훈

나는 베트남 참전 용사다. 1967년부터 2년간 전투부대인 백마부대(보병 9사단)에서 소대장으로 1년, 그리고 대대민사심리전 장교로 1년간 중부 해안지대 투이호아(Tuyhoa)에 주둔했었다. 25세의 젊은 청년 장교로 1967년 3월 백마부대와 맹호부대가 벌린 오작교 작전 직후 28연대 1대대 2중대 1소대장으로 부임하여 홍길동 작전, 마두2호 작전 등에 참여하고 1968년 치열했던 구정 공세도 겪었다. 여러 작전과 매복 수색 작

베트남 전쟁 (Courtesy James K. F. Dung Wikimedia)

전에서 네 명의 소대원을 잃고 아홉 명의 부상자를 냈다. 총알이 빗발치는 교전 현장에서 살아남았다.

동작동 국립 현충원에 안장된 부하들 묘비 앞에 설 때면 그때의 기억으로 가슴이 아프다. 베트남전 참전은 나에겐 큰 의미가 있었다. 전장에서 사선을 넘었고 직업군인으로서 나의 운명을 시험해 보았으며 귀중한 전투경험을 쌓아 오랜 군 생활에 밑거름이 되었다. 그리고 내가 베트남 근세사의 한 장에 서 있었다는 자부심을 느낀다. 자유 수호를 위해 파병되어 목숨을 걸고 싸웠지만 월남은 결국 패망하고 공산화되었다.

베트남의 공산화는 우리에게 큰 교훈을 준다. 월남(Viet Nam)과 월맹(Viet Minh)의 체제가 우선 큰 요인으로 작용했다. 월맹은 탁월한 혁명 지도자와 그를 따르는 직업 혁명가들이 강한 결속력으로 뭉쳐 국민을 지도하고 이끌었다. 월남은 미국이 내세운 바오다이 정권과 고딘디엠 정부의 무능, 그리고 쿠데타로 집권한 세력들이 정국을 어지럽히고 구

종전 후 석방되는 미군 포로들(1973년) (Courtesy USAF Wikimedia)

심점이 없는 나라로 전락했다.

미국은 월남에 개입함으로써 공산화를 지연시키기는 했지만 베트콩의 끝없는 게릴라전에 휘말려 염전사상에 빠졌고, 반전운동이 확산되어 결국 철군으로 이어졌다. 미군이 빠진 월남은 순식간에 무너졌다. 약소민족국가가 초강대국과 전면전을 하여 패퇴시켰다는 전례 없는 역사의 기록을 남겼다.

우리는 어떤 정부가 들어서든 한반도의 현실을 직시해야 한다. 핵 개발, 우리민족끼리, 종전선언, 평화협정, 주한미군 철수, 한반도 적화의 수순을 노리는 북한의 계략에 정신을 바짝 차려야 한다. 국론이 분열되고 한미동맹이 깨지고 국방력이 약화되면 제2의 월남이 되는 것은 자명하다. 동맹이 없어지고 한반도가 적화되면 종래에는 중국의 속국이 될 것은 고려와 조선 시대의 우리 역사를 짚어 보면 의심의 여지가 없다.

- 2 -

앙코르 와트 그늘 속의 캄보디아

크메르 제국의 영화 되찾아야

공산당 킬링필드
밀림 속의 향기 앙코르 와트
캄보디아의 전성기 앙코르 왕조
외세의 그늘과 광란의 공산당 굿판
공산당 퇴치, 훈센 장기 집권체제로
프놈펜 왕궁에 드리운 시아누크 그림자

공산당 킬링필드

국민의 90%가 크메르 민족으로 구성된 캄보디아는 전대미문의 역사
적 살육을 자행하였다. 불과 40여 년 전의 일이다. 베트남전에서 미국
이 철수하고 월맹이 사이공을 함락한 1975년 캄보디아에서도 미국의
지원을 받던 론 롤 정권이 무너지고 크메르 루즈 공산당이 수도 프놈
펜을 장악하였다. 중국의 지원을 받는 폴 포트(Pol Pot, 1925~1998, 본명
썰롯 써)가 정권을 잡고 사상 유례가 없는 대학살을 자행했다. 지배 계층
의 지식인, 군인, 관리, 지도급 인사, 부자 등 1979년까지 150만 명을

처형했으며 캄보디아는 전 세계가 경악한 공산당의 킬링필드가 되었다.

유태인들을 집단 살육했던 나치 독일에 버금가는 잔학한 반인륜적 행위였다. 나치는 가스실 학살을 자행했지만 크메르 루즈는 칼과 낫으로 자르고 찔러서 살육했다. 공산당이란 그런가 보다 했지만 생명의 존엄성을 망각한 몽매한 족속들이 저지르는 짓이라고 세계인들은 혀를 찼다. 그런 기억을 가진 세계인들에겐 캄보디아는 민도가 낮은 미개한 나라로 여겨진다. 앙코르 와트의 찬란한 역사유산을 남긴 선조들의 DNA는 어디로 가고 이념이 뭐든 그런 못된 후손들이 나왔는지 조상님들의 얼굴에 먹칠을 한 후손들이다.

밀림 속의 향기 앙코르 와트

태국 국경을 넘어 봉고차를 타고 길가에서 플라스틱 통에 넣어 파는 기름을 주유해가며 울퉁불퉁한 좁은 길을 달려 어렵게 씨엠립(Siem Reap)에 닿았다. 호텔에 여장을 풀고 밀림 속으로 찾아 들어가니 믿어지지 않는 유적이 눈앞에 나타났다. 앙코르 와트(Angkor Wat)… 웅장하고 고색창연한 그 위용을 눈에 담으니 3시간 달려온 피로가 말끔히 가시었다.

이집트의 기자 피라미드(BC 2560), 멕시코의 마야 테오티우아칸 피라미드(BC 2세기), 중국의 만리장성, 페루의 잉카 마추픽추 등 세상에는 우리의 상상을 초월하는 석조 역사유산들이 있다. 이들은 대부분 동양 문화권에 있다. 마야, 잉카 모두 동양인의 후예다. 서양에서는 찾아볼 수 없는 이 거대한 축조물들이 우리를 놀라게 하는 것은 그 규모도 규모이지만 어떻게 그 큰 돌덩이들을 오지나 산꼭대기까지 운반했으며 어떤 공법으로 쌓아 올렸느냐는 것이다.

캄보디아의 앙코르 와트도 마찬가지다. 그 무거운 돌들을 30㎞나 떨어진 곳에서 강을 따라 밀림 속까지 배로 날랐다 하니 불가사의 하려니와, 놀라운 것은 아시아 최빈국이며 킬링필드로 악명 높은 동족 살육의 나라에 어떻게 이런 빛나는 역사 유산이 있을 수 있었는가 하는 것이다. 유적은 킬링필드 시기에 도굴꾼들에 의해 많이 훼손되었다. 한나절 살펴본 앙코르 와트 일대의 유적은 야만적 불상사에도 불구하고 깊은 밀림 속에서 피어오르는 역사의 향기가 아닐 수 없었다.

캄보디아의 전성기 앙코르 왕조

캄보디아는 앙코르 왕조(802~1431, 자야 바르만 2세)가 열리면서 크메르 민족의 전성기를 구가했다. 앙코르 왕조는 오늘날 씨엠립 일대를 수도로 삼고 '왕도의 사원' 앙코르 와트를 건설한 수리아 바르만 2세(재위 1113~1150년 경)와 앙코르 톰(Angkor Thom)을 지은 자야 바르만 (Jayavarman, 재위 1181~1219) 7세 무렵인 12세기경이 최고 전성기였다. 크메르 문명의 고전 시대를 활짝 열고 이웃 샴(타이) 북부와 베트남에까지 세력을 확장했다.

앙코르 와트는 신의 세계를 지상에 구현한 사당인데, 중앙 탑은 힌두교와 불교에서 세계의 중심으로 받드는 수미산(須彌山, 불교의 세계관에 나오는 상상의 산)을 나타내고, 참배 길은 세계의 기축(基軸) 도로를 모방하며, 둘레를 에워싼 벽은 히말라야산맥을, 해자는 세계의 끝인 깊은 바다를 상징한다고 한다.

12세기 초에 건설된 앙코르 와트 (Courtesy sam garza Wikimedia)

사원 안의 곳곳에는 비슈누(세계를 지키고 유지하며 도덕률의 원상복구자로 숭배되는 신)에 관한 신화가 조각되어 있고, 국왕들의 모습을 비롯하여 코브라, 무희의 모습 등이 새겨져 있다. 기원 초 힌두교를 믿는 두 왕조(추난, 첸라)를 이은 앙코르 왕조의 이 사원은 불상뿐 아니라 힌두 양식의 조각물이 많다.

앙코르 왕국 최전성기의 앙코르는 동서 29㎞, 남북 10㎞에 100만 명이나 거주하는 엄청난 규모를 자랑했다고 한다. 1296년 중국의 사신으로 앙코르에 1년을 머물렀던 주달관(周達觀, 1266~1346)이 쓴 '진랍풍토기(眞臘風土記)'에 이런 내용이 있다.

"왕은 밤마다 황금 탑에서 잠을 자고 황금창문이 있는 방에서 국사를 본다. 이곳에는 엄청난 보물이 있다고 들었다. 왕궁 곳곳에 경비가 삼엄하다. 목에는 1.3kg쯤 되는 진주목걸이를, 팔에는 금팔찌, 발에는 호랑이 눈으로 장식한 황금고리를 찼다. 왕은 백성을 보호하는 마법을 전해 받은 존재로 간주되었다. 왕은 왕국의 평화를 위해 여자로 변신한 머리 아홉 달린 뱀과 매일 밤 섹스를 했다. 왕궁 밖을 행차할 때는 황금 칼을 차고 코끼리를 탔으며 수많은 수행원이 뒤를 따랐다. 왕궁에는 다섯 왕비들이 있는데 왕비들은 다른 여자들처럼 맨발에 머리를 틀어 올리고 우유처럼 하얀 유방을 드러내고 다녔다. 대다수 사람들은 살색이 아주 까맣지만 이들 왕비들은 햇빛에 노출되지 않았기 때문이다.”

수리아 바르만 2세의 후계자인 자야 바르만 7세는 30년을 통치하면서 세력을 최대로 확장시켜 현재의 캄보디아, 라오스, 타이, 베트남 남부에 걸치는 광대한 크메르 제국을 다스렸으며, 도읍인 앙코르 톰을 건설하고 병원, 숙박 시설, 도로를 건설했다. 앙코르 톰 동쪽에는 거대한 나무뿌리가 석조물들을 휘어 감고 있는 타프롬(Ta Prohm) 사원이 있다.

앙코르 와트의 조각

이 사원은 자야 바르만 7세가 앙코르 톰을 건설하기 전에 어머니의 극락왕생을 기리기 위해 세운 불교사원이다.

외세의 그늘과 광란의 공산당 굿판

앙코르 왕국은 1431년 샴(Siam, 타이 아유타야 왕조)의 침략을 받으면서 쇠퇴의 길을 걸었다. 이후 400년간 샴과 베트남의 지배를 번갈아 받으면서 그 속박을 벗어나기 위해 1864년 자진해서 프랑스의 보호령이 되었으며, 1885년 베트남 라오스와 함께 인도차이나 프랑스령 식민지가 되었다. 프랑스는 1941년 그간 명맥만 유지해 오던 캄보디아 왕국의 왕에 어린 노로돔 시아누크(Norodom Sihanouk, 1922~2012)를 앉히고 식민통치의 환경을 조성했다.

2차 세계대전 중 일본이 점령했다가 패퇴한 후에도 프랑스의 식민지배는 계속되었으나 1953년 완전 독립하였다. 노로돔 시아누크가 1955

1975년 4월 프놈펜에 입성한 크메르 루즈 (Courtesy Wikipedia)

년 총선에서 압승하여 캄보디아 정국을 주도했으나 1970년 론 롤 장군이 쿠데타를 일으켜 그를 축출하고 **크메르 공화국**을 수립했다. 시아누크는 중국으로 망명하였다.

1970년대 초 월맹군 남하 루트(호치민 루트)를 제공한 캄보디아는 거의 전역에 대규모 미군의 무차별 폭격을 받았으며 국민들은 친미 정부를 멀리하게 되었고, 공산 크메르 루즈군은 중국의 지원을 받아 점차 세력이 커졌다. 1975년 미국이 월남전에서 손을 떼면서 친미 론 롤 정권은 축출되고 공산 크메르 루즈의 폴 포트가 들어섰다. 폴 포트는 프랑스에 유학한 반(反)왕정 민족주의자 공산주의자였다. 대학살극을 벌이던 폴 포트에 반대하는 훈센(Hun Sen 1952~) 등의 세력이 베트남으로 넘어가 캄보디아 국민군을 모으고 폴 포트 축출에 앞장섰다.

공산당 퇴치, 훈센 장기 집권체제로
크메르 루즈는 강대한 이웃 베트남에게도 호전적인 태도를 보여 이에 자극 받은 베트남이 1979년 캄보디아를 침공했다. 베트남군은 크메르 루즈를 서부 내륙지역으로 몰아내고 헹삼린, 훈센 등 반크메르 루즈 **캄푸치아 인민공화국**을 수립했다.

훈센을 총리로 하는 이 사회주의 정부는 온건했으나 외국원조 부족과 숙련기술자 전문가 부족으로 어려움을 겪으면서 캄보디아는 내몰린 크메르 루즈 게릴라군과 베트남이 지원하는 캄보디아 정부, 그리고 왕정주의자 및 반공주의자 파벌들 간에 전투가 계속되었다. 1989년 베트남군은 훈센 정권이 들어서자 철수하고, 4월 국민혁명당은 국명을 **캄보디아**로 바꾸고 사유재산 인정, 민영화 등 탈공산주의를 추진했다.

대립하던 정파들은 1991년 파리에서 협정을 체결하고 총선을 통해 새 정부를 구성하여 신헌법을 채택하기로 합의했다. 그때까지는 유엔이 파견하는 캄보디아 과도행정기구(UNTAC)와 4개 정파로 구성되는 캄보디아 최고국가평의회가 잠정 통치하기로 했다. 그리고 2만 2천 명의 유엔 평화유지군을 파견하여 감시하도록 했다. 협정에 따라 1993년 총선이 이루어졌으며 헌법이 제정되고 망명 중인 시아누크를 국가수반으로 캄보디아 왕국을 회복했다.

밀림으로 내몰린 크메르 루즈는 파리 협정회의에도 참여했지만 1994년 캄보디아 의회가 대학살 책임 범죄집단으로 규정함으로써 정치 집단화하지 못하였다. 크메르 루즈는 1996년 중반까지 북서부 타이 접경지대로 잠입하여 밀무역으로 재원을 확보하면서 저항을 계속했다. 그러나 정부의 권유도 있었고, 염증을 느낀 병사들이 속속 투항하면서 1998년 폴 포트는 사망했다. 국제사법재판기구의 재판에 회부되었어야 할 그는 옛 부하들에게 체포되어 연금상태에서 병사하였다. 핵심인물 키우 삼판이 투항하면서 크메르 루즈는 와해되었다.

1985년 총리에 올랐던 훈센은 시아누크 왕의 아들 라나리두 왕자와 권력투쟁을 했다. 1993년 총선에서 두 세력의 정당이 호각을 이루자 2인 총리제로 연립정부를 구성했으며 1997년에는 그를 몰아내고 단독총리로 앉았다. 그의 캄보디아 인민당은 1998년 2차 총선 이후 최근 2018년 6차 총선까지 계속 집권 중이다.

훈센 총리

훈센독재 반대 야당시위

제1 야당을(캄보디아 구국당)을 강제 해산하고 125석의 91%를 싹쓸이하여 2023년까지 집권을 보장받게 되었다. 보기 드문 38년 장기집권이다. 리 나리두 왕자의 왕당파 푼신펙당이 제2당이 되었으나 의석수 6석에 그 쳤다.

독재의 길을 걷는 캄보디아 정정을 보는 서방의 시선은 곱지 않다. 미국과 서방은 제재를 가하고 있으며 IMF, 월드뱅크 등 세계 금융기관의 투자는 난망이다. 프놈펜에 들어서는 대형시설 투자들은 거의 중국자본이다. 프놈펜 시가지에는 중국어 간판 일색이다. 요지에 들어서는 대형 건물들을 보노라면 이 나라의 중국 의존 경제가 매우 걱정스럽다.

1인당 국민소득 1,391달러, 노동자 평균 월 임금 137달러, 국민의 26%가 빈곤층, 심각한 빈부격차 등등이 크메르 왕국의 영화를 간직한 역사의 강국 캄보디아의 오늘이다. 수도 프놈펜의 거리를 걸어보면 이 나라가 국민의 기본 인권과 복지를 생각하는 나라인지 안타깝다. 사람은 주차장이 된 인도를 걷지 못하고 위험한 차도로 내몰린다.

국민들은 지갑 속에 달러화와 리엘(Riel)화를 함께 넣고 다니며 쓴다. 상품 가격은 달러로 써져 있어 주통화이고, 리엘은 거스름돈으로 쓰인다. 무슨 이점이 있는지 경화(硬貨)와 연화(軟貨)를 병용하는 나라는 아마 캄보디아가 유일할 것이다.

프놈펜 왕궁에 드리운 시아누크 그림자

캄보디아 현대사는 노로돔 시아누크를 빼놓고 얘기할 수 없다. 프놈펜 중심부 화려한 왕궁에 들어서면서 그의 삶을 조명해 보고 싶었다.

노로돔 시아누크 왕

그는 풍운아였다. 1922년 태어나 2012년 죽을 때까지 혼란한 시대에 파란만장한 90 인생을 살았다. 왕족의 혈통을 받은 그는 프놈펜과 베트남 사이공에서 초중등 교육을 받았으며 프랑스 기병학교에서 군사교육을 받았다. 그는 열아홉 살에 왕으로 책봉되었다. 인도차이나 반도를 지배하던 프랑스의 영향력 아래서 그의 왕권은 무력했다.

1953년 독립 이후 그는 실질적인 국왕으로 캄보디아를 통치했다. 베트남 전쟁 월맹군을 지원하는 호치민 루트를 내주어 미군의 폭격을 받는 땅이 되게 하였으며 국민의 원성을 샀다. 친공적 그의 행각은 미국의 지원을 받는 론 롤의 쿠데타를 맞아 1970년 폐위되었으며 중국과 북한을 오가는 식객으로 살았다.

1975년 캄보디아를 장악한 크메르 루즈의 폴 포트 정권은 그를 불러들여 상징적 국가수반에 앉히고 궁에 연금한 채 잔학한 공산당 킬링필드를 자행하였다. 1978년 베트남이 캄보디아를 침공하여 크메르 루즈를 축출하고 1989년 친베트남 훈센 정권을 세운 뒤 철수할 때까지, 시아누크는 해외에서 민주 캄푸치아 연합정부 수반으로 망명 생활을 했다. 1991년 그는 파리 평화협정을 체결하여 13년간의 추방생활을 끝내고 1993년 왕위에 복귀하였다. 그는 총선에서 승리하여 왕위를 부친에게 양위하고 총리를 맡아 정치일선에 뛰어들었다.

건강이 악화된 그는 2004년 아들에게 왕위를 넘겨주고 2012년 생을 마쳤다. 그의 뒤를 이어 왕위에 오른 아들은 여섯 번째 부인의 소생 노로돔 시하모니(1953생)다. 그는 생모와 함께 현재 프놈펜 왕궁에 살고 있다. 훈센 총리와 권력투쟁에서 밀려난 첫 번째 부인의 소생 노로돔 라나리드(1944년생)와는 이복형제이다. 어린 나이에 프랑스 식민지 치하에 왕이 되었던 노로돔 시아누크는 사치했으며 여러 부인을 거느렸다. 자녀도 14명을 두었다.

프놈펜 중심가에 그의 동상이 서 있고 시가지 곳곳에 그의 치적 사진들이 걸려 있지만, 장기 집권 훈센 총리의 견제와 그늘에 가려져, 왕실은 명맥만 유지하고 왕궁엔 시아누크의 어두운 그림자만 드리워져 있었다.

- 3 -

타일랜드 역사의 왕조들

앙코르 제국 파고든 윈난성 따이족

소수민족들의 땅 중국 남부 일대
늦게 남하한 따이족의 나라
태국 고유 민족문화를 싹틔운 수코타이 왕국
아유타야 왕조 4백 년
푸미폰 왕의 차크리 왕조

한국인들이 많이 여행하는 나라 태국. 동남아시아 나라들 중 가장
친숙하게 느껴지는 나라다. 인도차이나반도 나라들을 여행하다 보면
그들의 용모나 언어가 매우 비슷하여 섞여 있을 때는 어느 나라 사람인
지 구별이 쉽지 않다. 대부분 불교 문화권 나라들이어서 문화적 근간
또한 비슷하다. 인접한 중국과 인도의 영향을 받아서 혼혈되거나 종교
적으로 기울어 있는 나라도 있지만 대체로 북쪽의 중국으로부터 유입
한 소수 민족들의 후예들이 많다.

지금이야 국경이 확실하여 나라 구분이 되어 있지만 오랜 옛날에야

부족 중심으로 군거하며 국경 없이 살았을 테니, 영겁의 세월을 두고 멀리까지 이동하여 나라를 세우고 문명이 발달하여 강국이 생기면 이웃을 침공하여 발흥하기도 하고 사라지기도 했다. 우리 고려 시대 함경도가 만주 여진족과 혼거했을 때 두만강이나 압록강은 내륙을 흐르는 작은 강에 불과했던 것을 상기할 수 있다.

소수민족들의 땅 중국 남부 일대

오늘날 인도차이나반도의 북부지방은 중국의 윈난성(雲南省)과 광시좡족(廣西壯族) 자치구와 접해 있어 베트남, 라오스, 태국, 미얀마 등의 북부지방 사람들은 거의가 중국에 기원을 둔다. 2천㎞ 가까운 국경을 가진 미얀마(버마)의 경우는 특히 그렇다. 베트남의 경우도 광시좡족 자치구와 광둥성 하이난섬 등에서 내려온 사람들이 많다. 베트남에는 54개 소수 민족 8백만 명 정도가 대부분 북부지방에 살고 있다. 중국 윈난성에도 52개 소수 민족들이 살고 있다. 이들은 모두 넓은 지역에 흩어져 사는 같은 부류의 종족들이다.

윈난성 4천6백만 인구 중 33%가 소수민족인데 원나라 때, 항일전쟁 때 많은 한족(漢族)이 유입된 걸 생각하면 그 옛날에는 대부분 소수민족들이 살았던 곳이다. 한족 이외 소수민족들은 이족(彝族), 바이족(白族), 좡족(壯族), 타이족(傣族), 먀오족(苗族), 후이족(回族), 몽골족(夢古族) 등이 있다. 오늘날 변경 무역이 성한 이들 국경지역의 여러 종족들 모습은 모두 비슷한 사람들로 보인다.

타이(Thai)족이라 하면 현재 태국을 구성하는 주 민족이다. 타이족은 라오스의 다수 종족인 라오(Lao)족, 미얀마 동북부의 샨(Shan)족과 함

북부 미얀마 국경 지대 Long Neck 카렌족

께 따이(Tai)족의 일부로서 중국 윈난지방에 주로 거주하고 있었다. 따이족은 유사한 언어를 구사하는 동일 어족이다. 따이족은 귀주, 사천 등에 이르기까지 넓게 분포되어 있었는데 동남아시아로 이주해 내려오면서 각지로 넓게 퍼져 나간 것이다.

늦게 남하한 따이족의 나라

윈난 소수민족의 난차오(南詔, 738~902) 왕국과 그 뒤를 이은 다리국(大理國, 939~1253)이 멸망하자 윈난에 살고 있던 따이인들과 타이인들이 대거 남하하여 오늘날 태국 영토로 들어왔다. 당시 태국 영토는 지역 강국 크메르 왕국(앙코르 왕국)의 속국이었다. 앙코르 와트 건축물 부조에 앙코르 와트 제국 수리야바르만 2세(재위 1113~1150)가 군대 행진 사열을 받는 장면이 있는데, 샴 용병 병사들로 묘사된 조각이다. 샴(Siam)인은 외래인, 야만인이라는 뜻으로 타이인들을 가리킨다.

따이인들은 동남아시아 대륙부에 비교적 늦게 도착한 민족이었다. 이미 이곳에는 베트남인, 참파인(남베트남인), 푸난인, 크메르인 등이 선주하고 있었다. 그들의 통치가 미치지 않는 북부 외곽지역을 따라 서쪽 방향으로 수세기 동안 퍼져나가면서 정착해 내려갔다. 이렇게 이동해 내려가던 따이인들이 베트남, 참파, 버마의 역사 기록에 나타나기 시작한 것은 11세기경이다. 그러니까 오늘의 태국은 주변 여러 나라들보다 역사가 짧다.

태국 고유 민족 문화를 싹틔운 수코타이 왕국

12세기경부터 중국 윈난성에서 내려온 타이족의 토후국이 북부 캄보디아 왕국(크메르 왕국) 영내에 할거하여 중부 수코타이 지방을 중심으로 왕조가 일어났다. 타이인들이 스스로 역사를 쓴 것은 13세기부터다. 북부 치앙마이에 란 나 왕국(Lan Na, 1292~1774), 중부에 수코타이 왕국(Sukhothai, 1238~1438), 동부 라오스 쪽에 란 산 왕국 등의 소왕국이 생겼는데 수코타이 왕국이 정통 왕조이다.

이들은 크메르 왕국으로부터 자립을 선포하고 포쿤시 인드라딧(Pho Khun Si Indrathit, 재위 1249~1257)을 왕으로 하는 수코타이 왕조를 세웠다. 우리 고려(918~1392) 말기에 존재했던 2백 년 왕조다. 치앙마이 란 나 왕국은 계속 독립적으로 남아 있다가 1785년 방콕에 차크리 왕조가 들어서면서 태국 영토가 되었다.

타이족으로 형성된 수코타이 왕조는 13세기 후반 3대 왕 람캄행 대왕(재위 1277~1298)의 치세 아래 앙코르 제국과 맞서는 동남아시아의 세력으로 성장했으며, 오늘날과 같은 대부분의 영토를 가진 대국으로 성

장했다. 라오스 루앙프라방과 북부 치앙마이, 버마 동북부 고원지대, 그리고 북부 산지에서 발원하여 현재 방콕을 거쳐 타이만으로 흘러드는 1,200km의 메남(Menam, 짜오프라야)강 중하류까지 땅을 넓혔다. 문화적으로도 미얀마의 상좌부불교(上座部佛敎, 소승 불교)를 받아들이고 캄보디아 문자를 기초로 태국문자를 만들어(1283) 태국 고유의 민족문화를 싹틔우는 계기가 되었다.

타이가 번성할 수 있었던 요인으로 타이인들의 남다른 동화력과 개방성을 꼽는다. 캄보디아(앙코르 왕국)로부터 정치, 행정, 법 체계를 받아들이고 실론(Ceylon)까지 가서 불교를 배워오는 적극성을 보이기도 했다. 중국인 도공들을 초빙해 도자기 문화를 발전시키고 원나라를 두 번이나 방문하여 밀접한 외교관계를 유지하였다.

치앙마이 란 나 왕국의 도이수텝 사원

람캉행 대왕 사후 라오스 루앙프라방 왕국이 독립해 나가고 남부 몽 (Mon)족이 반란을 일으키는 등 왕국의 세력이 쇠퇴하여 남쪽 메남강 하류 지역 아유타야를 수도로 하는 아유타야 왕국이 번성하여 1347년 그 속국이 되었다.

아유타야 왕조 4백 년

수코타이 왕조가 쇠퇴하자 남부 메남강 하류 유역의 토후세력 라마 티보디가 세를 확장하고 1351년 아유타야를 수도로 하는 아유타야 왕국을 건국하였다. 시기적으로 보면 우리의 조선 왕조(1392~1910) 5백 년과 같은 시기에 존재하여 4백여 년을 존속했던 왕조이다.

아유타야는 수코타이를 공격해 1378년 속국으로 만들고 1438년 완전히 병합했다. 1431년 동남아의 강국 캄보디아(앙코르 왕국)를 공격하여 앙코르 왕국은 수도를 로벡, 프놈펜 등지로 옮겼다. 북으로는 치앙마이, 동으로는 캄보디아, 남으로는 말레이반도, 서로는 미얀마로 영토를 확대했다.

중국 명나라와 친교를 유지하며 '섬라'라고 불렸으며 유럽에서는 '시암 (Siam)'이라 불렸다. 개방정책을 펴서 포르투갈과 무역을 통해 부를 축적하였으며, 그리스도교를 받아들이고 15세기 후반 제 법령을 정비하여 중앙집권을 강화하였다. 1569년부터 미얀마(아라운파야 왕조)와 수차 전쟁 끝에 1766년 대규모 미얀마군의 공격을 받아 수도가 함락되고 국왕이 행방불명되어 왕조는 멸망하였다.

푸미폰 왕의 차크리 왕조

타이의 현 왕조는 1782년 라마(Rama) 1세가 창시한 차크리(Chakri) 왕조의 후손들이다. 역대 왕조들이 그랬듯이 발흥한 지명을 따서 방콕 왕조라고도 한다. 아유타야 왕조의 뒤를 이은 이 왕조는 10대에 설쳐 230여 년간 존속해 오고 있으며 5대 라마 5세(재위 1868~1901) 때가 근대화를 이룬 전성기였다.

그는 노예제를 폐지하고 유럽 행정제도를 도입하여 행정·사법을 개혁했으며 전신, 철도, 우편행정을 개선하고 많은 유학생들을 해외로 보냈다. 특히 당시 시대적으로 유럽 제국주의 침략으로부터 영토할양의 희생을 무릅쓰고 외세의 침략을 막아내어 이웃 나라들과는 달리 독립을 유지하며 국민들의 존경을 받았다. 라마 5세는 러시아를 방문하여 니콜라이 2세와도 친교하였다.

방콕 차크리 왕조의 왕궁

근대 태국의 푸미폰왕
(Phumiphon, 1927~2016)은
9대 왕으로 70년 간 태
국국민들의 존경을 한 몸
에 받은 군주였으며 라마
9세로도 불린다. 미국에
서 출생한 그는 태국 근
대 의학의 아버지로 불리

푸미폰 왕 부부의 첫 득남 (1952년)

는 마히돌(Mahidol Adunyadet) 왕자의 막내아들이었다. 스위스에서 중등
교육을 받았으며 로잔 대학에서 과학을 공부했다. 1946년 친형인 아난
다(Ananda)가 사망하자 19세 나이로 즉위하여 삼촌에게 섭정을 맡기고
스위스로 돌아가 정치·법률 공부를 하며 통치수업을 했다.

1950년 프랑스 주재 타이 대사의 딸 시리키트(Sirikit)와 결혼하여 1남
3녀를 두었다. 같은 해 5월 방콕 왕국에서 공식 즉위식을 가졌다. 국왕
은 입법, 행정, 사법권을 행사하고 군 통수권을 가진다. 1932년 전제군
주제가 폐지되고 헌법이 제정되어 입헌군주제가 시행되었음에도 상징
적인 국왕과는 달리 타이 정치계에 큰 영향력을 행사하며 국민들의 존
경과 신망을 받아왔다.

입헌군주제 수립 이후 18회의 쿠데타가 발생했지만 국왕의 중재로
위기를 넘겼다. 2006년 15년 만에 발생한 쿠데타 때는 1997년도 헌법
을 폐지하고 과도헌법을 공포하였으나 국왕은 이를 승인하였다. 타이
쿠데타는 국왕의 승인 여부에 따라 승패가 갈린다. 2016년 89세로 서
거한 그가 존경받는 국왕으로 각인된 것은 잦은 쿠데타와 정변을 잘

중새하여 위기를 여러 번 넘겼기 때문일 것이다.

푸미폰 왕의 외아들 마하 와치랄롱꼰(1952~)은 1972년 왕위 계승자로 책봉된 이후 44년간 왕세자로 지내다가 2016년 부왕 서거 후 64세에 라마 10세로 재위에 올랐다. 그는 왕세자 시절 방탕한 생활로 이름 났으며 세 번 결혼에 세 번 이혼 경력이 있다. 젊은 세 번째 부인에게 알몸에 팬티만 입히고 애완견 생일파티 축하 케이크를 자르게 하는 동영상이 유포되어 그의 왕위계승을 꺼려한 사람들이 많았으나 부왕의 뜻대로 재위에 올랐다. 태국 지폐에 그의 사진이 오르는 등 권위 띄우기에 한창이다. 그도 부왕처럼 선정을 펼 것인지는 세인의 관심사다.

10여 년 만에 찾은 방콕은 많이 변해 있었다. 공항이 폐쇄되는 등 관광객들을 불안하게 했던 잦은 정변에도 불구하고 대규모 상가와 좋은 호텔들도 많이 들어섰다. 방콕에서 치앙마이까지 730㎞를 잇는 고속철도도 건설 중이어서 방콕 외곽에 매머드 역사를 짓고 2019년 부분 개통을 앞두고 있다.

타이 북부 치앙라이 화이트 탬플 (White Temple)

- 4 -

파키스탄의 역사 도시 라호르

무굴 제국의 또 다른 수도

힌두 인도에서 분리 독립한 이슬람 파키스탄
인파 카슈미르 전쟁, 긴장 적대시
역사가 탐했던 인더스강 유역의 펀자브
펀자브의 중심 역사의 도시 라호르
갈 길 먼 나라 파키스탄

힌두 인도에서 분리 독립한 이슬람 파키스탄

파키스탄(Pakistan)이란 국명은 이 나라를 구성하는 5개 지역, 펀자
브(Punjab), 아프간(Afghan), 카슈미르(Kashmir), 신드(Sindh), 발루치스탄
(Baluchistan)의 앞 글자를 따서 만든 조어인데, 페르시아어 우르드어로
신성한 땅이라는 뜻이다. 2억 인구의 96%가 무슬림이며 한반도 3.7배
국토의 반 이상인 남부지역은 건조한 스텝 사막지역으로 척박하여 살
기에 적합지 않다. 북부는 히말라야산맥의 만년설 K2봉, 캐시미르 등
이 있는 고산 산간지대이다.

파키스탄은 원래 인도의 일부였지만 1947년 인도가 영국으로부터 독립했을 때 분리 독립했다. 동서 파키스탄에서 나뉘어져 생긴 이슬람 신생국으로 원래는 서파키스탄이었다. 동부 벵골지역 이슬람 지역에서 함께 분리 독립한 동파키스탄은 1971년 방글라데시로 떨어져 나갔다. 서파키스탄의 관할 아래 있었지만 인도를 가운데 두고 지리적으로 1,800㎞나 멀리 떨어져 있어서 독립을 요구하였고, 인도가 나서서 파키스탄과 전쟁을 치른 후 독립했다.

파키스탄은 세계 최빈국 중 하나여서 믿을 만한 국제기구가 발표한 기아지수는 118개국 중 107위를 기록했다. 폐쇄적인 강성 이슬람 나라인데다가 독립 이래 3차에 걸친 인도와의 전쟁, 그리고 군사 쿠데타로 집권한 군부독재, 요인암살, 국회해산 등 잦은 정변과 높은 문맹률로 민생은 매우 열악한 나라이다.

파키스탄 사람들은 인도유럽어족의 인도-아리아족 계통의 후예이지만 통상 지역별로 펀자브인, 파슈툰인, 신디인 등으로 분류한다. 파키스탄은 펀자브인이 44%로 다수를 차지한다. 헌법은 종교의 자유를 명시했지만 군부 독재시절 타종교를 경계하는 법을 만들었으며, 2011년 기독교를 옹호하는 발언을 한 펀자브 주지사가 경호원에게 사살되는 일이 있었다.

영토 주변이 이란, 아프가니스탄, 중국, 인도에 접해있어 지정학적으로도 그 정체성이 간단치 않은 나라이다. 언어만 해도 공용어로 무굴제국의 공용어였던 우르드(Urdu)어를 지정했지만 인구의 8%만 사용하고 있고, 지방정부는 따로 자기네 지역 말을 공용어로 지정하여 쓴다.

인파 카슈미르 전쟁, 긴장 적대시

인도와 파키스탄은 독립 직후 1947년과 1965년 북부 산악 국경지대 카슈미르 영토 분쟁으로 제1차, 제2차 전쟁을 치렀다. 카슈미르 지역은 히말라야 산중 산간지방 토후국이었는데 영국으로부터 독립힌 후 힌두교 지도자가 인도로 편입하려 하자 다수 이슬람 주민들이 반대하여 인도와 파키스탄이 개입함으로써 분쟁이 시작되었다.

유엔의 중재로 잠정 국경을 획정하였지만 정정은 불안하다. 인도가 점령지 잠무 카슈미르(Jammu Kashmir)를 인도 연방의 1개 주로 편입하면서 이슬람 주민들의 반인도 운동이 일고 있다. 1990년 이전까지는 인도와 파키스탄의 문제였던 것이 최근에는 카슈미르 자체 이슬람 분리주의자들의 독립운동으로 양상이 바뀌어 긴장을 늦출 수가 없는 곳이 되었다. 최근에도 2019년 2월 인파 공중전으로 비화된 인도령 카슈미르 펄와마(Pulwama) 테러사건이 있었다.

세 나라가 분할한 카슈미르

1965년에는 카슈미르 영유권을 주장한 중국이 파키스탄을 지원하여 인도는 중국과도 전쟁을 벌였으나(1962년) 패하고 동부지역 영토의 일부를 내주었다. 중국의 핵 보유에 자극받아 인도도 1974년 핵보유국이 되었으며 연쇄적으로 파키스탄도 1998년 핵보유국이 되었다. 카슈미르는 현재 세 나라가 분할 점유 중이다. 인도가 전체의 43%(10만km²), 파키스탄이 37%, 중국이 20%를 점하고 인구의 70%(1200만)가 인도 점유지 잠무 카슈미르에 산다.

역사가 탐했던 인더스강 유역의 펀자브

펀자브지역은 25만km² 넓이로 한반도보다 넓다. 동부 펀자브지역은 인더스강이 흐르는 평원으로 비옥하여 인구의 2/3가 이 지역에 집중하여 살고 있다. 라호르는 카라치 다음 제2 도시로 인구 천만이 넘는 펀자브 지방의 중심도시다.

사원으로 나들이 나온 가족

하늘에서 내려다 본 갈수기 펀자브는 메마른 여러 개의 하천을 가로지르는 광활한 곡창 지대였다. 펀자브(Punjab)란 페르시아어로 다섯 강(江)을 의미하는데 인더스(Indus)강 본류와 파키스탄 동북부를 흐르는 네 개의 주요 지류가 있는 지역을 의미한다. 북쪽의 힌두쿠시산맥을 넘어서 침입하는 이민족(異民族)이 우선 정착하는 곳이 이곳이다.

이 지역은 기원전 4세기 알렉산더 대왕의 인도 원정길이었고, 14세기 말 중앙아시아 사마르칸트의 티무르가 지난 길이었으며, 그의 후손 바부르가 우즈벡에서 내려와 인도에 무굴 제국을 세워 다스린 곳이다. 또 갠지스강 유역과 중앙아시아 이란 방면을 연결하는 교섭로의 중앙에 위치하여 동서 문화의 접촉점에 있다.

펀자브는 인도와 파키스탄이 분리될 때 인도령 펀자브와 파키스탄령 펀자브로 분리되었는데 전체의 4/5가 파키스탄령으로 훨씬 크고 나머지 1/5이 인도지역이다. 15세기 초 펀자브 지방에서 번성했던 시크교가 파키스탄과 인도의 분리 독립 시 별도의 독립 국가를 수립하고자 했지만 뜻을 이루지 못하였다. 이러한 종교적인 이유로 이슬람을 신봉하는 펀자브인들은 파키스탄으로, 시크교를 신봉하는 펀자브인들은 인도로 이주하였다. 인도에서 파키스탄으로 이동한 인구는 약 6백만 명 가량이며, 파키스탄에서 인도로 이동한 인구는 약 5백5십만 명 정도다.

펀자브의 중심 역사 도시 라호르

라호르에 오니 오래전 이곳 친구 하나가 생각났다. 우즈베키스탄에서 대사로 재직할 때 자주 만난 파키스탄 대사관 참사관이 있었는데, 그의 부인은 서울에서 대학을 나온 교양 있는 한국인이었다. 나는 농담

라호르 성. 유네스코 문화유산 역사지구

반 진담 반 남편에게 부인은 하나뿐이냐고 물었는데 자기는 오직 하나뿐인 한국 부인을 사랑한다고 하였다. 라호르가 고향인 그는 임기를 마치고 부인과 함께 고국으로 돌아갔다. 잘 살고 있으리라 생각했다.

이번 파키스탄 여행에서 들은 이야기가 있다. 한국에 나와서 노동자로 일하는 파키스탄 사람을, 밤일 하나 잘한다고 따라간 딸을 찾아 나선 한국 어머니 얘기다. 무작정 딸을 찾아 파키스탄에 와서 고생 끝에 겨우 수소문하여 구출하다시피 끌고 한국 대사관에 보호 요청을 했다. 딸이 남편 따라 파키스탄에 와보니 부인이 여럿 더 있더란다. 문화도 너무 다르고 생활환경도 열악하여 도저히 살 수가 없어 탈출하려 했지만 감시가 심하여 결국 어머니가 와서 머리채를 끌고 데려갔다는 것이다.

라호르는 펀자브주의 주도이며 이슬람 제국의 중심도시로 발달해 왔는데 특히 무굴 제국 때는 인도의 델리, 아그라 등과 더불어 제국의 중심도시로 발달했다. 무굴 제국 3대 왕 악바르(Akbar, 1542~1605)가 라호르로 수도를 옮기고 라호르성을 개축하여 좌정했으며 그의 후대 왕들도 이곳을 제국의 중심으로 삼아 그의 아들 자항기르와 손자 샤 자한이 기거한 곳이다. 라호르는 악바르(3대, 50년 재위), 자항기르(4대), 샤 자한(5대), 아우랑제브(6대, 50년 재위) 시대에 전성기를 누렸다. 아우랑제브가 세운 바드샤히 사원(Badshahi Mosque, 제왕의 사원)은 세계에서 제일 큰 이슬람 사원의 하나이다.

바드샤히 모스크(뒤)와 란지트 싱의 무덤이 있는 시크 사원(앞) (Courtesy Wikipedia)

라호르 북쪽 구지란왈라(Gujranwala)에서 태어난 란지트 싱(Ranjit Singh, 1780~1839)이 근세기 시크 왕국의 중심으로 자리 잡으려 했으나 그가 죽은 후 쇠퇴하였다. 가까운 인도 암리차르를 시크교의 성지로 만들면서 한때 번성했던 시크 왕국은 무굴 제국의 박해를 받았다. 라호르에 자리 잡았던 란지트 싱왕의 흔적은 모두 암리차르로 옮겨서 고빈가르 요새(Gobindgarh Fort)에 모아 놓았다. 라호르에는 아직도 시크교의 건축물들과 그의 묘가 있다. 라호르성 입구에 그의 무덤이 있는 시크 사원이 있는데 일반 관광객들의 출입은 허용되지 않았다. 교인들만 출입이 허용되었다.

갈 길 먼 나라 파키스탄

파키스탄을 처음 여행하면서 이 나라는 왜 이렇게 못사는지 의문을 떨칠 수가 없었다. 인구 천만이 넘는 국제공항에 내려 공항 직원이 손짓하여 부른 바람잡이를 따라 갔더니 다 찌그러진 고물 자가용 영업택시를 잡아주었다. 배낭여행객에게 그 정도는 이해되었지만 시내로 들어가던 중 노상에서 검문하는 무장군인이 여권을 압수하여 33도의 무더위에 에어컨도 없는 차 안에 30분씩이나 가두어 두었다. 테러가 많다니 이해하려 했지만 도가 지나쳤다.

거리에는 택시가 없어 삼발이 툭툭(릭샤)을 타야 했는데 지붕이 낮아 고개를 숙여야 하고, 울퉁불퉁한 도로를 달리자니 허리가 아팠다. 택시는 온라인으로 불러야 자가용 영업차가 온다. 골목길을 지날 때가 많은데 오가는 우마차, 오토바이, 인파로 뒤엉켜 서 있기가 일쑤다. 먼지와 매연으로 손수건을 코에 가리고 다녀도 목구멍이 아프다. 대로변에는 노숙 가족도 보인다.

공항으로 나가는 날 아침, 예약한 택시가 30분이 지나도 오질 않아 하는 수 없이 거리로 나가 툭툭을 타고 덜컹거리며 40분을 달려 공항에 이르니 입구 검문소에서 못 들어가게 했다. 내려 걸어가란다. 10분 남짓 땀 흘려 뛰다시피 청사에 닿으니 공항은 아수라장이었다.

장사진의 짐 검사대를 겨우 거쳐 인파를 헤치고 체크인 라인에 서서 마음 졸이며 기다리는데, 순서가 되자 제복 차림의 사람이 다가와서 도와주는 듯 이 줄 저 줄 끌고 다녔다. 외국인을 좀 봐 주나 보다 했다. 그런데 체크인을 마치니 손을 벌린다. 관리들 코앞에서 바람잡이가 버젓이 판을 치는 것이다.

이 나라가 언제쯤 틀이 잡히고 민도가 깨어 잘사는 나라가 되려는지…. 여러 나라를 배낭여행했지만 유네스코 문화유산을 가진 나라가 이렇게 여행객을 불편하게 하다니, 활주로를 벗어나면서 씁쓸한 뒷맛을 감출 수가 없었다.

- 5 -

시크교 성지(聖地) 인도 암리차르

잃어버린 펀자브의 영광

인간 평등주의 시크교
란지트 싱의 시크교 왕국
순례자들의 성지, 황금 사원
관광객 넘치는 파키스탄 국경 국기 강하식

해외여행을 하다 보면 머리에 원색 터번을 목 뒤에서 귀까지 덮어 쥐어짜듯 두껍게 감싸 이마에 뾰족하게 휘어 감고 긴 턱수염을 기른 인도 사람들을 가끔 보게 된다. 인도나 인근 나라에서는 그런가 싶지만 유럽이나 미국 같은 서양 나라에서는 진풍경이어서 이목을 집중시킨다. 이들은 힌두교가 아닌 시크교도들이다. 세 번째 인도 여행지는 시크교(Sikhism)의 뿌리를 찾아간 북인도 암리차르였다.

인간 평등주의 시크교

시크교는 15세기 말 펀자브(Punjab, 5대 강이라는 뜻) 지방에서 구루(Guru), 나나크(Nanak, 1469~1539)가 창설하여 아디 그란트(Adi Granth)

를 성전(聖典)으로 삼는 종교이다. 이슬람교와 힌두교를 혼합한 형태로 인도인구의 약 2%에 달한다고 한다. 최고 지도자는 '구루'라고 부른다.

19세기 초 시크교 국가를 세웠으나 영국령 식민지에 합병되어 정치적 정파로 당파 운동을 계속했지만, 영국이 물러간 뒤에는 대부분의 시크교 난민들이 북부 펀자브지방으로 이주하여 곡창지대를 만들고 인도경제에 크게 기여했다. 시크 독립을 요구하며 인도정부와 대립한 시크교도들의 투쟁은 1984년 인도총리 인디라 간디 암살사건으로 절정에 달했다.

창시자 구루 나나크는 라호르(Lahore, 현 파키스탄) 근처에서 출생한 하급 카스트 출신이다. 30세경에 신의 계시를 받아 인도 각지를 순회하면서 힌두 이슬람 설교자들과 문답을 벌이고, 만년에는 고향에 돌아가서 포교에 전념하였다.

구루 나나크는 메카, 로마, 스리랑카, 그리고 티베트를 여행하면서 반드 차코(Vand Chakko, 남들과 나누고 곤경에 처한 사람들을 돕는다), 키랏 카로 (Kirat Karo, 착취하거나 거짓 없이 돈을 정직하게 번다), 나암 자프나 (Naam Japna, 신을 향해 끊임없이 헌신한다) 등의 원칙을 가르쳤다.

그는 힌두교의 미신과 종교의식, 신분제 카스트를 배격하고 인간의 절대 평등주의를 제창하였으니, 오늘날의 시각으로 보아도 시크교는 개혁적이고 인도주의적인 종교로 보인다. 신자는 하급 카스트 출신들이 많으며 개창자는 구루(Guru)라는 지위를 갖고 후계자에게 계승되었다. 나나크는 이슬람교의 영향을 받아 힌두교를 개혁하여 새로운 시크교를 만든 사람이다.

펀자브 미인들

란지트 싱과 신하들 (Courtesy Wikipedia)

시크교는 중앙아시아 우즈베키스탄에서 내려온 티무르의 후예들이 인도에 세운 무굴 제국(1526~1858)의 번성기에 세워져서 이슬람 무굴 제국과 갈등을 빚어 박해를 받았다.

란지트 싱의 시크교 왕국

19세기 초 마하라자(군주) 란지트 싱(Maharaja Ranjit Singh, 1780~1839) 이 여러 시크교 공동체들을 통합하여 펀자브 지방을 근거지로 시크국 가를 세워 번창하였으며, 식민지배 영국세력과 항쟁하여 1845년 시크 전쟁이 발발하기도 하였으나 1849년 영국의 지배에 복속하였다. 18세 기 중반부터 인도에 진출한 영국은 1849년 인도 북부와 파키스탄 펀자 브지방을 모두 손에 넣었고, 1947년까지 인도 전역을 지배했다.

란지트 싱의 시크 왕국은 군사력을 갖춘 정치세력으로 나타났다. 1780년 인도북부 구지란왈라(Gujranwala, 현 파키스탄 7대 도시)에서 태어난 그는 여러 시크 공동체 중 하나를 아버지로부터 물려받아 이끌고 있었는데 점차 두각을 나타내어 1799년 펀자브의 수도 라호르를 점령하고 라호르 총독이 되었다. 그는 자신을 펀자브의 마하라자(군주)로 선포하고 시크 교도의 성지 암리차르를 손에 넣어 시크 연방의 이름으로 국가를 다스렸다. 그는 군대를 현대화하기 시작하면서 유럽인 장교를 써서 보병과 포병 부대를 훈련시켰다.

동쪽으로는 영국의 저지로 진출하지 못했지만 서쪽의 파슈툰(아프간)족과 북쪽의 카슈미르까지 정복하여 1820년 무렵에는 수틀레지강(Sutlej River, 펀자브 지방에서 가장 긴 강)과 인더스강(Indus River) 사이의 펀자브 전역을 장악하게 되었다. 그는 5대 강의 왕(King of Five River)으로 불렸다.

현대화된 펀자브군은 북쪽과 서쪽 국경(아프가니스탄과의 경계) 전투에서 훌륭한 기량을 보여주었다. 그는 영국과 연합하여 아프가니스탄을 공략하여 카불에 입성하기도 했다. 1839년 그는 정복자로 라호르에 입성한 지 40년 만에 병사했다. 시크교 왕국은 6년 후에 파벌 간의 골육상잔으로 몰락했다. 암리차르에는 란지트 싱이 건설한 요새 고빈가르(Gobindgarh Fort)가 있다.

순례자들의 성지, 황금 사원

시크교는 인도북부 펀잡 지방의 암리차르(Amritsar)에 중심을 둔다. 서울에서 교통이 쉽지 않아서 마침 우즈베키스탄에 갈 기회가 있어 타슈켄트에서 취항하는 우즈벡 항공을 이용하여 2시간 남짓 날아 쉽게 갈 수 있었다. 펀자브는 사방에 산이라고는 없는 광활한 평야지대에 개간된 비옥한 인도의 곡창지대이기도 하다.

황금 사원과 입장 행렬

　암리차르는 인구 60만 정도 되는 상업 문화의 중심 도시로 파키스탄 국경에서 가까워 예로부터 델리에서 라호르 아프간으로 가는 교통의 요지이다. 1577년 시크교 4대 구루 람 다스(Ram Das, 1534~1581)가 암리타 사라스(Amrita Saras)라는 저수지 주변에 건설한 도시로 암리차르라는 지명은 '신성한 저수지'라는 이 저수지의 이름에서 유래했다.

　암리차르 시내 중심부에 시크교도들의 성지가 있다. 현지인들은 하르만디르(Harmandir Sahib), 외래객들은 황금 사원(Golden Temple)이라 부른다. 연못 한가운데 황금을 입힌 사원이 있기 때문이다. 1604년 5대 구루 아루준(Arjun)이 저수지 가운데 사원을 세우고 돔형 지붕에 금박을 입혀서 시크교도들이 성지로 여겨 순례자들의 발길이 끊이지 않는다.

　아루준은 시크교의 개조(開祖) 나나크와 그 이후 구루들의 어록을 정리하여 시크교의 성전 '아디 그란트'를 편찬한 사람이다. 그는 무굴 제국의 황제에 의해 처형되었다. 이 황금 사원은 아프간 침략자들에 의해 여러 차례 파괴되었으나 란지트 싱 재위 시(1801~1839) 대리석과 구리에 금박을 입혀 재건축되었다.

경내에 들어갈 때는 맨발로 들어간다. 신분과 종교에 관계없이 누구에게나 개방된다는 의미에서 사방 네 개의 출입문을 냈으며 무료 숙식도 제공한다. 사원 전체가 바깥 지면보다 4~5m는 낮게 조성되어 계단으로 내려가야 한다. 햇빛에 반사되는 연못 가운데 황금 돔의 사원은 눈부시다. 사각형 연못은 꽤 넓고 깨끗하여 순례자들이 몸을 적시고 또 마시기도 한다.

1984년 6월, 이 도시에서 정치적 폭력사태가 발생하여 인도 군대는 황금 사원을 장악하고 사원 안에서 저항하는 수백 명의 시크 분리주의자들을 공격해, 정확한 공식 집계는 아니지만 450~1,200명의 희생자를 냈다. 이 사건으로 같은 해 10월 델리에서는 인디라 간디 수상이 시크교도 경호원의 집중사격을 받고 사망했으며, 힌두교인들이 주도한 피비린내 나는 복수극으로 많은 시크교도가 희생되었다.

관광객 넘치는 파키스탄 국경 국기 강하식

암리차르에서는 볼거리가 하나 더 있다. 1947년 이래 갈라진 인도 파키스탄 국경이 가까워 두 나라 군대가 공동으로 벌이는 국기 강하식(Wagah-Attari border ceremony)이 그것이다. 인도 암리차르에서 서쪽으로 30km, 파키스탄 라호르에서 동쪽으로 25km 떨어져 있는 와가 국경에서는 매일 5시 30분에 국경 철문에 나란히 걸어 놓은 양국 국기를 동시에 내리는 세리머니가 있는데, 관광 명소가 되어 연일 인파로 북적인다.

인도 파키스탄 와가 국경 국기 강하식장

볼거리는 국기 강하 세리머니보다
웃음을 참기 어려운 양국 군대의 별
난 제식 동작이다. 가랑이가 찢어지
도록 180도로 발을 걷어 올리는 정지
동작, 땅이 꺼져라 바닥을 차며 뱅글
뱅글 도는 방향전환 동작들인데 인
도군대의 훌륭한 관광 마케팅이다.

인도 군인의 별난 정지 동작

관중들이 벌이는 식전 광장 춤과 응원단장의 장단에 맞추어 치는 박
수, 열 배 이상 되는 만여 명 인도 관중들의 함성은 파키스탄을 압도한
다. 양국 간 군사적 긴장감은 없지만 서로 마주보며 벌이는 두 나라 군
인들의 기 싸움은 볼거리이다. 한 나팔수의 연주에 두 나라 국기가 동
시에 내려지니 양국의 협조된 의식이어서 긴장감 속에 화의(和議)가 엿
보이는 유별난 행사이다.

- 6 -

캘커타에서 짚어 본 영국의 인도 지배사

대영제국 최대의 노다지 식민지

포르투갈, 네덜란드, 영국 속속 인도로
무역회사 동인도회사 앞세워 식민지 작업
세포이 반란으로 무굴 제국 멸망, 인도는 식민지로
민족의식과 독립운동
오늘의 인도는

벵골만의 캘커타를 돌아보자니 영국 냄새가 짙게 풍긴다. 빅토리아 여왕의 기념관이며 동인도회사의 건물이며 모두 영국 식민지배의 잔재들이다. 이곳은 19세기 영국의 인도 진출 발판이었다. 1986년에 개봉된 영화 'Passage to India'에는 식민지에 사는 영국인들과 그들의 지배를 받는 인도인들의 생활과 정서가 잘 그려져 있다.

포르투갈, 네델란드, 영국 속속 인도로
암울한 중세를 넘어 근대화의 서막인 르네상스가 시작되면서 서양에서는 선박건조 기술과 항해술이 급속히 발전하여 새로운 항로를 개척

캘커타 빅토리아 여왕 기념관

하고 동양으로 진출하려는 움직임이 일어났다. 포르투갈과 스페인이 앞장서서 신대륙으로 향하여 해상 무역권을 확보하고 동방 식민지 건설에 박차를 가했다.

인도에 발을 디딘 최초 세력은 포르투갈이었다. 이들은 1498년 희망봉을 돌아 인도 곳곳에 무역 중계 기지를 세우고 무굴 제국의 황제들을 위협하여 이권을 챙겼다. 포르투갈은 인도뿐만 아니라 말레이 반도의 말라카 해협, 인도네시아의 자바와 수마트라섬에 이르는 아시아 지역을 지배하기에 이르렀다. 약 1세기 동안 포르투갈은 동방 무역을 독점하면서 전성기를 구가했다.

1602년 네덜란드가 동방무역에 뛰어 들었다. 그들의 목표는 인도보다 향료 생산지인 인도네시아였다. 말라카 해협과 인도네시아에서 포르

영국 런던의 동인도회사 본사

투갈을 내쫓고 기지를 세웠다. 그들은 인도에도 눈을 돌려 포르투갈을 물리치고 1658년 스리랑카를 차지했다.

　1600년부터 인도에 관심을 가졌던 영국은 런던의 동인도회사를 통하여 무굴 제국과 꾸준한 교섭을 벌여 남인도 지역 여러 곳에 무역기지를 세웠다. 강한 군대를 가지고 인도 전역을 통치했던 북방 무굴 제국도 남인도 지역에서는 그 세력이 미미하여 영국으로서는 큰 어려움 없이 진출할 수 있었다. 1633년에는 동부 벵골지역으로 진출하여 무굴 제국에 맞서 일전을 벌였으나 패하여 주춤하기도 했지만, 1668년 포르투갈로부터 양도받은 봄베이 지역에 무역 공관을 짓고 본격적으로 인도 무역에 뛰어들었다.

　동인도 회사의 상업활동은 마드라스(첸나이), 봄베이(뭄바이), 벵골의 세 지역을 거점으로 이루어졌다. 1690년에는 캘커타에 윌리엄성을 쌓고 무역 공관을 설치했다. 영국의 벵골 정복은 인도 전체를 차지할 수 있는 길을 확보한 것과 마찬가지였다.

무역회사 동인도회사 앞세워 식민지 작업

18세기부터 페르시아와 아프가니스탄의 잇단 침공으로 무굴 제국이 쇠락해진 틈을 타 영국은 적극적으로 영토 확장정책을 추구하면서 인도의 식민지화 의도를 노골화시켰다. 1708년 동인도회사를 개편하여 인도 무역의 독점뿐 아니라 정치적 지배까지 넘보는 계획을 차근차근 실행시켰다.

영국은 이미 17세기 말 포르투갈과 네덜란드 등의 경쟁자를 물리쳤으나 늦게 인도에 진출한 프랑스에 의해 강력한 저지를 받았다. 양국은 남인도에서 각축하여 세 번에 걸쳐 충돌했지만 1756년 유럽에서 영국과 프랑스의 7년 전쟁에 영국이 승리하면서 인도에서 프랑스 세력을 몰아내고 확고한 기반을 구축했다. 이후 영국은 인도경영에 더욱 열을 올렸다.

영국의 산업혁명이 진행됨에 따라 인도 식민지의 중요성이 한층 커졌다. 인도는 방직 공업의 원료인 목화가 많이 생산되었을 뿐만 아니라 상품의 소비시장으로서 큰 몫을 차지하였기 때문이다. 당시 인도는 무굴 제국이 쇠퇴하고 여러 지방세력이 서로 대립한 상태였으므로 무력을 앞세운 영국의 식민지 확대정책은 순조롭게 진행되어 인도의 대부분을 손아귀에 넣었다. 이때 영국의 동인도회사는 인도를 통치하는 기관으로 바뀌었다.

18세기, 19세기 영국의 인도 상거래는 인도의 경제를 궁지에 몰아넣었다. 영국인들은 무굴 제국에게 모든 물품의 관세를 없앨 것을 요구했으며 관세를 지불하면서 무역을 하던 토착 상인들을 그들과 경쟁할 수 없게 만들었다. 이를 기회로 동인도회사 측에서는 불법적으로 인도 상인들에게 자유 통관권을 팔기 시작했다.

사태가 이 지경에 이르자 벵골 경제는 급속히 혼란에 빠졌고, 자연히 태수의 관세 수입에도 막대한 영향을 미치기 시작했다. 그럼에도 동인도회사와 영국인의 횡포는 더욱 심해져만 갔다. 그들은 관리와 지주들에게 뇌물을 강요했고, 수공업자, 농민, 상인들에게 물건을 싼값에 팔도록 강요하였다. 만일 자신들의 말을 듣지 않는 사람이 있다면 매질을 하거나 감옥에 가두기도 했다.

세포이 반란으로 무굴 제국 멸망, 인도는 식민지로

한편 상업을 목적으로 설립된 동인도회사가 실질적 통치를 행하는 정치 기관이 되기에는 부적절하다고 판단한 영국정부는 1773년 회사의 주주가 갖고 있던 무제한의 권한을 규제하는 노스 규제법을 제정했다. 인도에는 행정 최고책임을 맡는 총독부와 최고법원이 설치되었고, 캘커타는 영국령 인도의 수도가 되었다. 영국은 무역과 정치 지배라는 이중정책을 본격적인 정치적 식민 통치체제로 바꾸어 나갔다. 동인도회사는 넓은 식민지를 다스리는데 영국 군대만으로는 손이 모자라자 인도인들을 병사로 고용하였다. 이들 인도인 병사들을 '세포이'라 불렀다.

영국의 지배는 인도의 통치제도, 경제생활, 사회질서에 큰 혼란을 가져왔다. 그리하여 영국의 인종차별과 식민지 지배에 대한 인도인들의 반영(反英) 감정이 폭발하여 1857년 세포이들은 마침내 항쟁을 일으켰다. 이 항쟁은 많은 인도인들의 호응을 얻어 중부 인도에서 반영 민족운동으로 발전하였으며, 세포이가 중심

세포이 반란 (Courtesy Wikipedia)

이 되어 일어났다고 해서 **세포이의 항쟁**(1857~1859)이라 한다.

그러나 2년간에 걸친 영국군과의 투쟁은 실패로 끝나고 말았다. 영국은 이 항쟁을 계기로 반란을 지도했던 무국 제국 마지막 황제 바하두르 샤 2세를 국외로 추방하고 3백여 년 무굴 왕조를 종식시켰다. 그리고 동인도회사를 폐지하고 인도를 본국 정부의 직접통치 아래 두었다. 1877년에는 빅토리아 여왕이 인도 황제를 겸하는 인도 제국이 되어 완전히 영국의 식민지가 되었다.

민족의식과 독립운동

영국은 인도를 발판으로 1881~1919년간 아프가니스탄 왕국과 1885~1948년간 미얀마를 인도 제국에 합병했다. 식민지 기간 동안 영국의 가혹한 통치는 인도 민중의 반란을 불렀으며 간디(Mahatma Gandhi, 1869~1948)를 위시한 국민회의파가 등장하여 반영 투쟁에 나서게 되었다. 1차 세계대전에 인도는 독립을 약속받고 유럽 전선에 인도 병사들을 출정했으나 전후 영국은 약속을 파기하고 오히려 반영 활동을 차단하는 법령을 만들어 탄압을 계속하였다.

간디는 비폭력 불복종 운동을 계속 전개하여 영국은 1835년 신인도 통치법을 제정하여 자치권을 주었으나 완전 독립을 위한 인도의 반영 활동은 계속되었다. 2차 세계대전이 발발하자 영국은 다시 인도독립을 명목으로 지원을 요청했으나 간디는 거절했다. 전후 영국은 인도에서 물러났다.

적장을 매수하여 사보타주를 일삼게 하고, 관세를 폐지케 하여 관리들의 부정부패를 조장하며, 아편을 팔아 이득을 챙기는 등 영국이 인도 식민지에서 행한 많은 악습들을 살펴보면 영국신사라는 말이 무색하다.

오늘의 인도는

인도를 여행할 때마다 느끼는 게 영국보다 인구 20배, 땅덩이 13배의 이 큰 나라가 어떻게 그 작은 섬나라에 먹히고 착취당했는가 하는 의문이다. 인도가 비교가 안 되게 낙후했던 때문이다. 덩어리는(하드웨어)는 크지만 국민성(소프트웨어)에는 큰 차이가 있는 것 같다. 수가 많아도 몽매한 사람들은 명석한 사람들에게 당하기 마련이다.

영국이 아무리 해양강국이라지만 온통 바다로 싸인 인도는 왜 바다에서 싸워 막을 능력이 없었는가? 미개했기 때문이다. 백성들은 사회적으로 천시되고, 나라가 가르치지 못하니 몽매하고 미개해졌다. 가진 자라도 적에게 매수되어 내통하고 조국을 배신하는 행위를 서슴지 않는 사대근성도 역시 교육의 문제다.

오늘날의 인도를 보아도 뛰어난 인재들이 세계를 누비는 IT강국이라

인도의 어린이 인도의 미래

고들 하지만, 인도 사회의 저변에 하루 1달러로 사는 3억의 절대 빈곤
층과 높은 문맹률을 보면서 깨이지 못하고 배우지 못한 다수의 국민들
이 소외되어 있다는 걸 알 수 있다. 세계 최대의 민주주의 국가라고 자
부하는 이 나라가 힌두교라는 종교의 벽을 깨고 반인륜적 카스트 제도
를 타파하여 이들을 개화시키지 못하면 인도의 앞날은 요원하기만 하
다는 생각이 든다.

-7-

세계사 최강의 칭기즈칸 제국

유라시아 대륙을 가득 메워

칭기즈칸 대군 원정의 초석은 유목민
칭기즈칸 네 아들과 손자들
칭기즈칸의 서진정벌(西進征伐)
킵차크 한국(汗國, Kipchak Khanate, 1243~1502)
일 한국(Il Khanate, 1259~1393)
차가타이 한국(Chaghatai Khanate, 1227~1360)
오고타이 한국(Ogotai Khanate, 1229~1310), 고려(高麗)도 침략
쿠빌라이의 원조(元朝, 1271~1368)
북원(北元) 세워 재기 꿈

몽골 제국의 판도를 역사 문헌에서 살펴보면 아메리카, 아프리카 대륙과 오세아니아주를 제외한 유라시아 대륙 거의 모두를 석권했었다. 근세에 서방의 열강들이 낙후한 동방의 후진국들을 침략하여 식민지로 속국을 만들고 다스렸던 역사를 생각해 보면, 일찍이 동양의 후진국이 선진 서방세계를 침략하여 오랫동안 다스렸다는 것이 자못 흥미

롭기만 하다.

나는 외교직에 봉직하면서 러시아와 중앙아시아 나라에 사는 동안 칭기즈칸과 그 후손들이 누빈 지역을 둘러보며 몽골 흔적의 역사를 들추어볼 기회가 많았다. 러시아의 모스크바, 카잔, 아스트라한, 우크라이나의 크림반도, 헝가리, 폴란드 그리고 우즈베키스탄의 호레즘, 아랄해, 히바, 우르겐치 사마르칸트, 부하라 등 모두 몽골의 발자국이 남아 있는 곳들이다.

칭기즈칸 대군 원정의 초석은 유목민

칭기즈칸 군대의 원동력은 뛰어난 기동력과 무자비한 살육 약탈전의 공포심으로 상대의 전의를 꺾은 게 요인이 아니었나 싶다. 뛰어난 기동력은 몽골족의 오랜 유목생활이 모태인 것 같다. 야영하는 유목생활은 전장을 매일 체험하는 것이며, 말을 타고 양떼를 모는 것은 말을 타고 적을 쫓는 전투나 다름없다. 물줄기를 찾을 줄 알고 천막을 칠 적소를 찾는 것은 원정하는 군사들이 숙달해야 하는 기본지식이다. 높은 곳에 올라 구름을 살피고 기상을 예측하며 늑대 무리를 찾는 것은 전장에서 정찰병이 숙달해야 할 전술 지식이다.

수레에 천막(게르)을 분해해서 싣고 또 다른 야영지를 찾아 떠나는 유목 생활은 먼 원정길에 오르는 군대의 행군인 것이다. 말고기를 먹는 유목민들은 원정군들의 식습관에서 내려온 것이다. 이런 유목민들의 기동성, 야전성은 몽골군 특유의 군사력으로서 정착 농민들은 당할 수가 없었을 것이다. 중앙아시아 유럽까지 먼 길을 원정할 수 있었던 요체이다.

칭기즈칸의 네 아들과 손자들

칭기즈칸(Chingiz Khan, 1162~1227)은 몽골 동북부 시베리아 접경 근처 오논(Onon)강 유역 숲에서 보르지긴 씨족 예수게이와 올크누트 부족 출신 후엘룬 사이에 태어났다. 어려서 이름은 테무진이었다. 칭기즈칸은 본부인 부르테와의 사이에 네 아들이 있었다. 주치(Juch, 1177~1227), 차가타이(Chaghatai, 1183~1242), 오고타이(Ogotai, 1185~1241), 툴루이(Tului, 1192~1232)였다.

첫째 **주치**는 모친이 납치되었을 때 생긴 자식이라고 형제들이 의심하여 둘째 차가타이는 늘 그의 정통성을 제기했다. 아버지 칭기즈칸의 부인에도 불구하고 두 형제는 암투하였다. 아버지의 대를 잇는 후계는 셋째 오고타이에게 돌아갔다. 아버지보다 6개월 전(1226)에 죽은 주치

1206년 칭기즈칸 즉위식과 아들들

가 동에서 멀리 떨어진 우랄 이동 이르티시(Irtysh)강 이서의 영지(오늘날 카자흐스탄 북부)를 받은 것도 형제들 간의 불편을 염두에 둔 아버지의 생각이 작용했을 것으로 보인다. 말년에 아버지와 형제들을 모반했다는 설이 있지만 분명치 않다.

주치는 중앙아시아 원정 때 우익군단을 맡아 호레즘 왕국의 우르겐치성을 함락하는 공을 세웠다. 그에게는 여러 아들이 있었는데 오르

다(Orda), 바투(Batu) 두 아들이 모두 한국의 칸으로 입신했다. **바투**(1207~1255)는 중앙아시아를 평정한 후 유럽 원정군의 총지휘관으로 러시아 공국을 공략하고 폴란드에 침입했다. 1241년 슐레지엔에서 유럽 연합군을 격파하였다. 킵차크 한국을 세워 초대 군주가 되었다.

둘째 **차가타이**는 차가타이 한국의 초대 칸으로 동생 오고타이에게 아버지 칭기즈칸을 잇는 대칸의 자리를 양보하였다. 형 주치에 대해 불신을 가지고 있었지만 엄격하고 소박한 군주로 알려졌다.

셋째 **오고타이**는 어려서부터 성격이 관대하고 온후하여 아버지의 신뢰를 받았으며 후계자로 지목되었다. 호라즘의 우르겐치성을 공략하는데 공을 세웠고, 아버지에 이어 2대 대칸이 되었으며 오고타이 한국을 세워 시조가 되었다. 아들 **구유크**(Guyuk)에게 대칸 자리를 물려주어 몽골 제국 3대 대칸이 되었다. 두 형의 암투에 덕을 본 사람이다.

넷째 **툴루이**는 아버지 칭기즈칸을 도와 금나라 원정에 올랐으며 중앙아시아 원정에서도 공을 세웠다. 대칸에 오르지는 못했지만 자식복이 있어 세 아들이 대칸에 오르는 등 성공하였다. 큰 아들 **몽케**(Monke)는 오고타이가(家)의 구유크 다음으로 4대 대칸이 되었다. 사촌이 물려받은 것이다. 넷째 아들 **쿠빌라이**(Kubilai)는 형 몽케의 뒤를 이어 5대 대칸이 되었으며 국호를 원(元)으로 바꾸고 그의 왕조는 97년 동안 중국 대륙을 통치했다. 다섯째 아들 **훌라구**(Hulagu)는 이란과 바그다드를 공략하여 일 한국을 세웠다.

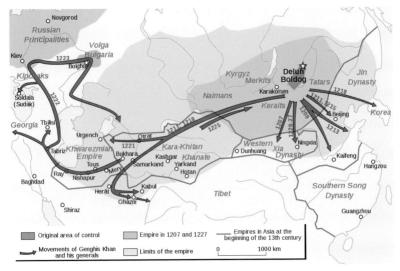

칭기즈칸의 유라시아 제국

칭기즈칸의 서진정벌(西進征伐)

몽골 제족(諸族)을 통일하여 1206년 칸(Khan)의 자리에 오른 칭기즈칸은 여러 주변국들을 복속시켰다. 남쪽의 농경지역인 금(金, 1115~1234, 아구다 여진족이 세운 나라)나라와 서요(西遼, 1124~1218, 거란 야율아보기의 요 왕조 (916~1125) 후신)를 제압한 칭기즈칸은 서방 세계로 대원정길(1219~1225)에 올랐다.

중앙아시아의 대초원과 사막을 횡단하여 카스피해가 가까운 아무다리아강 하류 호레즘 왕국(Khorezm, 1077~1231)을 침공하였다. 페르시아 문화권의 호레즘 왕국은 아랄해 남부 이란 지역까지 넓은 지역을 점하고 무하마드 2세 치하에 번영을 누렸는데 칭기즈칸이 보낸 사절을 참수하여 징벌적 침략을 받았다. 몽골군은 부하라 사마르칸트 히바를 유린하고 주민들을 무참하게 학살하였으며 무하마드 2세를 축출하고 왕국을 멸했다. 칭기즈칸의 이 원정은 이후 후손들에 의해 러시아, 헝가리, 폴란드 등 유럽 침략으로 이어졌다.

킵차크 한국(汗國, Kipchak Khanate, 1243~1502)

중앙아시아를 정복한 몽골군은 내친김에 계속 서진하여 러시아를 침공하였다. 칭기즈칸의 손자 바투가 이끄는 몽골군은 남부 러시아, 모스크바, 북부 러시아 공국들과 키예프를 유린하고 볼가 강변의 사라이(Sarai)에 좌정하여 킵차크 한국을 세웠다. 그리고 240년간 러시아를 다스렸다. 킵차크란 킵차크 부족이 살던 지역 이름으로 몽골 이전 9세기 전후 중서부 아시아에서 시작된 민족으로 여겨지는데 바투가 세운 킵차크 한국에 선주하던 유력한 부족이었다.

몽골은 초기 침략과정에서 집단학살, 약탈과 파괴, 공물수탈 등 정복지를 잔혹하게 다스려 공포감을 주었지만 점차 정착하면서 사정관을 파견해 세금을 거둬들이고 저항하는 주민들은 참혹하게 진압하였다. 그러나 주민들의 반발을 참작하여 러시아

사라이 왕궁의 흔적 (타일)

여러 지방 공후들에게 권한을 위탁하고 조공을 받는 간접지배 방법으로 바꿨다. 대공을 임명하여 공후들을 관리하고 지배를 강화했으며 모스크바 공국의 대공도 예외는 아니었다.

수도 사라이는 공후들의 출입이 잦아지고 새로운 시가지가 만들어졌

다. 가혹한 지배자였지만 종교에는 관대하여 사라이에 주교관구를 설치하고 교회도 세웠다. 교회 수도원에는 세금을 면해 주었고 재산을 보호해 주었다. 몽골지배 시대에 비잔틴 문화의 영향으로 성화(聖畵, 이콘) 문화가 크게 발달하여 오늘날에도 러시아에는 성화가 흔하다.

킵차크 한국은 14세기 전성기를 맞았으나 궁정 안에서 내분이 일어나고 러시아 제후들이 이반하면서 지배력이 약화되었다. 중앙아시아 초원에서 세를 키운 티무르(Amir Timur: Temerlane, 1336~1405)가 1395년 침공하여 급격히 쇠퇴하였다. 바투의 후손들은 크림반도 카잔 볼가강 하류 지역으로 흩어져 **크림 한국, 카잔 한국, 아스트라 한국** 등 새로운 칸 국을 세웠다. 모스크바 공국의 이반 3세는 1480년 킵차크 한국으로부터 독립을 선언하였으며 이반 4세 때 킵차크 한국에서 파생한 카잔 한국과 크림 한국을 복속시켜 몽골의 지배를 종식시켰다.

크렘린궁 앞에 아름다운 바실리 성당은 이반 4세가 몽골을 몰아낸 기념으로 1560년 축조한 것이다. 모스크바는 수즈달 공국(모스크바 동쪽 60㎞)의 유리 돌고리끼가 모스크바 강변에 성채를 세우고 시작된 작은 마을이었는데(1147), 1237년 몽골군의 침략으로 불탔다.

크림 한국(1430~1783)은 킵차크 한국을 세운 바투 동생의 후손인 하지 기레이가 세운 나라이다. 러시아 예카테리나 2세(재위 1729~1796)가 정복할 때까지 존속했다. 오늘날 크림 타타르가 그들의 후예이다. 크림 한국은 오스만 제국의 속국으로 보호받았기 때문에 카잔 한국(1552), 아스트라 한국(1556)보다 오래 살아남았는데, 1571년에는 모스크바를 기습하여 도시를 불태우고 10만 포로를 잡아가기도 했다.

1~2차 러시아 터키 전쟁에서 터키가 패하자 크림 한국은 러시아 영토로 귀속했으며 스탈린 시대에는 위험한 민족으로 여겨져 박해를 받아 중앙아시아로 대거 이주했다가 소련 붕괴 후 귀환했다. 모스크바에 살 때 나의 운전기사 발로자가 우리 생김과 같은 크림 타타르였는데 대사관에서 가장 성실한 운전기사였다. 아코디언 명연주자여서 여러 행사 때마다 실력을 발휘하여 사랑을 받았다.

카잔 한국(1445~1552)은 킵차크 한국의 우르그 무함마드와 아들 마프무데크가 볼가강 중류 카잔에 자리 잡고 독립국을 창건했다. 모스크바 대공국을 공격하기도 했는데 이반 4세의 15만 군대에 함락되어 모스크바 대공국에 편입되면서 러시아인들이 이주하였다. 니즈니 노브고

칭기즈칸 몽골군 (재현)

로드(구 고리키), 볼고그라드 등 다녀본 볼가 강변 큰 도시 중 볼가강과 지류들의 수자원이 가장 풍부하다. 볼가강 수상 교통의 중심지이며 현재 타타르스탄 자치공화국의 수도이다. 오늘날 가장 많은 타타르인들이 사는 곳이다. 아름다운 이슬람 사원 콜사리프 모스크가 타타르인들의 고장임을 말해준다.

러시아에서는 타타르란 말이 멀리 동방에서 온 이방인이란 뜻으로 통용되는데 슬라브 백인들에겐 약간 경원시하는 정서가 있다. 전형적인 서양인의 용모를 가진 백인들은 '치스뜨이 루스키'라 부른다. '깨끗한 러시아 백인'이란 뜻이다. 혼혈의 반대말이기는 하지만 뉘앙스는 인종주의적이다. 같은 슬라브 민족의 나라 '벨라 루스'(Belarus)를 '백러시아'라고 부르는데 피부가 하얀 미인들의 나라라고 막연히 생각들 하지만 그 어원은 우크라이나 러시아와는 달리 몽골의 발자국에 밟히지 않은 순수 백인이란 뜻에서 기원했다.

일 한국(Il Khanate, 1259~1393)

칭기즈칸의 손자 바투가 모스크바를 점령하고 킵차크 한국을 세울 즈음 역시 칭기즈칸 4남 툴루이의 아들 훌라구(Hulagu)가 페르시아 지역에 왕조를 세웠다. 1256년 아무다리야강을 건너 이란 지역을 평정한 후 1258년 바그다드의 압바스 왕조를 멸망시키고 오늘날 이란 북서부 타부리즈(Tabriz)에 일 한국을 세운 것이다. 훌라구는 3대 몽골 대칸 몽케와 원 나라 시조인 쿠빌라이의 동생이었다. 일 한국은 쿠빌라이 원조(元朝)의 대칸으로부터 책립이 있어야 정식 칸으로 될 수 있는 속령이었다.

쿠빌라이 원조에서는 일 한국의 칸에게 공주를 시집보내기도 했다. 쿠빌라이의 총애를 받으며 17년간 원나라에 식객으로 머물렀던 이탈리아 상인 마르코 폴로(Marco Polo, 1254~1324)는 일 한국의 4대 아르군 칸에게 시집가는 원나라 공주(코카친)를 안내하는 호송인으로 선발되어 겨우 고국으로 귀국할 수 있었다.

그는 귀국 후 '동방견문록'을 써서 유럽인들의 동양 인식에 기여했으며 동방 탐험가들에게도 귀중한 지침서가 되었다. 일 한국은 북방의 킵차크 한국, 차가타이 한국과도 대립하면서 백여 년 동안 10여 명의 칸이 다스린 후 소멸되었으며 지역은 중앙아시아에서 발흥한 티무르에게 점령당했다.

차가타이 한국(Chaghatai Khanate, 1227~1360)

칭기즈칸의 둘째 아들 차가타이는 시기적으로 다른 한국들보다 먼저 물려받은 영지를 중심으로 중앙아시아에 몽골 왕국, 차가타이 한국을 세웠다. 알말리크(현 신장 웨이얼 자치구 서쪽 크루자 부근)를 도성으로 서쪽 사마르칸트까지 다스렸다. 몽골 제국 4대 몽케까지는 대칸의 통제를 받았으나 5대 대칸 쿠빌라이(Kubilai) 원조(元朝)부터는 독립적 지위를 꾀하여 당숙인 쿠빌라이에 반기를 들고 싸우는 오고타이 한국의 하이두(Khidu, 오고타이 손자, 재위 1248~1301) 편에 섰으나, 하이두가 죽자 원과 화해하여 독립을 시도하였다.

칸 계승을 두고 동서 칸으로 분리되어 서투르키스탄의 몽골계 티무르가 1369년 티무르 제국을 건립하여 지역의 패권을 잡고 킵차크 한국, 일 한국 등을 평정하였다. 티무르는 몽골의 후예로 그의 후손들은

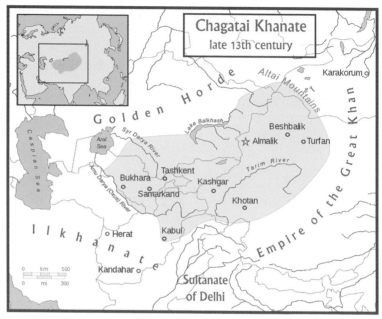

차가타이 한국(중앙아시아 우즈벡 신장 일대)

아프간 인도로 내려가 무굴 제국을 건설하여 3백 년 넘게 인도를 통치했으니 몽골의 후예들은 전 아시아를 지배한 셈이다.

오고타이 한국(Ogotai Khanate, 1229~1310), 고려(高麗)도 침략

1227년 칭기즈칸이 죽자 일찍부터 후계자로 지목되었던 셋째 아들 오고타이(2대 재위, 1229~1241)가 몽골 제국의 2대 칸으로 즉위하여 오고타이 한국의 시조가 되었다. 오고타이 아들 구유크(Guyuk, 3대 재위, 1246~1248) 이후는 칭기즈칸의 넷째 아들 툴루이(Tului)의 자손들 몽케(Mongke, 4대 재위, 1251~1259), 쿠빌라이(Khubilai, 5대 재위, 1259~1294)로 이어졌다. 후계 계승을 두고 안으로는 툴루이가(家)와 비툴루이가의 사

촌형제, 조카 간 싸움을 하면서 밖으로는 영토확장, 원정을 거듭하는 상황이었다.

고려 침략도 시작되었다. 1231년 오고타이 때부터 구유크, 몽케, 쿠빌라이 때까지 몽골은 9차에 걸쳐 고려를 침공하여 최우 무신정권 때 조정은 강화도로 피난하여 39년 동안 항거했으나 결국 항복하고 몽골에 복속하였다. 최우가 죽고 조정이 개경으로 환도하자 삼별초는 끝까지 남아 항거하였다. 고려는 백성들이 도탄에 빠지고 팔만대장경(초조대장경, 1087년 제작), 황룡사 9층탑이 소실되는 등 막대한 손실을 입었다.

고려 25대 충렬왕 때부터는 몽골 원나라의 부마국(사위 나라)으로 전락하여 왕자는 원나라에 가서 인질로 있다가 원의 공주를 왕비로 들여 개경으로 돌아왔고, 왕의 묘호도 조(祖)나 종(宗)을 사용하지 못하고 원나라에 충성한다는 충(忠)이라는 돌림자를 쓰게 되었다. 충선왕, 충숙왕, 충혜, 충목 등 모두 원나라의 피를 받은 왕들이 대를 이었다

4대 몽케 칸은 중국 후베이 지방과 투르키스탄의 요지를 점령하고, 동생 쿠빌라이에게는 중국 남부 깊숙이 스찬, 윈난, 안난, 티베트를 정벌케 했으며 셋째 동생 훌라구를 서방으로 보내 이란과 바그다드를 공략하여 압바스 왕조를 무너뜨리고 일 한국을 건설하게 하였다. 몽케 칸이 죽자(1259) 쿠빌라이가 5대 칸으로 즉위하여 연경(북경)으로 수도를 옮기고 원조(元朝)를 열었다. 오고타이 손자 하이두가 쿠빌라이에 반기를 들고 항쟁하였으나 그가 죽자 1303년 화의를 맺고 오고타이 한국은 멸망하였다.

쿠빌라이의 원조(元朝, 1271~1368)

몽케 칸의 휘하에서 중국남부를 석권한 쿠빌라이는 1259년 대칸에 오르자 유목민족의 결함을 극복하기 위해 농경이 공존할 수 있는 지역에 강대한 중앙 집권적 제국을 세우고자 했다. 북방 초원지대에 정치적 기반을 두고 대륙 남방 속령으로부터 가혹한 수탈로 경제적 욕구를 충족해 왔던 유목민족의 모순이 가져온 끊임없는 동요를 극복하기 위해 정치 기반의 중심을 남으로 옮겼다. 몽골고원의 카라코룸 사막 초원에서 화북(華北)에 가까운 상도(上都, 현 네이멍구 자치구)와 화북의 중심인 대도(大都, 연경 북경)로 옮겨 중국식 관료국가 건설을 꾀하였으며 1271년 역경(易經)의 대재건원(大哉乾元)을 따서 대원(大元)이라 국호를 칭하여 중국 역대왕조의 계보를 잇는 정통 왕조임을 선언했다. 1279년에는 중국 남송을 정복하고 중국대륙을 통일한 최초의 이민족 왕조가 되었다.

쿠빌라이는 동아시아의 대부분을 차지한 대제국의 통치자가 되었지만 몽골의 정통성을 계승한 왕조임을 자부하고 서방의 몽골 한국(汗國)

식객 마르코 폴로에게 재정 지원하는 쿠빌라이 (Courtesy Wikipedia)

들 위에도 군림하려 하여 반감을 샀다. 오고타이 손자 하이두가 반툴 루이가의 킵차크, 차가타이 한국과 동맹을 결성하여 원의 북서부 요지를 공격하여 쿠빌라이 정권을 위협했다. 쿠빌라이가 죽은 뒤에도 항쟁은 계속되었으나 1301년 카이두가 사망함으로써 30년 대립은 끝났다. 원은 몽골 제국의 종주권을 회복하고 97년간 중국을 통치하였다. 킵차크, 차가타이, 일 한국 등 3한국은 서로 연합하여 유라시아 대륙은 60년간 타타르의 평화를 누렸다.

쿠빌라이는 치세 35년간 한인(漢人)의 세습적 봉건 제후제를 폐지하고 중앙 집권제를 확립하였다. 당나라와 금나라의 관제(官制), 세제(稅制)를 본받아 정비하고 동서 문물이 자유롭게 교류되게 하여 국제무역이 번창했다. 그러나 후대에 내려가면서 국정이 해이해지고 중앙 관료들의 정쟁이 심해져 한족의 민족반란이 잦아지면서 폭동이 일어나 주원장(朱元璋)의 명조(明朝)가 출현하였으며, 1368년 대도를 내주고 마지막 왕은(혜종) 몽골 본토로 쫓겨나 원나라의 중국 지배는 끝났다.

북원(北元) 세워 재기의 꿈

명나라에 내몰린 원나라는 몽골고원으로 돌아가 북원(北元)을 세우고 명나라와 틈틈이 대립했다. 명 3대 황제 태종(영락제)은 1424년 북원정벌 도중 고비사막에서 죽었으며, 1449년 명나라 초기 중기 북원의 몽골부족인 오이라트족 에센 타이지(몽골제국 29대 칸 재위, 1453~1454)는 명나라와 변방 토목보(土木堡) 전투에서 명나라 영종(정통제)을 생포하는 토목의 변(土木堡之變)을 일으키는 등 무역전쟁을 치렀다.

이후 북원은 여러 부족 연맹으로 그 세가 분할되어 쿠빌라이의 후손

다얀 칸(몽골제국 33대 칸 재위, 1480~1517) 때는 여러 부족을 통일하여 몽골 제국 부활의 토대를 닦고 명나라 후베이성, 베이징까지 쳐들어가기도 했으나 이후 다시 여러 부족으로 흩어져 각 부족들은 모두 청나라에 복속되었다.

원나라가 중국 본토에서 명나라에 쫓겨난 1368년을 원 왕조의 끝으로 보는 시각이 있지만, 그 후예들이 몽골 땅으로 돌아가 267년간 왕조를 유지하며 세를 떨쳤으니 쿠빌라이 이후에도 원 왕조는 계속된 것으로 보는 것이 타당할 것이다.

- 8 -

역사의 뒤안길로 사라진 칸의 후예들

러시아, 청 틈에 가려진 몽골 근대사

유라시아 대륙으로 흩어진 북방 유목 기마민족
명(明)에 쫓긴 원(元), 몽골 고향 땅으로
청의 지배 벗어나 소련의 1등 위성국으로
역사의 뒤안길, 몽골 인민 혁명당 공산주의
러-몽 연합 할힌 골(Khalkhin Gol) 전투, 일본 패퇴시켜
2차 세계대전 후 국제사회에 나와
몽골은 열렸다

세상에는 영광의 제국사를 이어가지 못하고 세계사의 흐름에서 멀리
뒤쳐진 나라들이 여럿 있다. 몽골이 그중 하나다. 유라시아 대륙을 휩
쓸었던 칸의 제국은 사라지고 왜 역사의 뒤안길에서 움츠리고 있는지
오늘의 몽골을 보면 자못 흥미롭고 안타까운 일이다.

유라시아 대륙으로 흩어진 북방 유목 기마민족
몽골인들은 그들과 그들의 선대들이 살았던 땅을, 동서로는 다싱안

링(大興安嶺)산맥에서 알타이(Altai)산맥까지, 남북으로는 바이칼(Baikal) 호부터 만리장성(萬里長城)까지로 생각하고 있다. 이 영역의 유목 민족 중 가장 먼저 출현한 흉노(匈奴)는 기원전 3세기부터 1세기간 중국 한 (漢)나라, 진(秦)나라를 침범하는 강한 기마 세력이었으며, 대제국으로 흥기하여 중앙시아를 건너 로마 제국을 무너뜨린 게르만 민족의 대이 동을 가져 온 훈(Hun)족으로 알려졌다. 그리고 오늘날 헝가리의 조상이 되었다는 흔적을 남겼다.

6~7세기에 출현한 돌궐(突厥, 투르크)은 두 갈래로 이동하여 하나는 남진하여 중국의 현 신장웨이우얼 자치구로 남았고, 다른 하나는 서진 하여 중앙아시아에 정착하여 오늘날 우즈벡, 카자흐, 키르키츠, 투르 크멘, 아제르바이잔 등으로 남았다. 이들은 더욱 서진하여 셀주크 터키 와 오스만 터키를 거쳐 오늘의 터키를 남겼다. 14세기 중앙아시아의 사 마르칸트에서 발흥한 티무르 제국은 몽골의 후예이며 그 자손은 아프 간과 북인도를 석권하고 16세기 무굴 제국을 세웠다.

13세기에 출현한 몽골(蒙古)은 칭기즈칸과 그 후예들이 유럽까지 진 출하여 러시아, 크림반도, 볼가강 하류 아스트라한, 카잔 등지에서 타 타르인으로 각인되어 그 후예들이 살고 있다. 18세기에는 몽골인들 이 카스피해 서쪽 볼가강 유역에 이주하여 오늘날 러시아의 칼미크 (Kalmyk) 공화국으로 남아있다. 모스크바 한복판에서 몽골인의 피가 섞인 혼혈 백인들을 보기는 어렵지 않다.

이렇듯 몽골고원을 떠나 멀리 이동해간 북방 기마 유목민들은 현지 에 나라를 세우거나 동화되어 살고 있다. 몽골고원에 남아서 유목생활을 하며 살아온 사람들은 29개 소수민족을 포함하는 할하(Khalkha)족 중심의 몽골인들이다. 이들은 몽골 칸의 원나라가 명에 밀려 다시 고향으로 돌아가 세운 북원(北元)에 복속되어 역사의 수난을 겪으며 지금까지 살고 있는 3백만 몽골인들이다.

명(明)에 쫓긴 원(元), 몽골 고향 땅으로

1368년 명에 쫓기어 2백여 년간 북원을 세워 재기를 노리던 몽골은, 종족 간 이합집산을 거듭하며 명의 세력과 부딪쳤으나 끝내 이웃 만주 여진세력에 복속되었다. 명나라를 멸망시키고 중국을 통일한 여진족 청은 남몽골(1631)과 북몽골(1688)을 차례로 병합하고 내몽골(현 중국 자치구 네이멍구), 외몽골(현 몽골)이라 불렀다.

유럽에서 우랄산맥을 넘어 동진을 계속하여 동시베리아에 이른 러시아는 1689년 청과 네르친스키 조약을 맺고 바이칼 호수 동남의 몽골 땅 부랴트족 거주지를 빼앗았다. 몽골 거주지 전역이 북쪽의 러시아 세력과 남쪽의 청나라 틈에 끼인 것이다. 이렇듯 몽골은 남북 강대국에 의해서 분할 지배되어 땅은 줄어들고 과거 영광의 역사와는 단절되어 압제와 수탈에 시달렸으며, 전통사회는 급속하게 해체되었다. 몽골은 꼭두각시 복드 칸국(Bogd Khan)을 세운 청의 지배를 거쳐 소련의 위성국 몽골 인민공화국으로 음지에 갇혀 있다가 오늘의 몽골(Mongolia)로 독립하였다.

러시아나 청나라나 수세기 전 칭기즈칸과 그 후예들의 지배를 받으며 시달린 역사를 상기하면, 이들이 몽골을 수탈하려던 것은 우연치 않은 일로 여겨진다. 바이칼 일대 부랴트를 차지한 러시아와 남몽골을 차지한 한인(漢人)들에게 목초지를 빼앗기고 한인 상인과 고리대금업자의 수탈로 유목민들의 생활 기반은 무너졌다.

청의 지배 벗어나 소련의 1등 위성국으로

2백여 년 청의 지배를 받던 몽골은 1911년 중국 신해혁명으로 청이 멸망하자 독립의 기회를 맞았다. 남북 몽골 지도자들은 북몽골의 후례(현 울란바토르)에서 독립을 선포하고 남북 몽골의 통합에 착수했으나 새로 들어선 쑨원의 중화민국과 러시아의 강압으로 민족통합운동은 좌절되었으며, 1915년 몽골, 러시아, 중국 3자 회의에서 독립마저 취소되고 남몽골(내몽고)은 중화민국의 자치구로 전락했다.

마침 1917년 러시아에서 10월 혁명이 일어나자 몽골은 중국으로부터 벗어날 수 있는 기회를 다시 맞아 볼셰비키 혁명군 편에 서니 시베리아 일대의 반혁명 세력 백군이 몽골 땅에 들어와 혁명 지지세력을 처단하는 등 간섭을 받았다. 그러나 러시아가 혁명에 성공하자 담딘 수흐바타르(Damdin Sükhbaatar, 1893~1923)를 중심으로 한 젊은이들이 소련의 지원을 받아 백군을 몰아내고 1921년 중국의 영향에서 벗어나 독립을 선언하였다.

담딘 수흐바타르

1924년에는 청 지배하의 꼭두각시, 복드(Bogd) 칸 군주제를 종식하고 몽골 인민혁명당(MPRP)을 창설하여 몽골인민공화국으로 소련에 이어 세계 두 번째 공산주의 국가가 되었다. 담딘 수흐바타르는 30세의 젊은 나이에 죽었지만(병사) 오늘날 몽골의 독립 영웅으로 칭송되고, 울란바토르 시내의 동상과 지폐 속 인물로 남아있다. 울란바토르 시내에는 티베트 출신 마지막 복드 칸이 살던 겨울궁이 있다.

역사의 뒤안길, 몽골 인민혁명당 공산주의

1932년부터 점진적 사회주의 정책을 지향하여 소련, 중국, 유럽 사회주의 국가들의 원조를 받아 사회주의 기반을 다졌다. 담딘 수흐바타르는 뒤를 이은 골루진 치이발상(Khorloogiin Choibalsan, 1895~1952)은 스탈린주의에 열중하여 정치인, 승려, 지식인 등 3만여 명을 숙청하여 몽골의 스탈린으로 악명을 남겼다. 그는 몽골 고유문자를 폐기하고 러시아 키릴문자를 보강하여 쓰게 하였다. 주체성은 떨어져도 외국인의 눈에는 잘한 일 같다. 그는 만주에서 몽골을 침략한 일본 관동군을 소련군과 함께 격퇴시켜 공을 세우기도 했다. 1952년 모스크바에서 병사했다.

몽골은 모스크바 국제공산주의(코민테른)의 1호 작품으로 1960년대 중소 분쟁에서 소련을 지지하는 등 철저한 친소 정책노선을 취하여 소련의 1등 위성국이 되었으며 중국의 위협으로부터 보호되었다. 인민혁명당의 몽골 공산정권은 모스크바에 본부를 둔 공산권 상호 원조기구 코메콘(COMECON)에 가입하여 소련과 동유럽 공산권의 원조를 받아 경제난을 타개하였다. 소련이 15개 소연방 공화국에 이어 몇 개 공화국을 더 만들었다면 동유럽의 불가리아나 중앙아시아의 아프가니스탄 등과 함께 몽골은 0순위였을 것이다.

청 지배하 꼭두각시 복드 칸(Bogd)의 동궁

    이렇듯 몽골은 소련 덕분에 오늘날 독립국으로 살아남았지만 티베트, 신장 위구르 등 청나라 지배를 받던 다른 소수 민족들은 모두 중국에 먹혔다. 티베트도 1911년 신해혁명이 일어나자 이때다 하고 독립을 선포했으나 후견국이 없었으니 1949년 중공군의 침략을 받아 1959년 티베트사태로 결국 중국의 속국이 되었다. 달라이 라마는 인도로 망명하여 망명정부를 세워 지금까지 항거하고 있다. 신장 위구르도 마찬가지다. 청나라 지배 이후 중국의 손아귀를 벗어나지 못하고 있다. 중국이 찬탈한 티베트, 신장 위구르와 남몽골(네이멍구)을 합하면 만주를 뺀 중국 영토의 반에 가깝다.

러-몽 연합 할힌 골(Khalkhin Gol) 전투, 일본 패퇴시켜

    몽골이 소련의 위성국으로 밀착하였을 때 두 나라는 함께 만주에 진출한 일본군과 싸우기도 했다. 우리 한국민에게는 생소하지만 1939년 몽골 만주 국경의 할힌 골(Khalkhin Gol)에서 벌어진 격전이 그것이다. 1910년 조선반도를 삼킨 일본은 만주를 침공하여 만주사변(1931)을 일으키고 만주국을 세웠다(1932). 몽골도 만주에 주둔한 관동군 위협에 노출되었다.

일본은 만주 점령에 이어 베이징, 상해 등 중국 동부를 침략하여 중일전쟁(1937)을 일으켰으며, 장제스(蔣介石) 정부의 중화민국과 마오쩌둥(毛澤東)의 공산당은 국공합작(國共合作)으로 일본군의 침략에 맞서느라 여력이 없었다. 1906년 러일전쟁에서 승리한 경험에 고무된 만주 일본 관동군은 소련군의 전력을 과소평가하

처이발상과 주코프 (Courtesy Wikipedia)

고 대본영의 허락도 없이 소련 몽골 연합군을 공격하였다.

1939년 5월부터 9월간 몽골-만주국 국경 분쟁지대 할하강(Khalkha River) 유역에서 충돌했다. 일본군 제6군은 만주국군과 함께 마치타로의 선공으로 소련-몽골 연합군과 격전을 벌렸으나 1만 8천 명의 사상자를 내고 연대장 10명이 자살 또는 전사하는 등 참패하였다.

쌍방이 항공기와 탱크까지 동원한 이 전투에는 스탈린의 지원을 받은 소련군 주코프(Zukov) 장군 휘하 기계화 부대 5만 명이 투입되었다. 몽골군의 수뇌는 공산당 서기장 골루진 처이발상이었다. 일본인들이

할힌 골 전투의 몽골군 (Courtesy Wikipedia)

'노몬한 사건'(Nomonhan Incident)이라 부르는 이 육상전투는 소련과 일본이 모두 큰 손실을 입은 괄목할 만한 역사적 지상전이었다.

2차 세계대전을 앞둔 일본과 소련은 불가침 조약을 체결하고(1941년 4월) 이후 할하강은 소련의 뜻대로 만주와 몽골의 국경이 되었으며 오늘날까지 중국과 국경을 이루고 있다. 일본은 이미 소련과 1938년 7월 동부 만주 국경에서 장고봉(하싼 인근) 전투를 치르고 소련의 압도적 공세에 패하여 물러선 일이 있었다.

2차 세계대전 후 국제사회에 나와

태평양 전쟁이 끝나고 일본이 패퇴하자 중국과 몽골에 평화체제가 자리 잡게 되었으며 1946년 국민투표 결과 몽골국민의 독립의지가 확인되어 중국도 이를 인정하고 25년 만에 국제적 지위가 인정되었다. 1963년 영국과 수교하면서 철저한 고립주의에서 탈피하고 1986년 중국과 영사조약 체결, 1987년 미국과 수교하는 등 문호를 개방하였다.

1980년대 중반부터 아시아 국가로서는 처음으로 탈사회주의 국가를 추구하는 나라가 되었다. 동구가 무너지고 소련이 개혁 개방으로 나서자 몽골에서도 대규모 군중집회가 열리고 인민혁명당은 저항 없이 노선을 바꾸어 1992년 신헌법을 제정, 사회주의를 탈피하고 대통령 중심제의 비동맹 중립 국가가 되었다.

1992년까지 소련군 6만여 명이 주둔했으나 지금은 외국군대의 주둔을 불허하고 있다. 2000년에는 헌법을 개정하여 의원내각제적 성격을 강화하였다. 국민이 대통령을 선출하고 의회가 총리를 뽑는다. 2013년 북한 김정은 집권 후 첫 외국 정상으로 평양을 방문한 몽골 대통령은 김일성 대학에서 시장경제 자유민주주의 노선을 천명하여 북 정권을 당혹하게 했다.

몽골은 열렸다

몽골 3백여만 인구의 반이 수도 울란바트로에 산다. 몽골인구의 79%는 할하(Khalkha)족이다. 이들은 동부 할하강 부근에 살던 사람들이다. 몽골족은 원래 동북부 흑룡강 상류에 살던 부족이다. 오늘날 넓은 몽골고원에 살아온 수많은 북방 유목 기마민족 중 가장 괄목할 흔적을 남긴 부족이다.

울란바토르 도시 외관은 고층 건물들도 들어서고 아파트 건설도 눈에 띄지만 짓다가 중단된 건축물들이 많다. 수도에서는 산업시설을 보기 어렵다. 최근 사회주의 체제를 시장경제로 바꾸어 30여년 가까이 개혁 개방을 시도하고 있지만 내륙국이라는 지정학적 제한 때문에 그리 쉽지는 않은 것 같다.

현대식 유목 생활 (Courtesy Wikipedia)

광물자원은 풍부하나 개발, 시장 진출이 용이치 않은 것이다. 정유시설 없이 원유를 그대로 중국에 팔아넘기니 무슨 큰 이익이 남겠는가? 원자재를 팔아 가공품을 사들이려니 경제는 어렵다. 국민들 수입이 적으니 저축률이 낮고 자본이 형성되지 않으니 투자할 돈이 없는 것이다. 게다가 국제 신용등급이 낮으니 외국투자도 어렵다.

도시민들은 대부분 서비스업에 종사하거나 무역을 한다. 무역업이 돈이 되는 것은 슈퍼마켓에 가보면 알 수 있다. 상품은 거의 모두 수입품이고 가격은 비싸다. 거리를 달리는 자동차들은 모두가 외제이다. 승용차는 거의 일산(日産), 버스는 한국산이다. 돈만 있으면 살기는 어렵지 않겠으나 공무원 한 달 월급 40만 원으로 살 수가 있겠는가? 그러니 모두 투 잡(두 직업)을 가진다는 것이다.

 몽골 국민의 1/3은 아직도 양떼를 몰고 다니며 목축을 생업으로 하는 유목민이다. 축산업의 경제성을 짚어보기보다는 첨단 물질문명을 구가하는 현대사회에서 유목민 생활의 후진성과 문명사회에서 유리된 그 생활이 과연 가치가 있는 삶인지…. 그 넓은 땅에 얼마 안 되는 인구가 살면서 이젠 삶의 방식을 바꾸는 사고의 전환이 필요하지 않을까 생각해본다. 유목생활을 접고 산업역군으로 근대화에 매진한다면 국가발전은 물론 보다 나은 민생을 이룰 수 있을진대 전통이라는 게 그리 쉽게 단절되는 간단한 일이 아닌 것 같다.

 사회 저변에 잔재한 70년간의 공산주의, 고립주의 타성과 정처 없이 떠도는 유목민 문화가 이 나라 경제발전을 더디게 하는 요인으로 보인다. 몽골을 여행하면서 상수도도 없이 우물물을 길어다 먹는 도시의 주택들을 보고 안쓰러웠지만 대형 슈퍼마켓에 들러 풍부한 상품들을 보았을 때, 캐시미어 공장 직판장에 들러 잘 디자인되어 가공된 의류제품들을 쇼핑할 때는 그래도 '이 나라가 외국인들의 구미를 살필 줄 아는 발전 가능성이 있는 나라구나' 하고 느꼈다.

 몽골 여행자들이 의아해 하는 것은 중앙아시아, 유럽, 중국을 제패한 칭기즈칸과 그 후예들의 역사적 흔적을 볼 수 없다는 것이다. 떠돌아다니며 사는 유목민 특유의 문화라지만 어디서 낳아서 살다가 어디서 죽었는지 대략 지역만 알지 생가나 묘소는 없다. 어느 나라를 가더라도 역사적인 인물들의 생가나 살던 집 그리고 무덤이 있어서 그들의 존재를 실감하지만 몽골에는 그런 게 없다. 칭기즈칸이 전투를 하던 중 잃어버린 칼을 나중에 발견했다는 전장 부근에 그의 동상 하나 크게 세워놓은 것이 그저 그의 흔적이다.

몽골 여행을 마치면서 나는 그들이 싫어하는 용어를 고쳐 쓰기로 했다. 중국 사람들이 몽매한 사람들이라 부른 몽고(蒙古, Menggu)라는 용어와 흉측한 오랑캐라는 뜻의 흉노(匈奴)라는 말이다. 바른 용어는 몽골(Mongol)과 훈(몽골어로 사람이란 뜻)이라는 것이다.

몽골 씨름 선수들 (나담 축제)

- 9 -

중국을 다스린 북방 정복왕조들

변방 한반도에도 그늘 드리워

여러 이름으로 불린 몽골 유목 기마민족

수(隋)·당(唐) 이후의 정복왕조들

거란족이 세운 요(遼, Liao, 916~1125)

여진족의 금(金, Jin, 1115~1234)

몽골족이 세운 원(元, Yuan, 1271~1368)

여진족의 청(淸, Qing, 1636~1912)

인조(仁祖) 무릎 꿇린 청 태종 홍타이지

기울어진 명(明)나라 파고든 청나라

한족과 북방 왕조의 한민족(韓民族) 침략

여러 이름으로 불린 몽골 유목 기마민족

동아시아 북방의 초원지대에 사는 수렵 유목민들은 남방 평원지대 농경 도성민(都城民)들을 늘 침략 정복하여 왔다. 그 최초가 북방의 유목 흉노(匈奴)가 남방의 진(秦), 한(漢)과 대립한 것이었으나 흉노는 멸망하였다. 선비족(鮮卑族, 남만주 몽골 지방의 유목민)이 화베이(華北) 지방에 북조(北朝, 386~534, 北魏)를 세워 남조(南朝, 420~589, 宋, 齊, 梁, 陳)와 대립하였으나 수(隋, 589~619), 당(唐, 618~907)에 흡수되어 동화되었다. 중국대륙의 일부 또는 전부를 정복한 북방 민족 요(遼), 금(金), 원(元), 청(淸) 등은 모두 수·당 이후에 나타났다.

중국 북방민족이라 하면 크게 몽골지역과 동부 만주지역으로 볼 수 있다. 몽골 땅은 기원전부터 워낙 광대한 지역이어서 여러 부족들이 동서남북 곳곳에서 세를 불려 기마 유목민족으로 활동하며, 남으로 중국대륙을 침범하고 중앙아시아를 넘나들었기 때문에 그 이름들은 달라도 모두 몽골지역의 부족들이다. 이 지역에서 명멸한 역사적 부족들을 열거해 보면 아래와 같다.

흉노(匈奴) → 선비(鮮卑) → 유연(柔然) → **돌궐(突厥)** → 회흘(回紇) → 견곤(堅昆, 키르키츠) → **거란(契丹)** → **요(遼)** → 카마그 몽골(12세기 몽골제국의 전신) → **몽골제국(蒙古帝國)** → **원(元)** → 북원(北元)

수(隋)·당(唐) 이후의 정복왕조들

수·당 이후 주요 북방세력은 모두 몽골계와 만주 여진계였다. 몽골계 거란족(契丹族)이 **요(遼)**를 세워 연운(燕雲) 16주 중국 북방영토를 탈취하고 남에 새로 등장한 송(宋, 960~1279)나라를 압박한 것이 시초다. 거란족 이후 등장한 퉁구스어계의 여진족(女眞族) 국가인 금(金)나라는 남쪽 깊숙이 들어가 황허(黃河)강 이남까지 빼앗고 강남으로 피해간 남송(南宋)과 대치하였다.

이어 나타난 몽골족은 금나라 남송을 모두 제압하고 원(元)나라로 개칭하여 중국 전토를 지배하였으며 중국뿐 아니라 유럽과 페르시아, 중앙아시아에 걸친 유라시아 대륙에 네 개 한국(汗國)을 세워 유목민 대제국을 수립하였다.

원나라가 멸망한 뒤 명(明)나라가 일어나 북방으로 쫓겨간 유목 정권(북원)을 억압하였으나 금나라의 후신 여진족 후금국(後金國)이 일어나 다시 중국 전토를 정복하고 청(淸)나라를 세워 최근세까지 3백 년 가까이 지배했다. 이들 북방 정복왕조들은 중국 한인(漢人)의 전통문화에 압도되지 않고 자기네 고유문자를 쓰는 등 강한 통치력으로 중국을 정복 지배한 정복자들이었다.

〈한족조(漢族朝)와 북방정복조(北方征服朝) 시기 비교〉

북방 왕조	한족
	당(唐, 617~907)
요(遼, 916~1125)	송(宋, 960~1279)
금(金, 1115~1234)	송(宋, 960~1279) 남송(南宋, 1127~1279)
원(元, 1271~1368)	
	명(明, 1368~1644)
청(淸, 1636~1912)	
* 당(唐) 명(明)은 통일 중국의 한족(漢族) 왕조 　요(遼) 금(金)은 북방 왕조 한족(漢族) 왕조인 송(宋)과 공존 　원(元) 청(淸)은 통일 중국 북방 왕조	

거란족이 세운 요(遼, Liao, 916~1125)

네이멍구(內蒙古, 현 중국 영토) 시라 무렌(Sira Muren)강 유역에 살던 부족들이 당(唐, 616~907)나라 말기 혼란한 틈에 세력이 커지면서 **야율 아보기**(Yelu Abaoji, 재위 907~926)가 여러 부족을 통합하여 916년 거란국(契丹, Khitan State)을 세웠다.

918년 상경임황부(上京臨潢府, 현 遼寧省 巴林左旗)에 도읍하여 거란문자를 창제하고 위구르(Uyghur, 돌궐족 이후 신장 지역의 부족), 탕구트(Tangut, 티베트 쪽 부족), 발해(渤海)를 멸망시키고 동투르키스탄에서 외몽고 만주에 이르는 넓은 지역을 장악하였다. 그의 뒤를 이은 태종(太宗, 926~947)은 만리장성 이남의 연운(燕雲) 16주(현 베이징을 중심으로 한 주변 16개 지방)를 차지하고 938년 국호를 대요(大遼, Great Liao)로 바꾸었다.

6대 성종(聖宗, 981~1031) 때인 993년 소손녕(蕭遜寧)을 보내 친송(親宋) 고려를 침략하여 견제한 뒤 송을 공격하여 복속시켰으며 요는 동아시아 최강국으로 세력을 떨쳤다. 1018년 소배압은 귀주에서 강감찬 장군에게 패주하였다. 1125년에는 만주 여진족이 세운 금(金, 1115~1234)나라에 밀려 대부분의 땅을 내주고 야율대석(耶律大石)이 서쪽 중앙아시아에 서요(西遼, 1132~1218)를 건국하여 1218년 칭기즈칸의 몽골에 복속될 때까지 3백여 년간 존속되었다.

요는 오늘날 베이징을 포함한 중국대륙 북부와 몽골, 만주일부, 서역 중앙아시아 일대 광활한 지역을 지배한 최초의 북방 정복왕조였다.

여진족의 금(金, Jin, 1115~1234)

만주 일대의 여진족은 10세기 초 이후 거란족이 세운 요(遼)나라의 지배를 받았다. 여진족 중 하얼빈 남동쪽 완안부의 세력이 커지면서 그 추장인 **아구다**(阿骨打, Aguda, 1068~1123)가 요를 이반하여 자립하고 세조(世祖, 재위 1115~1123)로 금(金, 1115~1234)나라를 창시하였다. 아구다는 행정 군사조직을 갖추어 정복 왕조로서 체제를 정비하였다.

아구다 (Courtesy Wikipedia)

남송과 접한 금(金) (Courtesy Wikipedia)

금은 송(宋)과 동맹을 맺고 요를 협격하여 만주에서 요를 몰아냈으며 산시성(山西省) 다퉁(大同), 허베이성(河北省) 연경(燕京, 현 베이징)으로 진출하여 1125년 2대 태종(太宗) 때에는 요를 멸망시키고 서하(西夏)와 고려(高麗)를 복속시켰다. 송의 수도 허난성(河南省), 카이펑(開封)을 공격하여 강남으로 밀어내고 남송(南宋, 1127~1279)을 압박하여 신례(臣禮)를 갖추고 세폐(歲幣)를 바치도록 하였다. 금은 만주 전역과 내몽골 중국 북부 화베이(華北) 지역을 영유하였다.

4대 해릉왕(海陵王, 재위 1149~1161) 때에는 연경(베이징)으로 천도하여 많은 여진족들을 이주시켰다. 남송을 쳐서 중국 전국을 통일하려는 뜻을 가시고 남벌을 감행했지만 뜻을 이루지 못했다. 5대 세종(世宗)은 남송과 친교하고 선왕이 남벌(南伐)로 남긴 재정난을 타개하고 금의 전성기를 이루었다.

여진말(語)과 여진문자를 장려하는 등 국수주의(國粹主義) 정책을 취하였다. 이후 실지회복에 나선 남송의 도전을 받았으며 몽골군의 침입으로 만주를 잃었다. 9대 애종(哀宗, 1223~1234) 때는 카이펑이 몽골군에 포위 함락되었으며 몽골과 남송군에 멸망하여 120년 통치가 끝났다.

몽골족이 세운 원(元, Yuan, 1271~1368)

북방 유목 기마민족 중 몽골은 가장 강력한 세력이었다. 그러나 중국대륙 지배는 백 년이 되지 못하였다. 칭기즈칸 이래 2대(오고데이 칸), 3대(구유크 칸), 4대(몽케 칸) 제국의 칸이 있었지만 이들은 점령지 속으로 뛰어들지 않고 북방 유목민족으로 자리하여 속령으로부터 가혹한 수탈과 약탈로 경제적 욕구를 충족하였다.

칭기즈칸의 손자 5대 칸 **쿠빌라이**(Khubilai Khan, 1215~1294)는 농경과 유목이 공존할 수 있는 중간 지대에 정치적 중심을 두고 강한 중앙집권적 제국을 만들려 했다. 수도를 몽골고원의 카라코룸에서 상도(上都, 현 내몽골 자치구 소재)와 화베이의 중심, 대도(大都, 베이징)로 옮겼다. 1271년 국호를 대원(大元, 1271~1268)이라 칭하고 남송을 평정하여 명실 공히 중국 전토를 영유하고 멀리 일본, 베트남, 자바, 미얀마 등지로도 원정했다.

쿠빌라이는 사위의 나라 고려군과 함께 연합군으로 세 차례나 대마도를 거쳐 규수에 상륙했지만 일본 정벌은 모두 태풍으로 실패하였다. 일본 사람들은 이 고마운 태풍을 신풍(神風, 가미카제)이라 부른다. 태평양 전쟁 말기 미군이 필리핀에 상륙하여 오키나와에 접근하자 일본은 천황을 위해 영광스럽게 죽으라며 자살특공대를 띄워 미국 항모를

쿠빌라이

동체로 공격, 1천 명을 희생시켰다. 이들을 이르는 가미카제는 여기서 유래한 말이다.

쿠빌라이는 중국대륙을 다스리는 원의 왕일 뿐 아니라 몽골제국의 종주권도 주장하여 유라시아 대륙의 네 한국(汗國)들 위에도 군림하여 반쿠빌라이 동맹을 결성한 한국들의 위협을 받았으나 곧 평정하여 대제국의 꿈을 이루었다. 원나라는 말기 황실 제위 계승을 놓고 황족끼리 골육상잔의 혼란에 빠져 국정이 해이해지기 시작하였다.

지방에서 한인들의 폭동이 일어나 양자강을 건너는 남부 세금선이 차단되는 등 반란의 혼미한 틈에 강남을 평정한 탁발승 주원장(朱元璋, 1328~1398)의 출현으로 명조(明朝, 1368~1644) 정권이 출현하게 되었다. 1368년 원은 수도 대도를 명나라 군대에 내주고 혜종(惠宗)은 몽골 본토로 내몰림으로써 원의 97년간 중국 지배는 끝났으며, 북방민족 거란 이후(937) 430여 년 만에 다시 한족(漢族)의 땅이 된 것이다.

여진족의 청(淸, Qing, 1636~1912)

명나라가 원(元)을 내쫓고(1368) 중국을 통일했을 때 북쪽에는 아직 원의 세력이 남아 있었다. 명의 홍무제(태조 주원장)는 요도도위(遼都都衛)를 두어 요동(遼東)을 다스리고 있었으나 그 범위가 북의 여진 거주지까지는 미치지 못했다. 여진족은 건주, 해서, 야인 등 흑룡강(黑龍江) 일대에 살고 있었는데 중국과 가까운 건주에 건주위(建州衛)를 설치하여 흑룡강과 우수리강을 다스리고 있었다. **누르하치**(1559~1626)는 건주좌위의 후손으로 1588년까지 건주 5부를 통일하였는데, 이듬해 그는 도독첨사(都督僉事)로 승진되었고 1595년에는 용호장군(龍虎將軍)으로 봉해졌다.

명의 신뢰를 얻은 누르하치는 다른 여진족과의 싸움에서 우세를 보였고, 명은 그의 세력 확장이 만주통치에 유리하다고 생각하여 여진 부족을 통일하려는 그를 막지 않았다. 덕분에 그는 여러 여진족들을 자신의 주변으로 이주시켜 통일된 조직 아래 건국의 기초를 다질 수 있었다. 그는 1616년 만주족을 통일하여 후금을 건국했다. 4백 년 전 대금국(大金國)의 후신이라는 뜻이다.

1619년 요동지방을 놓고 10만 명군(明軍)과 벌린 살이호(薩爾滸) 전투에서 승리함으로서 심양, 요양 등을 영역에 포함시키고 명에 대한 세력의 전환점을 갖는 계기가 되었다. 조선에서는 광해군이 강홍립(姜弘立) 장군에게 1만 3천의 병력을 주어 파병하여 명군을 지원했으나 그는 포로로 잡혀 후금의 원(怨)을 샀다. 1592년 임진왜란 때 명군의 지원을 받은 일이 있는 조선으로서는 불가피한 지원이었을 것이다.

이는 인조반정으로 친명배금(親明背金) 정책을 취하게 된 계기였으며 후에 정묘호란(1627)과 병자호란(1636)을 불러온 화근이 되었다. 1625년에는 심양으로 수도를 옮겨 중국 대륙으로 향한 발걸음을 내딛었다. 1626년 누르하치는 요하 건너 영원성(寧遠城)을 공격하던 중 부상을 입어 사망하였다. 그는 중국본토 정복 길목에서 발걸음을 멈추었지만 그의 후손들은 중국대륙을 268년간 통치하였다.

인조(仁祖) 무릎 꿇린 청 태종 홍타이지

누르하치 사후 2대 **태종**(홍타이지, 1592~1643)은 명군(모문룡)의 평북 철산 주둔을 허락한 인조의 친명배금(親明排金) 정책을 구실로 조선을 침략하였다. 조선에서 난을 일으켰다가 후금으로 달아난 이괄(李适)은 조선의 인조반정을 알리고 조선의 군세가 약하니 속히 조선을 치라고 종용하여, 1627년 1월, 3만 대군으로 결빙된 압록강을 건너 앞서 살이호 전투에서 포로로 잡은 강홍립을 앞세워 조선을 침공하였다. 인조는 강화도로 피신하고 후금과 형제국으로 화약을 맺되 명과 적대하지 않는다는 정묘조약(丁卯條約)을 맺고 철병하였다. 1636년 청 태종은 국호를 청으로 개명하고 다시 조선을 침략하였다.

조선에 형제관계를 넘어 군신(君臣)관계를 강요하고, 전마 3천 필, 정병 3만, 황금 백금 1만 량 등 무리한 세폐(歲幣)를 요구하고, 명나라와의 관계를 단절할 것을 요구하며 10만 대군을 이끌고 몸소 압록강을 건넜으니, 1636년 12월 병자호란(丙子胡亂)이 그것이다. 청 태종은 남한산성으로 피신한 인조를 끌어내려 무릎을 꿇게 하고 항복을 받아낸 인물이다. 오늘날까지 그 치욕의 현장이 잠실 삼전도(三田渡)비에 남아 있다. 삼전도는 청 태종의 공덕을 기리는 비(碑)로 청나라 요청으로 세운 것이다.

조선은 이후 1894년 청일전쟁으로 일본에 패하여 청이 물러날 때까지 청조 내내 그들의 속국이 되어 군신관계로 수탈을 당했다. 청의 조선 침략은 1619년 살이호 전투에서 명군을 지원한 강홍립의 조선군 파병에 대한 보복이기도 했다.

기울어진 명(明)나라 파고든 청나라

1643년 청 태종이 죽고 난 후 그의 어린 아들 순치제가 숙부 도르곤의 섭정을 받아 이듬해 베이징에 입성했다. 베이징 입성은 당시 산하이관(山海關)을 지키던 명나라 장수 오삼계(吳三桂)의 투항으로 명나라 군을 앞세워 들어갔기 때문에 수월하였다. 당시 명나라의 사정은 풍전등화였다. 1630년대 산시(陝西)성 일대의 기근으로 농민 반란이 일어나 뤄양(洛陽), 시안(西安), 우창(武昌), 스촨(四川) 등이 농민군에 함락되었고, 1644년 이자성(李自成) 반란군은 베이징을 공격하여 함락하였다.

당시 명의 주력부대는 요동에서 새로 일어난 청의 침략에 대비하여 산하이관에 있었기 때문에 베이징은 무방비였다. 4월 25일 베이징 자금성이 함락되자 숭정제(崇禎帝)는 처첩과 딸을 죽이고 자신도 자살하였다. 베이징에 입성한 이자성은 황제의 꿈을 꾸었으나 산하이관에서 청군에 투항한 명군 오삼계와 청군에게 베이징을 내주고 패퇴하여 중국은 다시 북방 정복왕조 청(淸, 1636~1912)의 지배로 들어갔다.

청은 순치제(3대), 강희제(康熙帝, 4대, 1661~1722, 61년간 재위) 치하에서 삼번(三藩)의 난(청나라 개국공신인 오삼계 등 명나라 장수들의 반란), 대만정벌

등 전국을 평정하고 강희
제, 옹정제(5대), 건륭제(6
대) 130여 년간은 영토를
크게 확장하고 여러 제도
를 정비하여 전성기를 이
루었다. 강희제는 1689년
러시아와 중국 사상 최초
의 국제 조약인 네르친스
크 조약을 맺어 영토 분
쟁을 종식하여 중국 역
사상 가장 위대한 황제로
꼽힌다.

강희제

그러나 건륭제 말기부터 정치가 부패하고 사회모순도 깊어져 아편전
쟁(1840~1856)을 기화로 서방 제국주의의 침략으로 반식민지화가 진행
되었다. 쑨원(孫文, 1866~1925)과 위안스카이(袁世凱, 1859~1916) 등 혁
명운동이 고양되어 1911년 신해혁명을 맞아 선통제(12대, 푸이, 溥儀)의
퇴위로 멸망하였다.

한족과 북방 왕조의 한민족(韓民族) 침략

동아시아 중국대륙에 붙어 있는 한반도는 늘 중국 세력으로부터 침
략을 받아왔다. 한족왕조(漢族王朝)는 물론 북방 유목 기마민족 정복왕
조(征服王朝)들의 침략사를 간추려 보면 아래와 같다.

612년	수나라 양제의 113만 대군 고구려 침입, 을지문덕 장군의 살수대첩
645년	당태종의 고구려 침입, 연개소문 양만춘의 안시성 싸움
993년	거란(요) 소손령이 80만 대군 1차 고려 침입, 고려 서희의 담판
1010년	거란(요) 왕 성종의 40만 대군 2차 고려 침입
1018년	거란(요) 소배압 10만 대군 3차 고려 침입, 강감찬 20만 대군 귀주 대첩

1231년부터 6차에 걸쳐 30년간 몽골의 고려 침공, 고려 무신정권 강화도 피난, 삼별초의 난

1271년	고려 25대 충렬왕 원나라 쿠빌라이 사위가 됨, 몽골의 3차 일본 원정에 고려군 동원
1368년	명나라에 사대, 조공 바쳐, 조선 처녀 공출
1592년	일본의 조선 침략(임진왜란), 명나라 지원군으로 평양성 탈환 격퇴
1619년	명–후금 살이호 전투에 조선군 강홍립 1만 3천 동원, 명군 지원
1627년	후금 홍타이지 조선 침공(정묘호란), 형제 관계
1636년	청 태종 조선 침공(병자호란), 군신관계, 공녀(貢女)바쳐, 환향녀(還鄕女) 귀환
1882년	위안스카이(1859~1916) 조선에 부임(23세), 임오군란 주동 대원군을 텐진으로 납치 감금
1884년	갑신정변에 청군 투입 개혁파 소탕
1885년	위안스카이 조선 주재 총리교섭 통상대신으로 취임(26세), 왕실 내정에 간섭
1894년	청일전쟁 패배로 청 세력 조선에서 철수 (1910년 일본의 조선 찬탈, 36년간 식민지로 지배)
1951년	한국전쟁 중공군 참전 조선인민군 지원

위와 같은 중국세력의 한반도 침략으로 조선은 군신관계, 조공수탈, 속국으로 전락하여 자주 독립성을 상실하고 중국을 대국으로 섬기는 오랜 사대주의에 깊이 물들어 왔으며 이는 과거사일 뿐만 아니라 미래 사일 수도 있다는 점을 우리는 깊이 인식해야 할 것이다. 아무리 경제 성장을 해서 잘산다고 한들 강한 국력과 군사력을 바탕으로 하는 국방력과 자주정신이 뒷받침되지 못할 때에는 더욱이 그러하다.

- 10 -

미완의 신해혁명과 위안스카이, 쑨원

군벌과 공산당 근대화 태동

청조 말기 현상과 개혁세력의 태동
신해혁명 가로막은 위안스카이 황제 욕심
위안스카이의 야심에 올라탄 일본의 야욕
공산당 씨를 뿌린 5·4 학생운동
북벌의 뜻 안고 미완의 혁명 남긴 쑨원

19세기 중엽 중국으로 몰려든 열강들은 청나라의 지배 체제를 크게 약화시켰다. 아편전쟁(1840)으로 외세의 침략에 무기력하게 무너진 청나라는 신무기 도입을 추진하는 등 서양 문물을 수용하여 근대 부국강병을 이루려는 양무운동(洋務運動, 1861~1894)이 전개되었다. 이홍장(李鴻章, 1823~1901)은 북양군(北洋軍)을 만들어 함대를 창건하고 군사력 강화에 힘썼지만 청일전쟁(1894)에 패배하여 몰락하고 말았다.

청조 말기 현상과 개혁세력의 태동
청조(淸朝) 11대 광서제(光緒帝, 1874~1908)는 서태후(西太后, 1835~1908)

의 섭정을 싫어하여 일본 메이지 유신(明治維新)을 본받아 정치, 교육, 법제 등 사회 전반에 대한 개혁을 시도하고 신정부를 구성하여 헌법제정, 국회개설, 과거제 폐지, 양식학교 설립, 산업육성 등 무술변법(戊戌變法, 1898)을 시작했으나, 서태후 등 수구파는 정변을 일으켜 100일 만에 신정부를 몰아내고 다시 수구세력으로 요직을 채웠다. 광서제는 유폐되었다.(무술정변)

1900년 산동성에서 반외세 반제국주의 농민운동 의화단(義和團) 사건이 일어났다. 이 사건으로 베이징 외국공관이 습격을 받는 등 사태가 번졌지만 서태후는 의화단을 방조하고 열강에 선전포고하였으나 영국, 러시아, 독일, 프랑스, 미국, 일본 등 연합군에 격파되어 엄청난 배상금을 물게 되었다. 서태후는 시안(西安)으로 피신하였다. 베이징으로 돌아온 서태후는 약세로 몰리고 굴욕적 외교로 민심을 더욱 이반시켰다. 청조의 무기력함이 심화되었으며 열강의 식민지화가 가속화되고 개혁을 요구하는 민의는 더욱 거세졌다.

1905년 국내외 정치조직을 통합하는 중국 최초의 정당 혁명동맹회(革命同盟會)가 결성되어 쑨원(孫文, 1866~1925)이 지도적 인물로 추대되어 반청 무장투쟁을 전개하였지만 약세로 번번이 실패하였다. 1908년 광서제와 그를 섭정하던 서태후가 하루 사이로 사망하고, 세 살의 푸위(溥儀, 1906~1967)가 황제로 등극하니 정국은 혼란에 빠졌다. 어린 푸위(선통제)를 섭정하는 순친왕(醇親王, 1883~1951)은 황족 중심으로 내각을 구성하고 황족 중심의 집권화를 도모했다. 순친왕은 광서제의 이복동생이며 푸위의 아버지였지만 서태후는 푸위가 제위를 잇게 했다. 섭정을 시작할 때 그는 26세였다.

쑨원과 위안스카이

신해혁명 가로막은 위안스카이 황제 욕심

1911년 외국 자본을 끌어들이려는 철도 국유화에 반대하는 운동이 후난(湖南), 후베이(湖北), 광둥(廣東) 등에서 일어나고 스촨(四川)에서는 대규모 무장폭동이 일어났으며, 10월 10일 우창(武昌)에서 혁명파들이 중화민국 군정부를 수립함으로서 신해혁명(辛亥革命)이 시작되었다. 우창봉기는 지금도 쌍십절(雙十節, 중화민국 건국기념일)로 경축되고 있다. 미국에서 반청운동의 모금과 외교활동을 하던 쑨원(孫文, 1866~1925)이 귀국하여 임시 대총통으로 추대되어 1912년 1월 1일 난징정부가 수립되었으며 중화민국이 출범했다.

청조는 이홍장의 뒤를 이어받은 북양 군벌의 지도자 위안스카이(袁世凱, 1859~1916)를 다시 기용하여 쑨원의 혁명군 토벌을 명하였다. 기용 당시 53세였던 위안스카이는 어린 푸위의 섭정에 오른 순친왕이 경계하여 외면해 왔던 인물로 한동안 낙향해 있었으나 신해혁명 이후 그의 북양 군벌 세력을 의식한 청조가 다시 내각 총리대신으로 기용했다.

위안스카이라는 인물은 조선왕조와도 연관이 있다. 조선에서 임오군란(1882)이 일어나자 조선의 정세를 안정시킨다는 명목으로 출병한 청군과 함께 경군전적영무처(慶軍前敵營務處) 차석으로 약관 23세에 한성에 들어와 군란의 주모자로 지목된 대원군을 천진으로 납치하여 가두고, 임오군란을 선제 진압하고 동시에 출병한 일본군을 견제하였다.

위안스카이는 김옥균 개화파의 갑신정변(1884) 때 고종이 납치되자 경복궁을 포위하고 일본군과 전투에서 승리하여 고종을 구하였다. 그는 귀국하였다가 이홍장에게 인정받아 1885년 조선 주재 총리교섭 통상대신으로 다시 조선에 들어와 내정에 간섭하고 러시아, 일본과 경쟁하였다. 그는 1894년 청일전쟁 패퇴 후 텐진 부근 이홍장 북양 군벌 육성에 기여했으며, 후일 그가 정치적으로 입신하는 초석이 되었다. 광서제의 변법개혁(무술변법)을 밀고하여 수구파가 재집권하도록 무술정변에 공을 세워 서태후의 신임을 받아 입지를 굳혔던 인물이다.

혁명군 토벌을 위해 출정한 위안스키는 청조에 충성할 생각이 없는 군벌 야심가였다. 그는 청조 황제를 퇴위시키고 공화정을 선포한다는 조건으로 쑨원의 대총통 지위를 이양 받기로 약속했다. 군벌세력이 아니고서는 청을 무너뜨릴 수 없다는 걸 쑨원은 알고 있었다. 위안스카이는 청나라는 이미 힘이 없고 혁명군은 약체임을 일찍 간파하여 혁명군과 협상하고 황제를 퇴위시킬 계산이었으니 혁명군 진압의 명분으로 출병한 그에게는 절호의 기회였을 것이다.

위안스카이의 북양군은 1912년 2월 12일 자금성을 장악하여 여섯 살의 푸위를 퇴위시키고 위안스카이의 베이징 정부를 세웠다. 1636년 이래 252년간 중국을 통치한 만주족 청나라는 멸망했다. 위안스카이는 3월 10일 대총통으로 취임했다. 쑨원은 철도 운송 책임자로 물러났다.

위안스카이는 공화제를 근간으로 하는 헌법 채택과 의회선거를 실시하는데 동의하는 등 약속을 지키는 듯했다. 쑨원의 동지 쑹자오런(宋敎仁)은 혁명동맹회를 소당파와 합쳐 1912년 국민당을 창당하고 이듬해 2월 선거에서 위안스카이의 공화당을 압도적으로 누르고 다수당이 되어 의회 정치를 추구하였으나 열강과 입헌파의 지지를 받는 위안스카이가 좌시할 리 없었다. 자객을 보내 국민당 당수 쑹자오런을 암살한 것이다. 신해혁명은 결국 성공하지 못했다.

청나라 황실의 빈자리에 들어선 위안스카이는 자신의 군사력을 이용해 철권통치를 하는 독재자로 변했다. 쑨원의 혁명파들은 공화정의 꿈도 사라지고 새로운 독재자를 만나게 되었다. 1913년 7월 혁명파는 강서(江西)와 난징(南京)을 중심으로 위안스카이의 독재에 맞서 계축전쟁(2차 혁명)을 일으켰으나 준비 부족과 호응을 받지 못해 압도적인 위안스카이의 무력에 2개월 만에 진압되고 말았다. 1913년 11월 위안스카이는 국민당을 불법화하고 의회를 해산하였으며 쑨원 체포명령을 내렸다. 쑨원은 일본으로 망명했다.

위안스카이의 야심에 올라탄 일본의 야욕
점차 독재권력을 굳혀가던 위안스카이는 청 왕조처럼 새 왕조를 꿈

외교사절과 위안스카이 대총통 (1913년 10월 10일) (Courtesy Wikipedia)

꾸고 황제가 되고 싶었다. 그는 1915년 12월 12일, 1916년을 기하여 새 왕조의 원년인 연호를 '홍헌'으로 하고 황제에 등극한다고 선포하여 도처에서 반위안스카이 봉기가 일어났다. 봉기의 주요 원인은 황제 등극뿐 아니라 일본을 등에 업으려는 위안스카이가 1915년 5월 일본의 무리한 요구^(21개 조)를 받아들인 것 때문이었다. 황제 등극을 위해 일본의 지원이 필요했던 위안스카이는 산동^(山東)의 독일군 축출을 명분으로 중국 대륙에 진출하려는 일본의 야욕을 받아들인 것이다.

앞서 일본은 1914년 1차 세계대전이 발발하자 8월 독일에 선전포고하고, 독일의 조차지 칭다오 산동반도를 군사행동으로 점령하고 독일이 가졌던 산동반도의 이권을 인수할 것을 1915년 5월 중국에 요구하였다. 일본의 요구는 산동반도 주요항구 사용, 철도 부설권, 남만주 철도 조차, 광산 채굴권 등과 중국 정부에 일본인 고문 초빙, 합작병기창 설립, 남부 복건성 철도부설권, 광산 항만 설비에 필요한 자본협의 등 무리한 것이었으나 위안스카이는 그 대부분을 수용한 것이다.

서구 열강들이 유럽에서 전쟁(1차 세계대전)에 여념이 없는 틈에 일본은 중국 침략 야욕을 구체적으로 드러낸 것이었다. 이 21개 조항 요구는 4년 후에 베이징 5·4 학생 운동의 계기가 되었다. 일본의 1931년 만주 침략, 1937년 중국본토 침략은 이미 이 시기부터 입질을 시작했던 것이다.

황제 즉위 소식에 반위안스카이 운동이 운남(雲南) 봉기를 시작으로 전국적으로 벌어졌고, 위안스카이의 북양군과 각 성의 봉기세력이 곳곳에서 충돌했으며 각 성은 독립을 선포했다. 1913년 실패로 끝난 계축전쟁(2차 혁명)과는 달리 제3혁명으로 불린 이번 호국전쟁(護國戰爭, 1915.12.~1916.3.)은 위안스카이를 무너뜨리는 데 성공하였다.

이미 조약을 체결한 일본은 방관하는 자세였고, 믿었던 서구 열강조차 등을 돌리자 위안스카이는 3월 23일, 83일 간의 황제 자리를 내놓았다. 대총통의 지위는 계속 유지하려 했지만 일본에 망명했던 쑨원이 4월에 귀국하여 반위안스카이 세력을 지도하고 열강과 일본마저 등을 돌리면서 정국의 소용돌이 속에서 1916년 6월 6일 요독증 악화로 급사했다.

1911년 우창봉기로 시작된 신해혁명은 군벌을 앞세운 위안스카이의 출현으로 5년간 혼란을 거듭한 끝에 일단 막을 내렸다. 위안스키 사망

후 10년간 중국은 무정부 상태로 10여 개의 군벌들이 세력 다툼하는 혼란기를 겪었다.

위안스카이는 대단한 남성이었다. 정실과 측실 12명에서 32명의 자녀를 두었는데 조선인 소실들과의 사이에 7남 8녀를 낳았다. 그는 17명의 아들 중 조선에 나와 있을 때 만난 안동 김 씨가 낳은 둘째 위안커원을 총애해 황제 등극 후 후계자로 거론되기도 했다. 위안스카이는 79명의 손자를 두었다.

공산당 씨를 뿌린 5·4 학생운동

1912년 위안스카이를 시작으로 1928년까지 17년간 북양군벌의 각 파가 계속해서 베이징 정부를 장악했다. 1911년 신해혁명(辛亥革命)이 일어나자 위안스카이가 지배하던 북양군벌은 세 세력으로 나뉘었다. 안후이(安徽) 출신의 돤치루이(段祺瑞)의 안후이파, 직례(直隸, 현 허베이 성, 河北省) 출신의 펑궈장(馮國璋)의 직례파, 펑톈(奉天, 현 라오닝 성, 遼寧省) 출신의 장쭤린(張作霖)의 펑톈파였다.

위안스카이가 죽고, 안후이 출신이며 위안스카이의 육군 총장이었던 돤치루이(1865~1936)가 1916년부터 1920년까지 중화민국의 최고 권력자였으며 국무총리와 임시 집정을 역임하였다. 1919년 5월 4일 그의 친일적 행보에 항의하는 반일운동이 베이징에서 일어나 전국을 휩쓸었다. 5·4 운동(May Fourth Movement)은 1919년 '밖으로는 국권을 회복하고 안으로는 국적을 몰아내자'는 선언으로 시작된 베이징 학생 운동이었다. 이 해는 일제 치하의 조선에서 3·1 독립만세운동이 벌어진 해여서 중국, 조선 두 나라가 모두 항일운동을 한 해이기도 하다.

1919년 5월 4일 베이징 학생시위 (Courtesy Wikipedia)

5·4 운동은 1차 세계대전 후 파리강화회의가 패전국 독일과 유럽 열강들의 중국 내의 조차권과 이권, 일본의 21개 요구 조항 등이 무효라는 중국의 주장을 받아들이지 않고 열강들의 이권과 비밀협약 등으로 전승국 일본의 주장을 수용함으로써 중국 국민들의 불만이 터진 데서 비롯되었다.

이 운동은 반봉건 반제국주의 혁명운동으로 평가되었으며 학생운동이 혁명운동으로 탈바꿈되는 정치운동의 모습으로 나타나기도 했다. 러시아 혁명(1917)을 중국에 이식시키려던 시위자들로 인해 시위의 성격에 영향이 있었으며 그 후 중국 내 이념투쟁의 출발점이 되기도 했다.

소련은 코민테른(국제공산당) 밀사(보이친스키)를 중국에 파견하여 당시 시위운동의 이데올로기적 중심인물들 천두슈(陳獨秀, 베이징대학 교수), 리다자오(李大釗) 등을 종용하여 중국에 소비에트 조직이 결성되도록 하였다. 이에 5·4 운동 참여자 중 러시아 혁명의 길을 따르고자 하는 시위자들을 대상으로 중국 공산당이 창당되어(1921) 파업과 폭동 등이 조직적으로 전개되기 시작하였다.

북벌의 뜻 안고 미완의 혁명 남긴 쑨원

1913년 2차 혁명이 실패한 뒤 일본으로 망명했던 쑨원은 일본에 체재하면서 위안스카이를 무너뜨리기 위해 동지들을 모아 이듬해 중화혁명당을 창설하고 1919년 중국국민당으로 개칭했다. 그는 광둥(廣東)에 국민당 정부를 수립하고 남부 다섯 개 군벌과 연합해 진정한 중화민국을 세우려 했지만 1922년 군벌들에 쫓겨났다.

이 난세에 베이징 중앙정부는 북부 지방군벌 연합이 계속 장악하고 있었다. 발붙일 곳이 없었던 쑨원에게 다가온 것은 소련이었다. 서구의 지원이나 경제지원을 받는데 거듭 실패한 쑨원은 소련의 원조제의를 기꺼이 받아들였다. 레닌의 10월 혁명으로 출범한 소련의 코민테른은 1921년 이미 중국에 공산당을 창당하고 중국을 후원하고 있었다.

쑨원은 국민당의 광둥 복귀와, 군벌과 싸울 군대의 양성을 돕겠다는 소련의 약속을 대가로 국민당에 공산주의자들의 입당을 약속했다. 그리고 당의 정통성을 강조하기 위해 삼민주의가 다시 주창되었다. 소련의 도움으로 쑨원은 광둥에서 미약하나마 정치적 근거를 마련할 수 있게 되었고, 1924년 1월 중국국민당 제1차 전국대표대회에서 제1차 국공합작(國共合作)이 성립되었으며, 광저우 인근에 자체 간부 양성 군사학교(황푸군관학교)를 세웠다.

초대 교장은 모스크바에서 군사교육을 받고 돌아온 37세의 장제스(蔣介石, 1887~1975)가 맡았다. 국민당은 공산당과 소련인 고문의 도움을 받아 재정비되었다. 중국의 통일에 희망이 보일 무렵 쑨원은 동맹 가능성 타진을 제의한 한 군벌을 만나러 베이징을 방문했다가 간암이 악화되어 1925년 3월 세상을 떠났다. 그는 1929년 난징에 이장되었다.

쑨원의 삼민주의(三民主義)는 국민당과 중화민국의 지도이념으로 계속 보완되었다. 민족(民族, 여러 민족의 평등과 함께 반제국주의), 민권(民權, 선거권, 파면권, 창제권, 복결권 등 4대 민권 실현으로 전민정치), 민생(民生, 독점자본 억제, 자본절제, 토지 개혁 등)의 지도이념은 마오쩌둥도 쑨원이 남긴 위대한 공적이라고 밝혔다. 쑨원의 초상화는 오늘날 대륙의 중국 공산당에도, 대만의 자유중국에도, 그리고 화교들이 사는 싱가폴에도 모든 중국인의 위대한 인물로 걸려있다.

1911년 시작된 개혁세력의 신해혁명으로 중국은 군벌 세상이 되었으며 베이징은 군벌에 장악되었다. 1917년 러시아 '10월 혁명'으로 중국에 파고든 국제공산주의 세력은 중국에 공산당을 심었으며, 1925년 쑨원 사후 중국은 국민당, 공산당의 각축이 벌어졌고, 1937년 일본의 침략으로 중일전쟁을 겪으면서 일대 혼란기를 맞게 된다.

- 11 -

공산당 키워준 국공합작(國共合作)의 명암

자만한 장제스와 자중한 마오쩌둥

장제스와 마오쩌둥
쑨원이 남긴 미완의 혁명
장제스의 북벌과 중국 통일
마오쩌둥의 성장
옌안(延安) 대장정과 마오쩌둥의 공산당 집권
2차 국공합작 총력 항일전
항일 전쟁 끝나자 국공 내전으로
마오쩌둥의 중화인민공화국

중국에서 살다가 온 열 살 손녀가 대만도 중국이냐고 묻기에 그렇다고 답하고 역사를 간단히 설명해 주었더니 고개를 갸우뚱했다. 공산당이 무엇이고 국민당이 무엇인지 할아버지 설명이 잘되었는지 궁금하기도 하여 이 다음에 크면 알게 된다고 일러주고 말았다.

중국 현대사를 보면 그 큰 나라가 엄청난 시련을 겪었구나 하는 생각이 든다. 고대로부터 중세, 근세를 통하여 수많은 세력들이 출몰하여 싸우고 합하고 세를 떨치면서 많은 영웅호걸들이 이름을 남겼지만 장제스와 마오쩌둥이 각축한 현대사를 보면 더욱 그러하다.

장제스와 마오쩌둥

현대사에서 중국 대륙의 거물들은 장제스와 마오쩌둥이었다. 청나라 말기 1887년(장)과 1893년(마오)에 태어난 이들은 80여 년을 함께 살면서 각축하였다. 둘은 모두 청년기에 신해혁명(1911)을 맞아 청나라가 망하고 한족 군벌들이 군웅할거하는 시기에 활동했다.

1912년 광동성을 근거지로 국민당이 출범하고 북벌의 과제를 남긴 채 신해혁명을 주도한 쑨원이 사망하자 장제스가 그 유업을 물려받았으며, 소련 국제공산주의(코민테른)의 지원을 받는 공산당이 창당되어(1921) 마오쩌둥이 서서히 두각을 나타내고 있었다.

밖으로는 제국주의 일본이 조선을 삼키고 만주사변(1931)으로 중국 대륙을 침략하여 외침을 막아야 하는 상황에 처하게 되었다. 이러한 내우외환의 어려운 시기에 국민당이나 공산당이나 모두 두 적과 싸워야 했다. 내부의 적 군벌 세력들과 중국 본토로 공격해 오는 외부의 적 일본이었다. 장, 마오 두 세력은 두 차례에 걸친 국공합작이라는 처방으로 이들 국내외의 적과 맞섰다.

저장성 소금 상인 아들로 태어난 **장제스**(蔣介石, 1887~1975)는 소년 시절 4서 3경을 읽고 중국 전통 학문과 사상을 탐독하여 민족주의 의식을 길렀으며 박학하고 혁신적 사상을 가진 스승(고청렴, 高淸廉)을 만나 쑨원의 혁명사상을 듣고 그를 존경하였다 한다. 그는 일본 육사에 유학하여(1907) 일본군 장교로 임관하고 반청 활동에 가담하여 신해혁명을 맞았다. 중국으로 돌아온 그는 쑨원 밑으로 들어가 요직을 맡고 혁명 과업을 도왔다.

쑨원이 남긴 미완의 혁명

1911년 신해혁명으로 청나라가 멸망하면서 봉건 왕조는 사라지고 혁명의 중심인물 쑨원(孫文, 1866~1925)이 근대 국가로 발돋움하려 하였으나 위안스카이에게 정권을 뺏기고 5년간 군벌 정치가 중국을 지배했다. 위안스카이가 황제의 꿈을 이루지 못하고 죽은 뒤 쑨원이 소련의 지원을 받아 첫 국공합작(國共合作, 국민당과 공산당의 합작)으로 국민당을 재건하고 난립한 군벌들을 토벌하려 했지만 그는 북벌의 꿈을 이루지 못하고 1925년 숨을 거두었다.

쑨원 밑에서 국민당 군사 부문 지도자로 자리매김하던 장제스는 일본과 소련에서의 경험을 살려 새로 창설한 황푸군관학교(黃埔軍官學校) 교장으로 부임하여 2년간 5천 명의 장교들을 배출하고 그들의 대부분을 국민당과 자신의 지원 세력으로 성장시켰다. 장제스는 쑨원 밑에서 일할 때 소련에 가서 붉은 군대를 견문한 바 있다.

쑨원과 장제스 (Courtesy Wikipedia)

장제스는 국민당에서 소련인들을 자주 접하고 그들이 궁극적으로 중국을 포함한 세계 공산화를 꿈꾸고 있다고 여겼고, 국공합작에 대해 이의를 제기하여 쑨원과 불화하기도 했다. 국민당의 친소 노선 때문에 국내 자본가들과 미국, 영국 등 서방의 지원을 받지 못한다고 판단한 장제스는 자신의 입지를 굳히려면 좌익계 인사들을 배제해야 된다고 생각했다. 쑨원이 죽자 장제스는 거침없이 국민당 내 공산주의자들을 몰아내고 1인자로 부상했다.

장제스의 북벌과 중국 통일

장제스는 즉시 북벌에 착수했다. 1926년에서 1927년까지 양쯔강 이남의 군벌을 격파하고, 1927년 4월 상하이 공산당을 대거 숙청하여 국공합작은 깨졌다. 1928년에는 일부 군벌과 합작하여 2차 북벌을 단행하여 베이징의 장쭤린(張作霖)을 몰아냄으로써 군벌 시대를 마무리하고 전국을 통일하였다.

그러나 한때 합작했던 군벌, 옌시샨 펑위샹이 반기를 들어 1930년 중원 대전이 벌어져 장제스는 장쭤린의 아들 장쉐량(張學良)의 도움을 얻어 이를 진압하자마자 공산당을 토벌해야 하는 소공전(消共戰)을 벌렸다. 1931년에는 일본이 만주사변을 일으켜 무력으로 점령하고 청나라 마지막 황제 푸위를 내세워 만주국을 세우면서 중국 침략을 본격화하였다.

마오쩌둥의 성장

마오쩌둥(毛澤東, 1893~1976)은 후난성에서 부농의 아들로 태어났다. 열네 살에 가출하여 1911년 신해혁명 때는 반청 혁명군에 입대하였다.

1912년 제1사범학교에 입학하여 중국 봉건사상을 비판한 교사 양창지를 만나 영향을 받았다. 1917년 그는 대부분 사범학교 학생들로 구성된 신민학회를 조직하였으며 이 학회는 후난성 혁명 지식인들의 본영이 되었다.

학교 졸업 후 베이징으로 가서 베이징 대학 도서관 조교로 일하면서 비밀 학생 단체들과 접촉하며 무정부주의에 관한 책을 접하고 마르크스주의로 기울었다. 1919년 5·4 운동 발발 후 후난성 학생 연합회를 설립하고 러시아 혁명에 관한 책을 많이 읽었다. 1920년 상하이에서 천두슈(陳獨秀)를 만났으며 1921년 7월 상하이 중국 공산당 창립 대회에 후난성 대표로 1차 전국 대표자 대회에 참석했다. 천두슈는 중국 공산당을 창당한 주역이었다.

1924년 쑨원이 1차 국공합작으로 국민당과 연합하자 공산당 중앙위원, 국민당 제1서기 후보, 중앙집행위원 등을 맡으며 국민당과 공존하였다. 쑨원 사후 장제스의 숙청으로 국민당을 떠나 1927년 우한 중국 공산당 농민부장이 되었으며 국공합작이 깨진 뒤 농홍군(農紅軍) 3천 명을 조직하여 정강산(井岡山)으로 들어가 근거지로 삼고 주더(朱德)의 군대와 합류하였다. 1931년 장시성(陝西省) 루이진(瑞金) 중화 소비에트 정부 중앙집행위원회 주석이 되었다.

옌안(延安) 대장정과 마오쩌둥의 공산당 집권

만주사변 이후에도 장제스는 일본과 대립하면서 소공전(掃共戰)의 고삐를 늦추지 않았다. 공산당은 그간 5차에 걸친 장제스 국부군의 토벌로 계속 수세에 몰렸다. 1934년 11월 장제스 국부군이 압도적인 대군으

공산당 대장정 (Long March, 1934.10.16.~1935.10.22.)

로 홍군 근거지 루이진으로 공격해 오자 공산당은 피난길에 올랐다. 당 관계 직원, 소비에트 관계자, 호응농민 등이 포함되어 있었다.

공산당은 마오쩌둥의 유격 전술을 놓고 당을 장악했던 모스크바 유학파와의 갈등으로 내분을 겪고 있었으며, 모스크바 코민테른은 수세에 몰린 공산당에게 안전한 몽골 국경 쪽으로 이동하라는 지령을 내렸다. 공산당은 긴박한 상황에서 정처 없이 대장정 길에 올랐다. 원정 도중 구이저우성 쭌이(遵義) 회의에서 마오쩌둥은 그간 국부군 토벌 작전에 유학파들이 잘못 대응했다는 비판을 가하여 당원들의 호응을 받아 당 지도권을 장악했다. 소련 공산당의 중국 공산당에 대한 지배력이 공식적으로 부정된 역사적 사건이었다.

1936년 루이진에서 산
시성 옌안까지 11개 성을
거치는 12,500㎞의 도보
대장정이 끝났을 때, 10만
명으로 출발했던 대장정
은 8천 명으로 줄었다. 장
정 도중 지방 군벌과의 전
투로 많은 병력을 잃었다.

옌안 대장정 길의 마오쩌둥 (Courtesy Wikipedia)

그러나 이 대장정은 마오쩌둥의 지도력을 확신시키는 계기가 되었으며
새로운 중국이 탄생하는 씨앗이 되었다.

2차 국공합작 총력 항일전

항일 전쟁이 급박해지자 장제스를 돕던 장쉐량이 1936년 시안을 방
문 중이던 장제스를 감금하고, 공산당과 손잡고 일본의 침략에 대비해
야 한다고 촉구하는 시안 사건이 벌어졌으며, 1937년에는 일본이 루거
우차오(蘆溝橋) 사건을 일으켜 중국 대륙을 침략하자 장제스는 고집을
꺾고 동의하여 2차 국공합작이 이루어졌다. 마오쩌둥은 지구전론(持久
戰論, 1938), 신민주주의론(新民主主義論, 1940) 등을 발표하였으며, 신민
주주의론은 중국 공산당 강령으로 채택되었다.

2차 국공합작으로 공산당, 국민당은 항일 민족통일전선을 수립하고
주더(朱德), 펑더화이(彭德懷), 린뱌오(林彪) 등이 이끄는 홍군을 신사군
(新四軍)과 함께 국민 혁명 제8로군(八路軍)으로 개편하여 장제스의 국부
군에 예속시켜 일본군과 대항하였다. 제8로군은 화베이 지방에서, 신
사군은 화중 지방에서 항일전을 벌였으며 실제 지휘권은 중국 공산당

이 가지고 있었다.

전쟁 내내 중국은 수적인 우세 외에 일본군에게 열세였다. 중국군은 전근대적인 농민병 체제를 벗어나지 못한, 못 배우고 못 가진 사람들만 전쟁터에 끌려 나갔으며 보급도 열악하여 전쟁 초기 병사 한 명이 한 달 평균 4발도 안 되는 탄약으로 싸웠다. 장제스 또한 탁월한 전략 전술가도 아니었으며 정치 지도자에 앞서 군사 지도자로 부각시키고 무자비할 정도로 엄격한 군율로 싸우지 않으면 안 되게 했다. 그는 일본이 중국 대륙 전체를 전장으로 이기지는 못할 것이라는 판단 아래 외국의 원조로 간신히 보급을 지탱하면서 버텨 나갔다.

1941년 일본이 진주만을 공격하여 미국이 참전하면서 태평양 전쟁이 발발하자 중국은 희망을 가졌다. 1943년 미국 루스벨트와 영국 처칠을 카이로에서 만나 회담을 가진 장제스는 1894년 청일전쟁으로 점령당한 대만과 일본이 점령한 모든 영토를 반환한다는 약속에 고무되었다.

항일 전쟁 후 장, 마오 회합(Courtesy Wikipedia)

1945년 전쟁이 끝나자 장제스는 화해를 시도하여 대일 청구권을 포기하고 소련과 우호동맹을 체결하는 한편 마오쩌둥을 임시수도 충칭으로 초청하여 협력을 다짐했다. 중국은 사상 최대의 국난을 극복해 제국주의 시대 내내 서방에 시달려온 식민지의 그림자에서 벗어나고 UN 상임이사국 일원으로 세계 5대 강국으로 서게 되었다.

마오쩌둥은 1945년 4월, 제7차 전국대표대회에서 연합정부론을 발표하였고 중앙위원회 주석이 되었다. 전쟁이 끝나자 1945년 8월, 충칭에서 장제스와 화평교섭회담을 가지고 쌍방은 내전 회피, 정치협상의 개최, 각 당파의 평등한 지위 승인 등을 논의하였으며, 어떤 일이 있어도 내전을 피하고 독립, 자유, 부강의 신중국을 건설한다는 데 합의하였다.

항일 전쟁 끝나자 국공 내전으로

그러나 이 합의는 실행에 옮기지 못했다. 장제스 국민당은 미국의 원조하에 4:1이라는 압도적 군사력을 배경으로 끝내 3차 국공합작을 거부하고 협정을 파기하였다. 마오쩌둥도 강경히 맞서 1946년 내전으로 돌입하였다.

중공군은 국부군을 유도하여 각개 격파하였으며 공산당 세력권 내에서 토지개혁을 추진하여 인민들의 호응을 얻고, 정치·군사적 기반을 닦아 나갔다. 중공은 인민민주 통일전선을 결성하여 국부군을 고립시켜 나갔다. 국민당은 대중의 지지를 얻지 못하여 1947년 말부터 전세가 역전되기 시작하여 중공군은 전 전선에 걸쳐 반격을 개시하여 세력권을 확장해 나갔다. 마침내 중공은 국민당 정부를 타이완으로 몰아내고 1949년 10월 1일 중화인민공화국을 수립하였다.

장제스가 협정을 파기하고 중공군을 공격한 이유는, 공산당은 소련

중화인민공화국 선포 (Courtesy Wikipedia)

을 맹주로 하는 또 다른 외세이며 제국주의 침략이라고 생각했기 때문일 것이다. 중국이 공산화되는 것을 막고 중국을 중화민국으로 만들려 했을 것이다. 이는 오늘날의 시각일 뿐 아니라 소련을 잘 아는 장제스의 선견지명이었을 것으로 여겨진다.

쑨원의 2차 국공합작으로 공산당과 동거하면서 장제스는 공산당의 생리를 알고 마오쩌둥을 내쫓았는데, 끝내 그들과 갈라선 과거를 생각하면 오랜 전쟁 끝에 평화를 갈구하는 인민들의 뜻에 부응하느라 충칭회담에서 공산당과 악수는 했지만 장제스의 속마음에는 공산당을 경원하는 의식이 잠재해 있었을 것은 자명하다.

쑨원 밑에서 혁명군 간부를 키우고 북벌과 소공전, 항일전 등 20년 역정을 헤쳐 나온 장제스는 투쟁 관성으로 일거에 공산당을 쓸어버릴 수 있다는 생각을 했을 수도 있다. 자만했을 것이다.

마오쩌둥의 중화인민공화국

국공 내전에서 승리한 마오쩌둥은 중화인민공화국을 수립한 후 1950년 2월 소련을 방문하여 스탈린을 만나고 중소 우호협력조약을 체결했다. 이것은 1950년 6월 25일 북한 공산당의 남침에 중소가 후견하는 전초 작업이 되었다. 마오쩌둥은 1958년 2차 5개년 계획의 실패로 수천만의 인민들이 굶어죽는 사태가 발생하자 국가주석을 사임하였으며 1965년 이래 당내에서 고립되었다.

그는 1966년 청소년 홍위병을 앞세운 극좌적 문화 대혁명을 통해 정적들을 숙청하고 다시 권력을 잡았다. 1976년 천안문 사건으로 위대한 영웅이자 독재자였던 마우쩌둥은 완전히 고립된 채 죽음을 맞이했다. 1981년 정권을 잡은 덩샤오핑(鄧小平)은 마오쩌둥의 문화 대혁명은 내란이었다고 공식 발표했다.

- 12 -

메이지진구(明治神宮)에서 읽은 일본 근대화

남부 사무라이들의 개혁 파장, 침략주의로

강국 일본과 약소국 조선

서양문물의 유입, 일본 근대화의 시작

남부 무사들의 존왕양이(尊王攘夷) 운동

침략 제국주의 씨를 잉태한 선중팔책(船中八策)

대정봉환 왕정복고

메이지 유신 '일본은 천황이 통치한다'

입지적 인물 이토 히로부미

침략전쟁 이끈 외교의 달인 가쓰라 타로

조선침략의 첨병 이토 히로부미

메이지 유신이 남긴 것

미래로 가야 할 한일관계

일본을 여행할 때마다 나는 그리 마음이 편치 않다. 그들이 우리에게 준 역사적 고통과 시련을 생각하면 눈앞에 보이는 현실이 그리 달갑지만은 않기 때문이다. 남의 나라를 침략하여 수탈하고 전쟁으로 수많은 인명을 살상한 제국주의 침략 근성이 어디에서 왔는지 도쿄 거리를 분주히 지나다니는 일본인들을 바라볼 때면 저들의 뼛속에 아직도 그 DNA가 남아 있을까 하는 생각에 씁쓸하다.

강국 일본과 약소국 조선

백여 년 전에 어떻게 일본은 아시아 여러 나라들을 집어 삼켰으며 서구 나라들과 동맹을 맺는 외교수완을 발휘할 수 있었는지, 그리고 미국을 공격할 수 있는 군사력을 가진 강국이었는지, 우리는 왜 당하기만 했던 약소국이었는지 역사에 물어보고 싶다. 일본인들의 특유한 사무라이 근성이 책상다리 양반 근성의 한민족을 능욕한 점도 부인할 수는 없지만 나의 답은 지리(地理)에 먼저 귀착한다.

일본은 대륙과 떨어진 해양국인 반면 우리는 중국 대륙의 끝에 토끼 꼬리만큼 붙어서 역사적으로 대륙세력에 속했던 게 큰 요인으로 꼽힌다. 일본이 중국 당나라에 유학생을 보내 중국 문물을 받아들이고 불교문화를 꽃피웠지만 몽골군의 일본 침략이 실패했듯이 바다는 큰 방벽이었다.

우리는 고려 말부터 조선 5백 년 동안 중국의 원나라, 명나라, 청나라에 조공하는 속국으로 살아왔다. 원나라는 고려 왕들의 장인어른, 외할아버지 나라였고, 구한말 25세의 청나라 위안스카이가 서울에 머무르며 정사에 관여하고 조정은 그의 군대가 궁정 호위를 맡았으니 두말할 여지가 없다.

1884년 개화파 김옥균 일파의 갑신정변도 민비가 끌어들인 청나라

군대에 진압되어 3일 천하에 그쳤다. 1592년 임진왜란 때 임금은 중국 국경 부근으로 피신해 버리고 백성들은 유린당했다. 조정은 명나라 원군이 오기만 기다렸고, 보잘것없는 관군은 패퇴했으며 활과 창의 의병은 왜군의 조총 앞에 당할 수가 없었다.

서양문물의 유입, 일본 근대화의 시작

일본은 어떠했는가? 나라(奈良), 교토(京都)의 천황중심 나라에서 1185년 시작된 가마쿠라(鎌倉) 막부 이래 무로마치(室町), 에도(江戸) 막부 7백 년을 거치는 동안 쇼군들이 지방 영주(다이묘)들을 다스리는 사무라이 무사정권의 나라였다. 도쿠가와 이에야스(德川家康)가 1603년 에도(도쿄)에서 시작한 에도 막부는 말기에 서양 강국들의 개방 압력을 받았다. 유럽에서는 프랑스혁명에 이어 영국 산업혁명으로 생산이 급증하고 시장개척이 필요하여 해외로 눈을 돌리게 되었다.

1853년 미국은 페리 제독을 일본에 보내 개방을 요구했다. 막부는 하코다데 시모다항의 개항, 영사 주재, 편무적 최혜국 조항 등 관세자주권 포기, 치외법권을 인정하는 불평등한 미일 화친조약을 체결하였다. 이어서 영국, 프랑스, 러시아, 네덜란드 등 유럽 나라들이 들어와 서양문물이 유입되기 시작한 것이다.

일본은 이미 오래전 1543년 포르투갈 배 한 척이 규슈 남단에 폭풍우로 밀려와 최초 유럽인이 들어온 이후 남부 규슈지방 다이묘(大名)들은 포르투갈, 스페인 등 서양과 이미 무역을 하고 있었다. 포르투갈 배는 철포(조총) 기술을 전래하였다. 도요토미 히데요시도 계란과 소고기를 먹고, 포르투갈 풍의 옷을 즐겨 입었다는 기록이 있다. 1609년 도쿠

가와 이에야스는 히라토(나가사키 현)에 네덜란드 상관(商館) 설치를 허락
하였다.

선교사들이 다이묘들의 보호를 받으며 들어와 교회를 세워 신도가
12만에 달하였으며, 학교와 병원을 짓고 어학연구, 교육, 출판을 통해
규슈지방에서 교토지방까지 기독교문화가 번성했다. 일본열도 남단의
규수지방 다이묘들이 일찍이 서양 문물을 접하면서 점차 개화사상에
눈을 뜨게 되었으며 이들은 후에 메이지 유신의 선봉에 서게 되었다.

남부 무사들의 존왕양이(尊王攘夷) 운동

일본의 근대화는 에도 막부 말기에 서구에 문호를 개방하면서 시작
되었다. 동서고금을 막론하고 정권이나 왕조의 말기가 되면 통치의 기
반이 약해지고 사회적 문제가 생겨 불만 세력들이 반기를 들어 소멸하
게 마련이며 또 역사가들은 그렇게 쓴다. 도쿠가와가(家)의 에도 막부도
예외는 아니다. 일본의 근대화에 상당한 바탕을 다졌으며 여러 가지 개
혁과 성과에도 불구하고 막부 봉건주의를 타파하려는 지방 무사들의
반막부 움직임은 피할 수 없었다.

그 세력의 주동은 남부 규슈와 혼슈 시코쿠 지방 번(藩)들의 하급 무
사들이었다. 그리고 막부가 천황의 윤허 없이 미국의 개방요구에 굴복
하여 불평등한 조약을 체결했다는 것이 반막부 움직임의 계기가 되었
다. 그들은 서양문물을 받아는 들이지만 천황을 중심으로 외세를 배척
하는 존왕양이 사상에 충실한 무사들이었다.

헤이안 시대부터 출현한 사무라이는 사부라우모노(가까이서 모시는 자)

에서 유래한 말로 토지를 상속한 지방호족들이 중앙에 올라가 귀족들의 신변을 보호하는 경호 명칭으로 무사 일반을 지칭하였다. 이들은 귀족을 위협하는 세력으로 성장하여 일본을 지배하기에 이르렀다.

반막부 세력의 중심인물은 **사카모토 료마**(坂本龍馬, 1836~1867년)였다. 시코쿠(四國) 남부 도사(土佐)번에서 향사(鄕士)의 아들로 태어난 그는 막부 봉건시대를 끝내고 왕정으로 복고하여 근대적 중앙집권 국가로 나갈 수 있는 발판을 마련한 사람이다. 일본에서는 도쿠가와 이에야스, 오다 노부나가(織田信長)와 함께 일본 역사상 가장 큰 인물로 꼽는 사무라이다.

30세 사카모토 료마

침략 제국주의 씨를 잉태한 선중팔책(船中八策)

사카모토 료마는 서로 대립관계에 있던 사쓰마 번(가고시마)과 조슈 번(시모노세키)의 다이묘들을 설득하여 동맹을 맺고 함께 도쿠가와 막부를 무너뜨렸다. 이들은 사쓰마 번 출신의 사이고 다카모리(西鄕隆盛)와 오쿠보 도시미치(大久保利通), 그리고 조슈 번 출신의 기도 다카요시(木戶孝允)로 막부 타도의 주역이었으며 유신 3걸(維新 三傑)로 불린다. 번(蕃)은 오늘날 우리의 군(郡)보다 약간 큰 도쿠가와 막부 체제하의 지방 정권으로 모두 260개가 있었다.

이들은 에도 막부의 마지막 15대 쇼군 도쿠가와 요시노부(德川慶喜)가

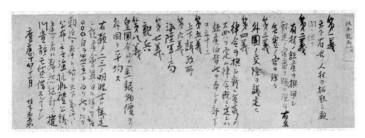

유신정부의 강령이 된 사카모토 료마의 '선중 8책' (Courtesy Wikipedia)

천황에게 통치권을 돌려준 대정봉환(大政奉還, 1867년 10월)의 구상을 실현시켰다. 그리고 사카모토 료마가 1867년 도쿄로 가는 배에서 기초한 신국가 체제의 기본 정강인 '선중팔책'은 후에 메이지 유신정부 강령의 기초가 되었다.

그 내용은 천하의 정권을 조정에 봉환하고 새 정령을 세워야 한다는 대정봉환으로부터 상하의정국(上下議政局) 설치, 유능한 인재 등용, 관제개혁, 외국과의 교류 확대, 법제개혁, 해군확충, 어전병(御親兵) 설치와 제도(帝都)수비, 금은 시세의 국제화 등 여덟 가지다. 그리고 이를 단행하여 황운(皇運)을 회복하고 국세를 확장하여 만국과 병립할 수 있어야 한다는 주장과 함께 말미에 공명정대의 도리를 기반으로 일대 영단을 내려 천하를 새롭게 하자는 부언이 달렸다.

150년 전, 30세의 젊은 사무라이가 **외국과의 교류 확대, 해군력 증강, 국세 확장, 만국병립** 등 범상치 않은 구상을 했다는 것이 이후 메이지 유신의 정신세계를 지배하여 침략 제국주의 DNA를 심었던 게 아닌가 하는 섬뜩한 생각이 든다.

대정봉환 왕정복고

남부 반막부 무사 세력은 1867
년 10월 도쿠가와 요시노부 막부
에 통치권을 천황에게 돌려주라
는 권고문을 제시했고 막부는 이
를 받아들였으며, 반막부 동맹 세
력은 막부 정권 세력을 물리치고
대정봉환에 성공하였다. 에도 막
부(1603~1867)는 사라지고 1185
년 가마쿠라(鎌倉幕府) 막부 이래

대정봉환

7백 년 이어온 막부체제는 막을 내렸다. 1868년 1월 3일 왕정복고와 함
께 일본제국의 수립을 선포하였다.

메이지 유신의 공신 사카모토 료마는 대정봉환 직후 12월, 교토에서
막부군 자객들의 습격을 받아 31세에 암살되었다. 이후 유신 3걸은 모
두 신정부에 참여하여 요직을 맡았으나 사이고 다카모리는 정한론(征韓
論)을 주장하다가 뜻을 이루지 못하자 가고시마로 귀향하여 세를 키워
반란(세이난 전쟁, 西南戰爭, 1877)을 일으켰으나 정부군에 가담한 동향의
오쿠보 도시미치에게 패하여 자결하였다.

오쿠보는 세이난 전쟁 이후 유신정부의 중심인물이 되었으며 조선에
개항을 요구한 강화도 조약(1876)을 체결한 인물이다. 그는 사이고 다
카모리 반란군의 잔당에게 암살되었다. 가고시마 동향 출신의 반막부
유신 2걸은 그렇게 모두 사라졌다.

메이지 유신 '일본은 천황이 통치한다'

메이지 유신(明治維新)은 봉건 막부체제를 종식하고 천황 중심의 서구 자본주의로 변화하는 체제 변혁의 과정이었다. 문명개화와 부국강병을 겨냥한 일본개조의 혁명적 사건으로서 군국주의 일본의 출발점이었으며 이로 인해 열강의 반열에 오른 일본은 제국주의 침략의 길로 들어섰으니 국권을 강탈당한 우리의 입장에서는 매우 민감한 역사적 사건이었다.

메이지 유신은 대략 전기와 후기로 구분할 수 있다. 1854년 서구의 개항 압력 이래 도쿠가와 막부를 무너트리고 갓 즉위한 15세 메이지 천황에게 통치권을 이양한 1867년까지를 전기 유신으로 보고, 이후 신분제 타파, 봉건적 특권폐지, 토지제도 개혁, 의무교육 실시, 서양문물 도입, 징병제, 조세개정 등 사회개혁을 추진하면서 구미 근대 국가를 모델로 자본주의 형성과 군사력 강화에 경주하는 근대적 통일국가로 태동시킨 후기까지 모두 40년 정도에 걸친 개혁과정으로 본다.

경제적으로는 자본주의가, 정치적으로는 입헌주의 그리고 사회적으로는 근대화가 추진되었으며, 군국제국주의 천황 중심의 절대주의 국가가 되었다. 1889년 일본 역사상 초유의 근대적 유신헌법을 제정 공포하였으며 1890년 1회 제국의회가 열렸다.

헌법의 내용을 보면 천황의 대권이 명시되어 있다. 일본은 천황이 통치하며 제국회의를 소집하고 동의를 얻어 입법권을 행하며 중의원 해산, 육해군을 통수, 전쟁을 선포한다는 등 천황의 절대권력을 보장한다는, 도쿠가와 시대에는 상상도 할 수 없는 내용이었다. 이 헌법은 일본이 2차 대전 패망 후인 1946년까지, 오늘날과 같은 현대 일본 헌법이 새로 공포될 때까지 유지되었다.

메이지 천황의 절대적 신임을 받고 헌법을 초안한 이토 히로부미는 헌법에 보장된 막강한 천황 권력에도 불구하고 중재자, 최종 재가자로서 천황의 자리매김에 큰 역할을 했다. 메이지 천황이 헌법대로 권력을 휘둘렀다면 일본 정국은 걷잡을 수 없는 전제 체제로 흘렀을 것이다. 천황은 군 최고사령관으로서 청일전쟁 시에는 히로시마 지휘 본부에서 전쟁을 직접

메이지 천황(122대, 1852~1912)

지휘했다. 전쟁이 승리로 끝나자 천황의 권위는 절대적인 수준으로 올랐다.

입지적 인물 이토 히로부미

메이지 유신 개혁가 중 **이토 히로부미**(伊藤博文, 1841~1909)가 있다. 그는 역시 남부 시모노세키 조슈번에서 평범한 농민의 아들로 태어났지만 본인의 능력과 처세로 메이지 정부 총리대신에 네 번이나 오른 입지적 인물이었다.

그는 존왕양이론자들과 입장을 같이했지만 영국으로 밀항하여 유학을 마치고 돌아와서는 개국론자가 되어, 가고시마 나가사키 등에서 일어난 무사들의 무모한 양이운동을 설득하는 한편 그들의 반막부 전투

를 지원하였다. 1868년 1월 천황 신정부에 임용되어 외국사무 담당을 맡아 관료생활을 시작했으며 남부 출신 유신 3걸과 함께 신정부 정쟁 (政爭)의 무대에서 일하며 관록을 쌓았다.

세이난 전쟁으로 경쟁자들이 모두 사라지자 그는 천황 정부의 중심 인물로 부상하였으며, 1885년 태정관제를 폐지하고 내각제가 창시되자 45세에 초대 총리대신에 올랐다. 태정관제(太政官制)는 유신 초기 정부 형태로 태정관 밑에 좌우 두 대신이 전체 7관의 행정관을 구성하여 정 국을 감독하고 천황을 보좌하는 행정체제였다. 내각제에서는 총리가 내각을 구성하여 정국을 운영하여 효율성을 높였다. 최종 결정은 천황 이 하고, 총리는 천황을 보좌하는 초기 민주주의 형태로 40년 정도 지 속되었다. 이토 히로부미는 헌법을 기초하고 천황 자문 추밀원 의장을 지냈다.

1900년에 4차 총리직에 오르는 동안 청일전쟁(1894)을 치르고 시모노 세키 조약을 체결하여 대만을 빼앗고 조선합병의 길을 닦았다. 1901년 가쓰라 타로(桂太郎, 1848~1913)에게 총리직을 넘겨주고 중앙정치 무대 에서 퇴장한 이토 히로부미는 추밀원 원장직을 맡아 원로로 물러났다.

침략전쟁 이끈 외교의 달인 가쓰라 타로

가쓰라 타로는 반막부파로 메이지 정권 출발에 기여한 무인(武人) 공 로자이다. 독일에 유학하여 국방 과학을 공부하고 주 독일 일본 대사 관 무관을 두 번이나 지낸 군사 외교관이었다. 청일전쟁 시 3사단장으 로 랴오닝 점령에 공을 세웠다. 초대 타이완 총독을 지낸 그는 이토 히 로부미 내각에서 육군대신을 역임한 인물로 그 후 총리를 세 번 역임한 최장기 총리였다.

1901~1906년 그의 1차 임기^(11대)와
1908~1911년 2차 임기^(13대)에는 조선
침략이 본격적으로 이루어졌다. 1904
년 러일전쟁^(2월)을 일으켰으며 미일 가
쓰라-태프트 비밀협약^(7월), 포츠머스
러일 강화조약^(9월)으로 미국과 일본,
러시아 등 열강의 승인하에 일본이 조
선을 식민지로 하는 을사늑약⁽¹⁹⁰⁵⁾ 한
일합방⁽¹⁹¹⁰⁾으로 이어졌다.

가쓰라 타로

러일전쟁^(1904~1905)은 일본이 조선을 삼키는 결정적 사건이었다. 러
시아가 만주에 철도를 건설하고 남진하자 만주와 조선에서 이권을 우
려한 가쓰라 타로 정권은, 1902년 영국과 동맹을 맺고 만주에서 러시
아 철군을 요구했으나 러시아는 강경했다. 1904년 2월 8일 일본은 여
순의 러시아 함대를 기습 공격하여 러일전쟁이 발발했다.

조선침략의 첨병 이토 히로부미

러일전쟁이 발발하자 이토 히로부미는 1904년 3월 조선에 파견되어
고종에게 압력을 가해 러시아와 국교를 단절시켰다. 조선반도는 전장
터가 되었으며 일본군의 요동 진입로였다. 1905년 5월, 대한해협에서
러시아 발틱 함대가 일본 도고 함대에 대패하면서 일본의 승리로 기울
때 러시아는 미국의 중재^(데어도 루스벨트)로 포츠머스 협약^(1905년 9월)을
맺고 여순 대련 조차권과 남만주 철도권, 사할린 남부를 일본에 할양
했다. 그리고 러시아도 조선에서 일본의 우위를 인정하게 되었다.

이에 한 달여 앞서 미국과 일본은 일본이 미국의 필리핀 지배를 인정하고 미국은 조선에서 일본의 우위를 인정한다는 '가쓰라—태프트 비밀조약'을 맺은 바 있다. 러일 강화조약이 체결되자 이토 히로부미는 10월 조선을 방문하여 한일협약(을사늑약)을 체결하고 외교권을 박탈하여 일본 관할하에 두었으며, 12월 초대 통감으로 부임하였다. 그리고 헤이그 밀사 사건을 트집 잡아 고종을 폐위하였다. 그는 만년에 한국을 일본의 식민지로 만드는 일에 전념하였다.

이토 히로부미 (Courtesy Wikipedia)

러시아는 러일전쟁 패전 후에도 하얼빈을 중심으로 북만주를 장악했으며, 1907년 만주를 양분하기로 일본과 합의했다. 이토 히로부미는 그해 8월, 일본으로 돌아와 개선장군같이 환영 받았으며 통감을 그만두고 다시 추밀원 원장이 되었다(1909).

그 무렵 미국의 아시아 진출이 활발해지고 청나라와 동맹설마저 돌면서 일본의 만주 경영은 순조롭지 못하여 이토 히로부미는 러시아 대표(재무장관)와 회담차 만주 하얼빈으로 향했다. 10월 26일 하얼빈 역에 도착하여 러시아군 의장대 사열을 받고 환영 인파에 근접하는 순간 한국 의병참모 안중근 중장에게 저격을 받고 현장에서 사망했다. 그의 나이 69세였다.

메이지 유신이 남긴 것

일본의 조선침략은 고려시대 왜구의 노략질에서부터 1592년 임진왜란을 거쳐 1868년 메이지 유신 군국주의 침략으로 이어졌다. 1894년 청일전쟁과 1905년 러일전쟁은 조선과 만주를 삼키려는 도발이었다. 이러한 일련의 근세사에는 메이지 천황, 이토 히로부미, 가쓰라 타로 같은 인물들이 그 중심에 있었다.

일본, 중국, 조선 등 동아시아에 서구 열강들이 본격 출현하여 개방을 요구한 시기는 비슷하다. 각 나라의 사정이 다르기는 했지만 일본의 메이지 유신은 성공했으나 중국의 양무운동(洋務運動), 조선의 갑신정변(甲申政變)은 실패했다. 군사력 근대화에 중점을 두었던 중국의 양무운동은 군벌의 난립으로 서태후의 중앙 집권에 맞서지 못하고 청일전쟁 패배, 의화단 사건(1899), 신해혁명(1911)으로 국운이 기울었다.

일본은 1949년부터 25명의 노벨상 수상자를 냈다. 22명이 물리, 화학, 생의학 등 과학 분야이다. 1901년 노벨상 시작 초기부터 일본 과학자들이 수상자 후보에 올랐다니 상아탑의 연구실에서 얼마나 많은 학자들이 연구 개발에 몰두하였겠는가? 1921년 일본 미쓰비시 중공업은 미국보다 먼저 세계 최초 항공모함 호쇼를 진수했다. 이 항모는 1937년 중일전쟁 때 상하이 침공 실전에 활용되었으며 이후 태평양 전쟁에서 류조, 아카기, 카가 등 후속 항모들이 제작되어 투입되었다. 미국은 진주만 습격을 받은 후에야 항모를 양산하여 26척을 만들었다.

동경 한복판에 있는 2백 년 된 에도 시대 미소 집, 대대로 가업을 잇는 장인 정신, 명예를 중시하는 사무라이들의 할복, 명문 정치가의 후손들이 대를 이어 정치하는 깨끗한 사회풍조, 법을 지키는 국민, 남에게 폐를 끼치지 않는 예의 등등은 일본인들의 근성이 아닌가 싶다. 도쿄 메이지 진구(明治神宮), 야스쿠니 신사와 메이지 진구 외원(外苑) 성덕기념회관(聖德紀念會館)을 살펴보면서 일본은 결코 예사로운 나라가 아니었구나 하는 느낌을 받았다.

미래로 가야 할 한일관계

최근 국제정세와 동아시아 정세를 보면 우리나라가 가야할 길은 분명해 보인다. 남북 관계를 진전시키려는 정부의 노력이 어떤 방향으로 가는지에 따라 한반도의 운명은 갈림길을 맞을 것이다.

우리는 과거 일제로부터 벗어나 80년 가까이 자유민주주의 시장경제를 구가하여 경제건설을 이루어 이만큼 살게 되었으며 주변 강국들의 세력으로부터 평화를 지키며 안전을 보장받아 왔다. 이는 한미동맹(韓美同盟) 덕이었다. 북한은 공산주의 사회주의 세습체제로 고립을 자초하여 세계의 빈국으로 추락했다. 소련과 중국의 그늘에 있었기 때문이다.

자고로 그들과 가까이 있었던 나라들이 동서고금을 막론하고 번듯하게 사는 나라들이 없다. 아시아에서는 미얀마(버마), 캄보디아, 라오스, 베트남이 그랬고 몽골이 그랬다. 서양에서는 소련의 위성국 동유럽 나라들과 미국의 코밑 쿠바가 그랬다. 이들은 냉전 이후 이념에서 벗어나 모두 하나같이 자유민주주의 시장경제의 길로 가면서 회생하고 있다.

우리는 손바닥만 한 나라에 5천 만 인구가 비좁게 살고 있다. 매우 취약한 안보환경에 처해있다. 전쟁 없는 평화의 나라를 만들겠다고 자주통일 운운하며 미국, 일본을 멀리하고 북한 정권을 가까이 해 봐야 표정 관리하는 자는 중국이다. 핵우산 한미동맹이 존속하는 한 북의 핵카드는 무의미하다. 북은 핵카드로 거래하려 하지만 핵은 절대로 쓸 수가 없다. 핵은 진쟁억지 수단일 뿐이다. 대한민국의 안보는 한 미 일 동맹으로만 존재할 수 있다. 한미관계는 훼손되지 않아야 한다.

한미관계 못지않게 중요한 것이 한일관계다. 과거에 집착하는 한일관계를 지양하고 앞을 내다보는 미래관계로 발전해야한다. 과거사에 매어 있으면 그만큼 우리는 고립된다. 중국의 장제쓰는 1945년 태평양 전쟁이 끝나자 일본에 대일청구권을 포기하고 화해의 길을 택했다. 일본에 당한 피해는 우리와 비교할 수 없을 만큼 컸던 중국이었다. 일본은 1931년 만주사변을 일으켜 중국대륙을 침략하고 반인륜적 인체 생태 실험을 자행하였으며 1937년 난징 상하이 학살, 위안부 피해 등 씻을 수 없는 상처를 주었다. 그러나 중국은 대국답게 과거에 연연치 않았다. 호치민은 외세와 싸우면서 엄청난 피해를 입었지만 베트남은 지금 문을 활짝 열고 프랑스도, 미국도, 한국도 모두 원한 없이 맞아들이고 있다. 그들의 미래는 밝아 보인다.

일본의 침략주의 근성은 그리 쉽게 사라지지 않는 듯 보인다. 지금도 옛 제국주의 시절을 그리워하는 세대들이 있다. 그리고 조선을 합병하여 미개한 나라를 깨우쳤다고 말하는 사람들이 있다. 자라는 어린학생들의 교과서에 우리 구미에 맞게 조선침략을 반성하는 문구는 없다. 그러나 일본의 대세는 평화를 추구하고 전쟁 없는 나라를 지향하는 것이다.

그들도 패전국이 되어 일찍이 미국과 안보동맹을 맺은 덕에 원자탄의 잿더미 위에서 경제성장을 이룩하여 세계 선진국으로 발돋움했다.

한국과 같이 미국의 핵우산을 쓰고 자유민주주의 길을 걷고 있다. 과거에도 그러했지만 최근의 한반도 주변 정세는 한국이 일본과 협력하지 않으면 더욱 안 될 형국이다. 한국은 1962년 김종필–오히라 외상 간 협정을 근거로 1965년 한일 기본조약을 체결하여 대일청구권을 행사하고 양국은 국교가 정상화되었으며 식민지배에 대한 정리가 마무리된 입장이다. 히로히토 일본 천황은 '한국 국민에게 고통을 준 불행한 과거가 있었다'고 사과한 적이 있다. 침략주의 일본의 찬탈로 한국 국민에게 고통을 주어 불행하게 만들었다는 뜻이니 과거사에 대한 사과였다.

가슴 아픈 위안부 문제는 양국 정부 간에 합의하여 일본이 10억 엔을 위안부 화해재단에 출연하여 일단락된 일이다. 여러 총리들이 위안부 문제를 사과했으며 총리가 바뀔 때마다 사과를 요구할 수는 없는 일이다. 석고대죄하듯 독일 브란트 총리처럼 무릎을 꿇고 머리 숙여 사과하기를 바란다면 그건 우리의 욕심이다.

이제는 일본을 우방으로 함께 손잡고 지역 안보에 기여할 때다. 숲을 보고 나무를 보지 못하는 우를 범해서는 안 될 것이다. 한국 지도는 미국, 일본과 함께 푸른 청색으로 칠해져 있어야 한다. 북한, 중국의 붉은색에 물들어 청색을 잃고 보라색으로 칠해져서는 안 될 것이다. 미국과의 동맹이 깨지고 일본이 멀어지면 한반도는 중국의 속국이 될 것은 역사를 짚어보면 자명하다. 마음속에 남아있는 상처로 갈 길을 멈추어선 안 된다. 한국과 일본은 앞을 보고 선린 이웃으로 나란히 걸어야 한다.
우리의 가치관은 공산주의 북한이 아니라 자유민주주의 일본이 우선한다.

- 13 -

중동의 기린아(麒麟兒) 아랍에미리트

오일 달러 버팀목으로 공실 마천루 지탱

호르무즈 해협의 전략 요충지
어부가 해적으로, 석유 터져 입신한 아랍 토후국
형제들 불러 모아 지은 공동주택 UAE
맏형 아부다비, 둘째 형 두바이와 어린 동생들
To be seen, stand up!

호르무즈 해협의 전략 요충지

싱가포르에서 남부 인도를 가로질러 페르시아만 연안의 사막을 내려다본다. 푸른 초지 마을들이 띄엄띄엄 보이더니 빌딩 숲으로 들어찬 두바이가 눈에 들어온다. 7시간 반 비행 끝에 아랍에미리트 두바이 공항에 내렸다. 아랍에미리트는 아라비아반도 동남쪽 끄트머리 뾰족한 돌출부에 자리잡고, 페르시아만 입구 호르무즈 해협 건너 이란을 마주보고 있다. 1991년 미국이 이라크를 침공한 걸프전 때 미국의 항모들이 진입했던 전략 요충지이다.

호르무즈 해협은 부산-대마도 거리의 좁은 폭으로서 중동, 걸프 지역, 사우디아라비아, 이란, 쿠웨이트에서 퍼올리는 기름이 세계로 나가는 주요 운송로이며 이곳에서 공급되는 원유량은 세계 원유 공급량의 30%를 차지한다. 한때 핵문제와 관련하여 이란이 서방의 압력에 맞서 호르무즈 해협을 봉쇄하겠다고 위협하여 관심을 불렀다.

어부가 해적으로, 석유 터져 입신한 아랍 토후국

바다를 터전으로 생계를 꾸려가던 아라비아반도 연안의 여러 토후족들에게 제일 먼저 나타난 서방 세력은 16세기 포르투갈이었다. 17세기에는 영국과 네덜란드가 인도양 제해권(制海權)을 놓고 인근 바다에서 각축하자 생계에 위협을 받은 토후 아랍인들은 해적으로 전락하였다. 사우디의 지원을 받는 이들의 해적행위가 심해지자 영국은 해협의 요충지 라스알카이마(Ras Al Khaimah)항과 연안의 주요 항구들을 정복하고 1853년 '해상휴전조약'을 체결하였으며 이 지역은 영국의 실질적인 보호령이 되었다.

1820년 5개 토후국이던 이 지역 세력들은 서로 충돌하며 흥망과 집산을 거듭하였다. 영국은 토후국들이 영국 이외의 나라들과 교섭하지 못하도록 금족령을 내려 주변 다른 아랍 지역과의 관계를 멀게 하였으며 자연히 같은 영국의 식민지였던 바다 건너 인도와 경제적 유대 관계가 밀접하게 되었다. 오늘날 인도 사람들이 이 나라에 많은 이유도 여기에 연유한다.

1948년 이 지역에서 처음 석유가 발견되었다. 1958년 아부다비에서 석유 개발이 시작되었으며 영국은 카타르, 바레인, 아부다비에게 출자

하도록 하여 석유개발 기금을 창설하였다. 1965년 아랍연맹(League of Arab State, 1945년 창설된 22개 아랍국 협력기구)에 아랍에미리트 문제를 다루는 상임위원회가 설치되어 카타르, 바레인도 참석한 가운데 연합국이 구상되었으며, 이듬해 연합국 헌법제정위원회가 발족되었다.

영국도 주둔군을 1971년까지 철수시키겠다고 발표하고 연합국을 실현시킬 방침을 정하였다. 이어서 9개 토후국이 모여 첫 회의가 열렸으나 상호 불신과 대립으로 카타르(Qatar)와 바레인(Bahrain)이 떨어져 나가 단독으로 독립을 선포하였다. 1971년 말 나머지 7개 토후국들은 아랍에미리트 연방을 선포하였다.

형제들 불러 모아 지은 공동주택 UAE

아랍에미리트의 공식 명칭은 아랍에미리트 연방(UAE United Arab Emirates)이다. 1971년 카타르와 바레인을 제외한 7개 이웃 토후국(土侯國 Emirate)들이 연합 왕국을 결성하여 만든 나라이다.

아부다비(Abu Dhabi), 두바이(Dubai), 샤르자(Sharjah), 아지만(Ajiman), 라스 알 카이마(Ras al Khaimah), 푸자이라(Fujairah), 움 알 카이와인(Um al Qaiwain) 등 7개 토후국으로 구성되어있다. 토후국이란 족장이 다스리는 작은 규모의 부족 집단으로서 이라크, 사우디, 예멘, 오만, 쿠웨이트 등 여러 나라들이 이런 체제에서 출발한 왕국들이다. 에미리트란 지배자를 뜻하는 아미르(Amir)에 어원을 둔다.

한반도의 1/3 정도 되는 사막 땅에 7개의 토후국 중 가장 큰 토후국은 아부다비다. 아부다비는 전 연방 국토의 80%, 인구 약 40%를 차지

7개 연방 대표들의 UAE 창건 국기 게양(1971) (Courtesy Wikipedia)

할 뿐 아니라 경제면에서 종주국이며 연방정부의 수도도 아부다비에 있다. 1971년 연방정부 출범 이래 아부다비 왕이 UAE의 대통령이 되어왔다. 풍부한 원유와 천연가스 매장량을 바탕으로 원유 수출, 석유 산업이 GDP의 절반을 차지하는 나라다. UAE 전체 원유의 93%가 아부다비에서 나오고 두바이에서 소량 생산되며 나머지 다섯 개 토후국들은 두 토후국에 의지하여 사는 전통 아랍 토후국들이다.

동쪽 호르무즈 연안의 작은 토후국들을 품고 먹여 살리는 것은 페르시아만의 입구 통로를 내려다보는 전략적 중요성 때문일 것이다. 1971년 독립 직후 강국 이란은 UAE 라스 알 카이마의 작은 섬들을 불법 점령한 사례가 있었다.

맏형 아부다비, 둘째 형 두바이와 어린 동생들

UAE는 전통적 아랍 토후국들의 군주 체제와 산유 토후국들의 실권이 조화를 이루는 독특한 지도체제를 이루고 있다. 각 토후국들은 작아도 저마다 군주제 국가의 형태를 취하고 있으며, 1971년 독립과 동시에 채택된 잠정 헌법에 따라 수장인 왕들이 UAE 연방 최고평의회를 구성하여 대통령을 선출한다. 최고평의회는 국가 최고 권력기관으로 대통령이 의장을 겸하며 주요 국사를 결정하고 내각을 두어 집행한다. 최고회의의 결정은 5명 이상의 찬성으로 이루어지며 산유 부국인 아부다비와 두바이 수장은 거부권을 행사한다.

연방 대통령과 부통령은 토후국 군주들 중에서 선출하고 대통령은 총리와 내각을 지명한다. 대통령은 아부다비 왕이, 부통령은 두바이 왕이 선출되고 있다. 부통령은 총리를 겸한다. 아부다비, 두바이 양대 토후국 군주제 국가가 핵심을 이루는 연합 왕국이다. 왕 중 왕 또는 대왕이란 용어도 있겠지만 서방식 대통령이란 표현을 굳이 쓰는 것은 폐쇄적이며 전통적인 왕정 체제를 희석하려는 친서방적 의지의 표현이 아닌가 생각해 본다.

국부 자이드 국왕 (Courtesy Wikipedia)

대통령은 명목상 UAE를 대표한다. 1996년 연방 최고평의회가 정식 헌법을 채택하고 아부다비를 수도로 확정하는 등 독립 25주년을 맞아 점차 연방으로서의 모습을 찾아가고 있다. 연방정부는 외교, 군사, 통

국부 자이드 국왕을 기념하는 모스크(2007년 건축) (Courtesy Wikipedia)

화를 관장하고 각 토후국의 국왕들은 독자 행정 조직을 가지고 자치권을 행사한다.

임기 2년의 의회도 있다. 의원 40명은 아부다비, 두바이에서 각 8명씩 그리고 나머지 토후국에서 6~4명씩 보내고 있다. 정당은 없다. 대통령의 임기는 왕들이 협의하여 연장한다. 1971년 UAE 창시를 주도하고 초대 대통령으로 선출되었던 아부다비 자이드 국왕(Sheikh Zayed, 1918~2004)의 뒤를 이어 그의 아들이 2006년 이후 대통령으로 집권하고 있으니 UAE는 사실상 아부다비 왕국의 왕이 대를 이어 맡아가는 종신직 대통령이다.

각 토후국은 인구의 절반 이상이 주도에 산다. 그 밖의 인구는 해안

지방과 사막의 오아시스에 거주한다. 아부다비 알아인(Alain)은 역사가 있는 대표적 내륙 오아시스 소도시로 유네스코 세계문화유산이다. 사막에서 유목생활을 하는 베두인족도 10%는 된다. 해양민족인 카와심(Kawasim)족이 토속 인구의 주종이며 수니파가 80%로 다수인 이슬람 나라이다.

2014년 통계에 의하면 전 인구 920만 중 본토인 140만(15%), 외국인 780만(85%)이다. 외국인은 대부분 인도, 파키스탄, 방글라데시인들이다. 이들 나라들은 UAE와 같은 시기에 영국의 지배를 받았고 또 근간 건설 붐을 타고 들어온 때문이다. 이 나라엔 남자가 여자보다 두 배 이상 많다. 해외 노동자 인구 때문이다.

To be seen, stand up!

기름 팔아 번 돈으로 엄청난 부를 축적한 대부분의 중동 나라들은 민도와 문화에 맞게 사회 발전을 이루어 가고 있지만, 짧은 시간에 유별나게 뛰는 나라가 아랍 에메리트인 것 같다. 8만㎢ 국토에 1인당 GDP 4만 불을 상회하는 산유국으로 성장한 UAE. 풍부한 오일 머니를 축적한 아부다비가 안정적 성장을 이어가는 반면 그렇지 못한 두바이는 외국자본을 끌어들여 수요 이상의 빌딩들을 건설하고 세계 제일의 고층빌딩을 짓는 등 매우 도전적이다.

1833년 아부다비 토후국에서 떨어져 나온 8백 명의 무리들이 세운 두바이는 아부다비에 다음가는 토후국이다. 두바이 시의 인구는 아부다비 시보다 두 배나 많다. 아부다비와 두바이는 사이가 좋지 않았다. 1947년 북쪽의 영토 문제로 전쟁까지 했으며 지금도 경쟁을 하고 있

두바이 공항 UAE 항공 (Courtesy Wikipedia)

다. 아부다비도 도전적인 두바이에 질세라 신무역 항만 건설, 항공 노선의 확장, 관광객 유치, 고가(高價) 호텔 건설 등 인프라 확장뿐 아니라 최근에는 아랍권 최대 이슬람 사원 'Sheikh Zayed'를 지어 종교적 정체성을 크게 고양하고 있다. 서방의 주요 방송매체에 엄청난 광고를

2019 AFC 아시안컵 경기장
(Courtesy Wikipedia)

내는 UAE 항공은 세계 유수의 항공사로 떠오르고 있다.

두바이는 20세기 들면서 중동의 중요한 무역항으로 성장해온 주요 항구였지만 석유 자원이 거의 없어 외국자본을 끌어들여 중동 물류의 중심으로 키우려 하고 있다. 그러나 2008년 세계 금융위기로 투자자들이 빠져나가고 자본의 유동성 위기를 맞아 큰 경제 위기를 겪었

다. 맏형 아부다비는 과도한 욕심을 부리다가 파산 위기에 처한 두바이에 100억 달러를 지원하여 회생의 길을 열어 주었다. 미운 자식 떡 하나 더 준 것이다. 두바이는 주변 형제국들의 도움을 받아 점

두바이 1960년 (Courtesy Wikipedia)

차 위기를 벗어나고 있다. 현재는 관광, 항공, 부동산, 금융 서비스 등 3차 산업이 경제를 이끌고 있다.

8백 미터가 넘는 두바이의 초고층 빌딩 버즈 칼리파(Burj Khalifa)는 우리나라 삼성이 시공한 총공사비 15억 달러 건물로 2009년 10월 완공되었다. 1931년 이래 40년간 세계 최고층 빌딩으로 군림해온 미국 뉴욕의 엠파이어 스테이트(Empire State) 빌딩(381m)보다 두 배 이상 높다. 가히 놀라운 건물이다. 서울 롯데월드 타워(555m), 대만의 타이페이 101 타워(508m)와 비교된다. 세계 최고층 건물 경쟁은 당분간 기록을 깨기가 어려울 것 같다. 버즈 칼리파 고층빌딩 외에도 두바이 시내에 빽빽하게 들어선 그 많은 고층빌딩들은 아직도 많이 비어 있다. 정상적인 경제활동 수요를 벗어나 과잉 건설을 한 때문이다.

모래 폭풍이 불면 도시 전체가 암흑이 되는 사막 위에 촘촘히 들어선 두바이의 초고층 현대식 빌딩들, 열사의 나라에 실내 스키장, 바다를 메운 인공섬 마을들, 초호화 호텔, 세계 최대 쇼핑몰…. 모두 세인의 관심을 끌고 있지만 나는 아부다비에서 느낀 편안하고 안온한 안정감을 두바이에서는 느낄 수가 없었다.

수십 년 전만 하더라도 작은 어촌에 불과했던 항구 도시의 변모가 과연 중동지역의 경제환경에 조화를 이루어 지탱해 나갈 수 있을지는 두고 봐야 할 일이다.

'보이려면 일어서라!', '들리려면 소리쳐라!' 세계인들에게 '보이고 들려주려는 두바이의 꿈이 이루어지길 바란다.

석양의 모래 폭풍과 두바이

넓은 세상 넓게 산다
- 네 번째 책을 소망하면서 -

40여년 공직생활을 마감하고 그게 다 인줄 알았더니 그 이후에도 이렇게 상당한 시간을 여유롭게 보내고 있다. 그리고 그 시간들은 무료하거나 낭비되지 않았고 지금까지는 후회 없이 잘 살아 왔던 것 같다. 대부분을 여행으로 보내왔기 때문이다. 평생 여행한 곳들을 꼽아보니 100여 나라들이다. 전문가도 아니고 꽤 많이 다닌 셈이다.

여행은 인생을 장식해 준다. 새로운 풍물을 보고 접하는 것은 늘 즐겁다. 역사의 현장에 서면 공부해야 한다. 여행은 배움의 연속이다. 그리고 나를 늘 깨어 있게 해 주고 의식 속에 살게 해 준다. 여행에서 돌아오면 마음속으로 다음 여행을 생각하고 새로운 마음을 북돋게 한다. 역사와 문화 예술이 있는 곳을 마음에 둘 적에는 또 가슴이 설렌다. 내 여행의 대부분은 두세 달 걸리는 장기여행으로 인터넷 자료준비, 온라인 예약 등 계획을 짜려면 몸도 마음도 써야 해서 건강에도 좋다.

여행하면서 황당한 일도 많았다. 멕시코 캔쿤에서 여권 아이패드 미국행 항공권 등 문건들이 들어 있는 배낭을 도난당해 5일이나 발이 묶여 고생한 일, 이탈리아 북쪽 해안 절벽도시 친퀘 테레 기차 안에서 소매치기들에 둘러 싸여 정신이 없던 틈에 배낭을 놓고 내려 귀중품을 모두 분실한 일은 아직도 기억에 생생하다. 귀한 기록 자료들이 소장된 외장하드는 지금도 아쉽다.

그런가하면 미담도 있다. 택시에 놓고 내린 디카를 두 시간여 수소문 끝에 찾아 낸 모로코 라바트 사건, 그 디카 안에는 유럽여행 2천장 사진이 들어 있었다. 호텔방에서 잃어버린 항공권을 담 밖 대형 쓰레기통을 한 시간이나 뒤져 찾아내서는 깨끗이 다림질 해주든 미얀마 고도 바간 호텔의 종업원들..

고생한 오지여행들은 기억이 새롭다. 토담집과 유목민 게르에서 자며 중앙아시아 파미르고원 중심부를 종단 한 일, 일주일 간 계속 달린 시베리아횡단 철도여행, 힌두쿠시산맥을 넘어 폭탄 소리 들으며 오지 아프간을 여행한 일, 파키스탄 라호르 툭툭이(삼발이) 시장골목 여행.. 그런가 하면 스위스 그린델발트 피르스트(First) 전망대에서 바라보든 아이거 묑크 융프라우의 장관.. 대서양 횡단 크루즈 선에서 아침저녁으로 맞든 일출 일몰의 황홀함.. 이젠 모두 아름다운 추억으로 남아 있다.

나는 내일이라도 여행을 떠날 수 있다. 아직은 몸도 웬만하니 건강만 허락하면 언제라도 나설 수 있다. 또 다른 역사와 문화의 현장에서 몰랐든 걸 알고 싶다. 넓은 세상 넓게 살고 싶다. 백두대간의 중심 산소도시 강원도 태백에서 맑은 공기 마시며 세 번째 책을 마무리하게 되었다. 원고를 읽어주고 역사 문화이야기 쉽고 재미있게 써야 한다고 조언해 준 아내에게 고맙다.

태백에서 최영하

여행한 나라들..

북미	미국(거주) · 캐나다 · 멕시코
중미	코스타리카 · 파나마 · 온두라스
카리브	쿠바 · 케이맨제도(영) · 도미니카 · 푸에르토리코 · 버진군도(미) · 세인트 키츠(영) · 산마르틴(화) · 산마르틴(영) · 바하마(영)
남미	브라질 · 아르헨티나 · 칠레 · 컬럼비아 · 베네수엘라 · 페루
서유럽	영국 · 아일랜드 · 네덜란드 · 벨기에 · 프랑스 · 스페인 · 포르투갈 · 이탈리아 · 바티칸 · 독일 · 스위스 · 리히텐슈타인 · 룩셈부르크 · 모나코 · 아이슬란드 · 카나리아 군도
동유럽	오스트리아 · 헝가리 · 체코 · 슬로바키아 · 폴란드 · 에스토니아 · 라트비아 · 리투아니아
북유럽	핀란드 · 스웨덴 · 노르웨이 · 덴마크
남유럽	슬로베니아 · 크로아티아 · 세르비아 · 보스니아/헤르체고비나 · 몬테네그로 · 알바니아 · 그리스 · 루마니아 · 불가리아
CIS	러시아(거주) · 우크라이나 · 백러시아 · 몰도바 · 조지아(그루지아) · 아제르바이잔 · 아르메니아 · 우즈베키스탄(거주) · 타지키스탄 · 카자흐스탄 · 키르기스스탄 · 투르크메니스탄
중근동	터키 · 이스라엘 · 팔레스타인 · 요르단 · 이집트 · UAE · 바레인
아프리카	튀니지 · 모로코
아시아	일본 · 중국 · 대만 · 북한 · 마카우 · 홍콩 · 필리핀 · 태국 · 말레이지아 · 싱가포르 · 인도네시아 · 베트남(참전) · 라오스 · 캄보디아 · 미얀마 · 인도 · 스리랑카 · 방글라데시 · 네팔 · 몰디브 · 아프가니스탄 · 파키스탄 · 몽골
대양주	호주 · 뉴질랜드

역사의 숨결을 찾아서

초판 1쇄 인쇄 2019년 04월 12일
초판 3쇄 발행 2019년 12월 03일

지은이 최영하
펴낸이 김양수
표지 본문 디자인 곽세진   **교정교열** 박순옥

펴낸곳 도서출판 맑은샘   **출판등록** 제2012-000035
주소 (우 10387) 경기도 고양시 일산서구 중앙로 1456(주엽동) 서현프라자 604호
대표전화 031.906.5006   **팩스** 031.906.5079
이메일 okbook1234@naver.com   **홈페이지** www.booksam.kr

표지   〈페루〉 잉카 유적 마추픽추
Part 1   서양편 - 〈이탈리아〉 친퀘 테레 국립공원 마나롤라
Part 2   동양편 - 〈태국〉 농촌

ISBN 979-11-5778-372-4 (03900)

＊이 책의 국립중앙도서관 출판시도서목록은 서지정보유통지원시스템 홈페이지(http://seoji.
nl.go.kr)와 국가자료공동목록시스템(http://www.nl.go.kr/kolisnet)에서 이용하실 수 있습니다.
(CIP제어번호 : CIP2019014509)